当代美德伦理学译丛　李义天　主编

重思美德伦理学

【美】迈克尔·温特（Michael Winter）著
谢廷玉　译　李义天　校

图书在版编目（CIP）数据

重思美德伦理学 /（美）迈克尔·温特著；谢廷玉译. -- 北京：中央编译出版社，2025. 4. --（当代美德伦理学译丛 / 李义天主编）. -- ISBN 978-7-5117-4847-8

Ⅰ. B82

中国国家版本馆CIP数据核字第2025PX3440号

著作权合同登记号：图字 01-2021-2094 号

First published in English under the title
Rethinking Virtue Ethics
By Michael Winter, edition：1
Copyright © Springer Science+Business Media B.V.,2012 *
This edition has been translated and published under licence from Springer Nature B.V..
Springer Nature B.V, takes no responsibility and shall not be made liable for the accuracy of the translation.

重思美德伦理学

责任编辑	李媛媛
责任印制	李 颖
出版发行	中央编译出版社
地　　址	北京市海淀区北四环西路69号（100080）
电　　话	（010）55627391（总编室）　（010）55627310（编辑室）
	（010）55627320（发行部）　（010）55627377（新技术部）
经　　销	全国新华书店
印　　刷	佳兴达印刷（天津）有限公司
开　　本	710毫米×1000毫米 1/16
字　　数	230千字
印　　张	18
版　　次	2025年4月第1版
印　　次	2025年4月第1次印刷
定　　价	95.00元

新浪微博：@中央编译出版社　　微　信：中央编译出版社（ID：cctphome）
淘宝店铺：中央编译出版社直销店（http://shop108367160.taobao.com）（010）55627431

本社常年法律顾问：北京市吴栾赵阎律师事务所律师　闫军　梁勤
凡有印装质量问题，本社负责调换，电话：（010）55626985

译丛总序

李义天

2012年，我在中央编译出版社出版了自己的第一部美德伦理学研究著作，《美德伦理学与道德多样性》。在师友们的鼓励和肯定下，该书先后获得中国伦理学会学术成果奖和胡绳青年学术奖。当时，我在"后记"中写到，由于学识和能力有限，因此，我只能通过一个具体的切入口来展示美德伦理学的某些重要特征，而若要承担一项诸如"美德伦理学研究"的课题，或写出一部名为《美德伦理学导论》的作品，"至少要在美德伦理学领域摸爬滚打十年以上才有可能"。

如今，十年光阴匆匆而过，我依然没有勇气展开这项宏大研究，依然不敢轻易动笔撰写这样的著作。因为，在这十年间，我越是更多地接触美德伦理学的文献，越是更深入地了解美德伦理学的历史，越是更逼近地观察美德伦理学的形态，越是更频繁地与当代美德伦理学者交谈，我便越是对美德伦理学的复杂内涵感到困惑，越是对美德伦理学的庞大格局感到震撼。我愈加相信，在着手开展关于美德伦理学知识体系的总体论述之前（哪怕它仅仅以"导论"的形式出现），我们可能首先需要对美德伦理学的思想史进程加以梳理，特别是，对当代美德伦理学的内涵外延、主要阶段、基本观点予以如实描述。

这种基础性的清理工作之所以仍然非常必要，大概有两方面原因。第一，美德伦理学尤其是当代美德伦理学的发展状况，其实要比人们通常以为的复杂得多，棘手得多。比如，很多人认为麦金太尔及其《追寻美德》堪称当代美德伦理学的代表人物和著作，可是，麦金太尔本人却拒绝承认自己是一个"美德伦理学家"；又比如，很多人觉得威廉姆斯对现代道德哲学的批判以及对古典伦理思想的召唤意味着他隶属于美德伦理学阵营，可是，该阵营内部的学者却更愿意把他看作一位值得尊重的启发者或同盟军；还比如，很多人因为看到纳斯鲍姆在古希腊悲剧和希腊化文本中挖掘出不少有关人格与美德的议题，便认为她开拓出一条新的美德伦理学路径，却没有注意到她甚至连"美德伦理学"这个概念都觉得多余和不必要。概言之，我们迄今为止围绕美德伦理学及其代表人物所形成的一些固有印象，也许流于简单和肤浅，亟待反思和重构。

第二，美德伦理学尤其是当代美德伦理学的理论内容，其实要比人们通常以为的深厚得多，丰满得多。比如，面对当代美德伦理学半个多世纪以来的研究成果同伦理学史上各种美德理论之间的明显差别，我们可能不得不认真对待美德伦理学的历史性，不得不区分"历史形态的美德伦理学"与"理想形态的美德伦理学"，或者，区分"作为思想运动的美德伦理学"与"作为思想样式的美德伦理学"；又比如，面对现代哲学针对美德伦理学的知识合法性的质疑与挑战，我们可能不得不重新思考美德伦理学的普遍性，不得不在美德伦理学的经典文本内部论证其必然要素，而不能简单地通过"伦理学是大致为真"这样的说法来轻易加以回避；还比如，面对美德伦理学的复兴给世界范围内的伦理知识乃至伦理文明带来的冲击，我们可能不得不认真对待美德伦理学的全球性，不得不在中国、印度、拉美等文明类型中，在佛教、基督教、伊斯兰教等宗教类型中探寻不同的美德伦理学形态。概言之，我们迄今为止有关美德伦理学的基本特质所提出的一些命题，也许仅仅是对西方思想主流的概括，因而亟待拓宽和展开。

为了做好这方面的工作，从更加全面和开阔的视野出发，更加广泛而深入地了解美德伦理学尤其是当代美德伦理学的重要文献，乃是十分必要的。换言之，我们如今对美德伦理学的接触和阅读，不能仅仅停留于那几本尽管耳熟能详但却相对久远的重要作品，还应该追踪当前的最新前沿，关注新世纪以来的多元发展。而这种追踪和关注，首先要求我们抱以开放的平常心，搁置内在的执念与成见，既不必纠结于"儒家伦理学是不是美德伦理学"这样的问题，也不要执着于"是用康德伦理学来统合美德伦理学，还是用美德伦理学来排斥康德伦理学"这样的困惑。我相信，若能充分涉猎并了解当代美德伦理学的新文献，那么，许多类似的问题都能找到比现在的宗派之见更好的解决办法，而我们在此基础上进行的理论建构也能收获比现在的局部知解更好的解释方案。尊重事实，了解事实，反思事实，这又何尝不是学者的美德呢？

基于上述考虑，我们从当代美德伦理学的诸多文献中，选择了若干具有代表性的作品。其中，既包括总体性、概览性、导引性的重要文本（如，*The Routledge Companion to Virtue Ethics*），也包含已被列入当代美德伦理学必读书单的重要著述（如，*Virtues and Vices, Virtue Ethics: A Pluralistic View* 以及 *A Theory of Virtue*），还包括借助哲学史资源对当代美德伦理学的核心概念或重要问题进行补充与拓展的专业论著（如，*Practical Intelligence and the Virtues, Suffering and Virtue*），亦包括当代学者对美德伦理学内在局限的反思和修缮（如，*Before Virtue, Rethinking Virtue Ethics*）。当然，限于版权和译丛篇幅等原因，还有很多有价值的作品未被纳入这次出版计划。对此，我们希望今后能有机会弥补这方面的缺憾。但是，我们更希望，本译丛能够跟汉语学界已经译介的美德伦理学作品一起，共同提升中国伦理学人对于相关议题的理解，共同推进当代中国伦理学知识体系在全球视野下的更新与完善。

是为序。

2023 年 10 月

目 录

第 1 章 | 导论 ··· 001

第 2 章 | 道德实在论与美德伦理学 ··· 010
    2.1 引言 ··· 010
    2.2 道德基础主义面临的挑战 ································ 011
    2.3 来自亚里士多德著作的挑战 ···························· 015
    2.4 来自社会科学的挑战 ····································· 018
    2.5 来自伦理理论的反驳 ····································· 029
    2.6 来自生物学哲学的反驳 ································· 047
    2.7 本章小结 ··· 058

第 3 章 | 亚里士多德主义的伦理科学 ·· 060
    3.1 引言 ··· 060
    3.2 考察《论题篇》第三卷 ································· 062
    3.3 亚里士多德的伦理学是否符合其科学概念? ········ 069

3.4 "两种科学"方案 …… 07
3.5 "两种证明"方案 …… 08
3.6 对"大致成立"的进一步思考：替代性解释 …… 10
3.7 美德理论与科学证明 …… 11
3.8 伦理探究的目标 …… 12
3.9 本章小结 …… 12

第4章 如何获知伦理原则？ …… 13
4.1 引言 …… 13
4.2 "扶椅伦理学"的前景 …… 13
4.3 归纳与道德上的自我评价 …… 14
4.4 对归纳推理的具体思考 …… 15
4.5 亚里士多德的基础主义 …… 17
4.6 本章小结 …… 18

第5章 演绎模型面临的挑战 …… 18
5.1 引言 …… 18
5.2 特殊主义与亚里士多德伦理学 …… 19
5.3 演绎范式的范围 …… 20
5.4 关于不可剥夺权利的例子与演绎模型的局限 …… 22
5.5 本章小结 …… 24

目录

附录 | 无条件的道德原则可以得到证成吗？……………… 247

参考文献……………………………………………… 258
索引………………………………………………… 267
译后记……………………………………………… 276

第 1 章
导论

近几十年来，一个令人鼓舞的现象是，讨论亚里士多德主义美德理论的著作引发了极大的热情。参与这项工作的既有亚里士多德的研究者，也有未曾受过古典训练的伦理理论家，这些工作已经帮助美德理论置身当今英语世界伦理理论的主流之列。以美德为基础的亚里士多德主义伦理理论的重要优势之一就在于，它关注品格特征而富有灵活性：这有助于解释道德生活的多样性和复杂性。在许多人看来，无论康德主义、功利主义、神命论、自然法学说等聚焦规则的（rule-focused）伦理理论，还是其他基于规则的（rule-based）伦理理论，都存在严重局限；而美德理论则是一种富有吸引力和灵活性的替代方案。有人觉得，亚里士多德主义美德理论为道德特殊主义（moral particularism）提供了一个有希望的模型。我们可以合理地认为，这种美德理论的某些版本具有高度的灵活性（Dancy 1993; McDowell 1988; Nussbaum 1990）。

另一方面，基于规则的道德理论虽然牺牲了灵活性，但在稳定性方面赢得了回报。在其最纯粹的形式中，康德主义就是这样一种基于规则的理论范式。虽然有些学者在康德的理论之中也能找到容纳美德理论之灵活性的空间（Sherman 1997），但那种不屈不挠的绝对命令很难做出让步。在许多人眼里，康德伦理学的僵化状态，表明了它难以充当一种成功且完备的道德理论。

另一个选项是后果主义，它在许多当代哲学家眼里颇有吸引力。人们通常区分"行为后果主义"（act consequentialism）和"规则后果主义"（rule consequentialism），二者的差别也反映了上面所说的两类伦理理论的区别：可以认为，行为后果主义要比规则后果主义具有更大的灵活性。我们将在第二章中看到，至少存在某种尝试，要力图发展出后果主义的美德伦理学（consequentialist virtue ethics）（Driver 2001）。尽管本书没有对后果主义提供任何决定性的反驳意见，但这个部分所涉及的理论已经给出很好的理由，使得人们不必那么轻快地接受后果主义。

在我的理解中，一种理想的伦理理论能够提供充分的灵活性，从而解释道德生活的复杂性和偶然性；但是，它同时也包含足够的稳定性，以便让客观的道德判断成为可能。我认为，我们可以从亚里士多德的伦理学中构建出这样的理论。由于亚里士多德的论著并未清晰而层次分明地阐述其理论，因此，构建具有上述特征的亚里士多德伦理理论的阐述方案，也就成为了一项研究任务。针对他的文本进行某种分析和解释，便属于这项任务的一个部分。

而第三章试图概述的是，亚里士多德的伦理科学（Aristotelian science of ethics）是如何起步的。在展开这番概述时，我们需要关注他的哲学文本所提供的一些方案，用以理解亚里士多德眼中科学与伦理学之间的关系。我们发现，理解二者的关系取决于对某些关键段落的解读。尽管第三章的部分内容基本上是对亚里士多德文本的训诂式考察，但必须强调，训诂式的解读并非我们的全部关注内容。只有当文献中的某些段落对于理解其伦理模式是不可或缺的时候，我们才会引入这些段落。目前，关于亚里士多德的文本尤其是伦理学论著的分析已汗牛充栋，而本书则着力构建一种主要受亚里士多德启发的演绎性的伦理学范式（deductive paradigm of ethics）。对伦理学感兴趣的亚里士多德研究者将会看到其中的价值。

本书源于我的好奇心，即如何构建具有说服力的伦理理论。本书的工作奠基于亚里士多德伦理学，在我看来，这个基础相当坚实。尽管第三章所构建的模型还有诸多细节尚未完成，但它展示出来的美德伦理学图景仍然为某种强有力的伦理理论奠定了富有吸引力的基础。可以说，即便这种理论尚有一些特征没有出现在亚里士多德那里，但它仍然是亚里士多德主义的。如果本书成功地为一种富有吸引力的伦理理论奠定了基础（无论最终完成的理论是否属于亚里士多德主义），便达到了目的。

本书主体部分分为四章。第二章着眼于推进"构建演绎性的亚里士多德主义美德伦理学范式"这一计划。稳妥起见，该章考察了几种不同的反驳意见，格外关注其中四种。首先考虑的反对意见涉及一般的道德基础主义（moral foundationalism），其中，有些在第2.2节中得到初步解决，而彻底的回应则需要我们在第三章、第四章发展出来的那种演绎性的美德伦理学模型（deductive model of virtue ethics）来完成。

在颇受关注的反对意见中，第二章首先讨论的反对意见来自亚里士多德本人的伦理学作品。许多人相信，亚里士多德断言伦理学缺乏精确性，这并不有助于本书试图发展出某种演绎进路的做法。而我们则试图找到并提炼出支持这些内部担忧的文本，随后加以解决。根据亚里士多德的论述，伦理学不仅必须比单纯的主观事务更加精确，并且，伦理学要以达到这种精确性为旨归。我们将会看到，《尼各马可伦理学》早先给出的某些论述并未断然否定说，我们绝不可能以形式化的方式来思考美德伦理学。

其次，这一章还讨论了针对美德伦理学的一种更为普遍的担忧，即从社会科学的角度来看，美德伦理学是错误的。通过诉诸行为心理学（behavioral psychology）的某些发现，约翰·多里斯（John Doris）对美德伦理学发起了强有力的攻击。他认为，有关人类行为的研究表明，"强健的"（robust）的品格特征，或者说"美德"，并不足以充分地解释海量的人类行为。多里斯认为，伦理学家对于相关的实证数据漠不关心，这是不负责任的。就此而言，多里斯是正确的。可是，如果他通过数据而得到的观点是对的，那么，一切试图建构美德理论的尝试都将不复存在。因此，问题的关键在于解释，为什么迄今获得的全部经验数据仍不足以证伪如下观点，即，在解释人类行为的过程中，"强健的"品格特征扮演着重要的角色。我们将会看到，美德伦理学内部有许多资源可以对相关的行为做出解释。

接下来的一种反对意见来自伦理理论。长期以来，美德理论秉持如下原则：美德与知识之间存在至关重要的联系。亚里士多德的美德理论认为，实践智慧（phronēsis）乃是拥有美德的必要条件。因此，拥有美德就需要具备知识。然而，伦理美德总是依赖知识吗？在缺乏知识的情况下，一个人是否可能拥有伦理美德？"有意为之"（acting from intention）是否属于美德的必要条件？通过考察是否可能存在"无知的美德"（virtues of ignorance），我们认为，这种美德的出现将会冲击上述传统原则。然而，我们也会看到，反对者所提供的那些有关"无知的美德"的例子并不令人信服。而声称"有意为之"并非美德的必要条件，这种看法也存在缺陷。我们有充分的理由认为，"知识是美德的必要条件"这一观点奠定了美德理论的基础，其原因将在后文充分展开。

最后一种得到特别关注的挑战来自生物学哲学（philosophy of biology）。亚里士多德的伦理学对人性预设了一种目的论观念。有人认为，这种预设是有问题的。但我们会看到，达尔文本人就是目的论者。一旦意识到这点，我们就不难发现：达尔文的理论与亚里士多德伦理理论所预设的目的论实际上具有一致的取向。

第三章将会详细介绍演绎范式的各组成部分。该章第一部分聚焦《论题篇》(Topics)第三卷,以求深入了解我们构建伦理公理的规范方式。在那里,亚里士多德追问道,在两个或两个以上的选项中,什么才是更值得欲求的或更好的。如果"人类繁荣"(human flourishing)与"可欲求性"(desirability)之间密切相关,并且,如果"幸福"(eudaimonia)在某种重要意义上就是首要的伦理原则,那么,我们就可以合理地认为"可欲求性"概念与"幸福"概念密切相关。接下来,该章分析了亚里士多德所说的"大致关系"(for-the-most-part relationships)。成功建构一种演绎性的实在论美德伦理学模型,部分便取决于能够对这种"大致关系"做出解释,加以证明。亚里士多德坚持认为,某一事物"大致成立"(holding for-the-most-part),这是可以证明的;他还指出,伦理学的主要内容就是由这些"大致关系"组成,它们基本上都是可以证明的。如果能够对"大致关系"加以分析,并且,如果这种分析能够吻合亚里士多德对伦理学主题的描述且可以得到证明,那么,这种分析将非常有助于完善演绎性的美德伦理学范式。更具体地说,亚里士多德看起来为证明"大致成立"的关系留下了空间,它使得人们有可能将其伦理学视为亚里士多德所说的一种科学。

在亚里士多德的意义上,伦理学何以能够满足严格的科学标准?本书在对这个问题展开一般思考后,专门考察了两种用来处理伦理学与科学之关系的颇为不同的方案。第一种方案认为,有两种亚里士多德主义的科学概念,纯粹科学(pure science)和普通科学(plain science),而伦理学可以被归为普通科学。第二种方案认为,只有一种亚里士多德主义的科学类型,但这种科学中包含了两种证明形式:某些证明很严格,另一些证明则较宽泛。照这种理解,只要伦理学适用于宽泛的证明形式,那么,伦理学就可以被纳入亚里士多德主义的科学。这两种方案都是对"大致关系"的分析,并且,任何一种方案的成功,都取决于它能否对这种关系做出足够

3

好的分析。

我们将会看到,这两种方案都面临问题,都无法为"大致成立"提供理想的分析。由此,本文将提出另一种路径,这种路径不仅符合亚里士多德对这种关系的看法,而且足以解释亚里士多德主义的科学概念何以如此广博,以至于能将伦理学纳入其中。经由此种分析,我们有希望构建一种亚里士多德主义的伦理科学,它将提供某种演绎框架——从一系列有关人类及其性格特征的较一般原则出发,演绎出用于指导行为的道德原则。

在提出一般方案从而着手构建演绎性的伦理科学后,我们将考虑某些具体的涉及伦理主题的科学三段论(scientific syllogisms)。通过采用上文所说的那种针对"大致成立"情况的新的分析路径,我们将会发现这些可被建立起来的三段论将是怎样的。虽然在构建成熟的演绎性的伦理科学的工程中,这一成就仅仅代表初步的姿态,但它确实标志着一种充满希望的开端。

我们将考虑两个不同层次:所谓"二阶的"(second-order)考量,它们面向的是行为基本要素之本质的性质(对这些概念的探讨主要属于认知层面,仅仅具有间接的实践性质),以及,所谓"一阶的"(first-order)实践问题与概念,它们面向的是这些概念与人类道德情境发生关联的具体方式(这些考量具有直接的实践性质,而仅仅偶尔具有认知性质)。伦理学既有认知目的,又有实践目的,但实践是其终极目的。这就是为什么作为一门学科的伦理学需要被归入实践科学的原因。无论是在伦理学还是在科学中,我们都不应该认为,实践科学就不具有认知的目的。然而,将伦理学同时看作实践科学和理论科学,这是否有意义呢?

第四章将讨论认识论问题。本章首先考察先验伦理学或扶椅伦理学(a priori or armchair ethics)有何前景,进而探讨经验性思考在一般的或具体的伦理理论中能够扮演何种角色。通过给出一些赞同"扶椅伦理学"的伦理学家的观点，我们将证明，尽管伦理学有相当一部分内容可以通过概念分析来完成，但经验性的思考在其中依然意义重大。因此，把伦理学解释为彻底的先验学科，乃是缺乏说服力的。考虑到这一点，我们转而考察归纳推理的性质及其在伦理学中扮演的角色。通过解释归纳推理的一般特征，我们将考察归纳推理在道德生活中所发挥的更具体的作用。道德上的自我评价（self-assessment in morality）就是其中一种情况。我们如何知道自己具有何种品格？在亚里士多德伦理学中，有两点可以帮助人们了解自身的品格与行为：(1) 我们拥有自然的美德（natural virtues），以及 (2) 我们自然就能识别他人的美德行为。凭借这两点，我们可以在道德上勾勒出一种大致的自我评价。契诃夫（Chekhov）的短篇小说《打赌》（*The Bet*）就很好地说明了，出自美德理论的某些观点是怎样为准确的自我评价提供了坚实的基础。

第四章围绕归纳推理的考察，还试图把当代认识论同亚里士多德的部分主题联系起来。经由这些联系，我们将看到，休谟所说的"归纳问题"并没有给亚里士多德主义带来特别窘迫的难题。亚里士多德的归纳理论远比人们通常认为的更加复杂。在对亚里士多德著作中的不同类型的归纳进行了一般性的讨论后，我们将会看到其中有种特殊的归纳类型一度被称为"直觉性归纳"（intuitive induction），它有助于解释我们何以能够认识到基本的道德原则。

第四章的最后几节主要讨论亚里士多德的基础主义（foundationalism）。在一般性地捍卫基础主义认识论并且排除其他的可能选项后，我们将考察基础主义在亚里士多德学说中的特殊形式，它阐述了我们是如何获得那种基础原则的。而一旦这种框架被搭建起来，我们便可以考察伦理学了。我们是怎么知道那些根本性的伦理原则的呢？第四章的最后，我们将试图对此给出大致描述。

对于前面三章所构建的这种演绎性的美德伦理学范式，第五章提出了进一步的挑战。首先是特殊主义挑战，它针对的是那些基于伦理原则的美德伦理学模型。在这个方向上，约翰·麦克道威尔（John MacDowell）做出了最有力的尝试。麦克道威尔赞同亚里士多德的美德理论，但他认为，亚里士多德有关实践智慧的论述表明，在亚里士多德那里，伦理原则"不可法典化"（uncodifiable）。麦克道威尔通过采用伦理学的"大致关系"概念来捍卫自己的观点，而这也给我提供了绝好的机会，让我能够借助自己在第三章针对"大致关系"所提出的新解释来考察一下，这种解释能否提供新的方式，既可以刻画实践推理，又可以得到"可法典化"的伦理原则的支持。我将表明，本书所构建的这种演绎性的美德伦理学范式，与那些在我们道德生活中起重要作用的实践推理相一致。

接下来的一项挑战，是质疑前几章讨论的那种实在论美德伦理学（realist virtue ethics）的适用范围。一些人认为，纵然亚里士多德的实践推理十分有力，但它不够广泛，不足以产生完备的伦理理论所需要的全部原则。具体而言，在他们看来，亚里士多德的美德理论不足以对自我牺牲或利他行为提出要求。不过，围绕"勇敢"美德的研究将有助于回应这一反对意见：本章首先做出初步论证，证明亚里士多德主义美德伦理学为利他行为留出空间；随后，本章提出更普遍的论证，证明在美德伦理学的语境下利他行为乃是可能的。根据这种论证，我们可以认为，亚里士多德主义美德伦理学具有足够广阔的范围，值得作为一种可行的伦理理论而得到仔细研究。

仅仅基于亚里士多德的美德理论，我们可以论证那些绝无任何例外的道德戒律（exceptionless moral precepts）或不可剥夺的权利（inalienable rights）吗？一旦我们对此有所质疑，便产生了另一个挑战。事实证明，亚里士多德的理论不足以论证这点，但是，我们可从康德传统中借取一些原则，证明不可剥夺的权利具有合理性。自杀问题成为这里的讨论焦点。自杀和被迫自杀（forced suicide）在道德上是否得到允许，这将会深刻地影响到不可剥夺的权利能否获得成功的证明。

最后，本书将在附录中考察，我们如何才能提出一套公理（axiom），以证成亚里士多德所明确提出的那种无条件的道德禁令（unconditional moral prohibitions），比如，针对通奸等行为。许多人希望强调亚里士多德主义美德伦理学的灵活性。然而，他们似乎要么忽视、要么拒斥亚里士多德的如下主张：在任何情况下，偷窃、通奸和谋杀都违背中道。因此，我们需要考虑可以用怎样的理由来为这些无条件的禁令提供辩护。由于亚里士多德没有为他的伦理学构建一个公理化的体系，因此，附录部分的思考主要是建构性的。通过思考这个问题，我们可以学到很多东西。由于只有少数伦理学者觉得可以为无条件的道德原则提供无神论（non-theistic）的理由，因此，这方面的伦理模型仍然充满争议。但是，即便亚里士多德伦理学中有关无条件道德禁令的那个部分是失败的，这种失败也不会令其演绎性的美德伦理学范式受到实质性的威胁。尽管如此，我们在探讨该问题时所获得的一些教益，亦将有助于我们理解亚里士多德主义美德伦理学的各个基本概念之间的关系。

6

第 2 章
道德实在论与美德伦理学

2.1 引言

本章旨在推进如下观点：存在一种特定的亚里士多德主义美德伦理学模型，它能够为内容丰富且富有说服力的伦理理论提供基础。针对这一尝试，目前面临若干常见的反驳，我们将在第 2.2 节展示它们并做出回应。而第 2.3 节展示和回应的，则是亚里士多德伦理学内部针对演绎性美德伦理学模型的反驳意见。许多人认为，在亚里士多德眼中，伦理学缺乏精确性，而这样的看法不会支持本书所说的在伦理学中使用演绎方法的尝试。本章试图从亚里士多德的伦理学中找到这种担忧的源头并加以处理。我们需要牢记，亚里士多德说过，伦理学必须比主观的东西更精确。我们将会看到，《尼各马可伦理学》没有彻底排除以形式的方法来处理美德伦理学的可能性。第 2.4 节对美德伦理学提出了更为普遍的担忧，即，从社会科学的角度来看，美德伦理学是错误的。通过借助行为心理学近几十年来的一些发现，约翰·多里斯对美德伦理学传统发起了强有力的攻击。如果他根据这些数据所得到的观点是正确的，那么，构建任何类型的美德理论都不再可能。因此，问题的关键在于，我们需要解释，为什么迄今为止收集得到的经验数据，仍不足以证伪强健的品格特征在解释人类行为的时候扮演着重要角色。我们可以看到，美德伦理学内部存在许多资源，它们足以对相关行为作出解释。

第 2.5 节将探讨来自伦理学家的可能的反对意见。如"导论"提及的那样，长期以来，美德理论秉持这样一条原则：即，美德与知识之间存在至关重要的联系。要有美德，就要有知识。然而，伦理美德总是依赖知识吗？在第 2.5 节，我们将会思考是否可能存在某些无需知识的美德，进而挑战"美德需要知识"这一传统原则。而第 2.6 节将处理另一种来自生物学哲学领域的挑战。有人认为，亚里士多德的伦理学预设了一种目的论的人性观，而这正是驳斥亚里士多德伦理理论的重要理由。如果目的论在生物学中确实不成立，那么，亚里士多德的伦理理论也就建立在错误的基础上。可是，我们将会看到，与一些流俗的意见相反，我们有充分理由认为，在某种重要的意义上，达尔文本人就是一位目的论者，而且，他的理论与亚里士多德伦理学所预设的那种目的论是一致的。从生物学哲学（尤其是达尔文阵营）所提出的这种反对意见中，我们可以获益良多。但是，这条反对意见依然不构成对亚里士多德主义伦理学的致命打击。事实上，在达尔文主义与亚里士多德主义之间，不仅存在重要的一致性，更存在互补的空间。

2.2　道德基础主义面临的挑战

如果亚里士多德伦理学可以通过演绎范式得到理解，那么，这种伦理学模型就能提供一种理解道德实在论（moral realism）的方法，而道德实在论说的是，道德命题可以客观为真。对这样的亚里士多德伦理学模型进行考察，可以使我们获得特定的方法，从而确定伦理学是否可能具备正当的实在论基础。通过捍卫道德实在论，我们也许会在元伦理层面上涉及道德话语与道德实践的本质的争论中取得一些进步。然而，这不是本书采取的路径。相反，本书试图构建一种具体的道德实在论，期待它的解释力能够为我们接受道德实在论提供好的理由。

在尝试发展这种学说之前，先预估一下这项谋划可能遇到的挑战，将是有益的。最激进的挑战来自非认知主义（non-cognitivism）中的表达主义立场（expressivist version）；其倡导者认为，道德话语只是情绪或情感的表达。尽管在过往文献中，对这个立场的回应早已汗牛充栋，但是，足够坚实有效的回应策略却在于发展一种完善、有效的道德实在论模型。本书打算沿着这个方向迈出重要一步。

约翰·麦基（J. L. Mackie）的"分歧论证"（argument from disagreement）提供了一种尽管不太极端、但依然有力的挑战（Mackie 1977）。凭借"错误理论"（error theory）的这种形式，麦基给出强有力的非认知主义反驳。该理论声称，不存在能够使我们的道德话语为真的客观的道德事实。更具体地说，通过"分歧论证"，麦基的结论是："道德规范的分歧似乎反映了人们对于不同生活方式的坚持，（道德领域内的）因果关系主要采取的就是这种形式。"（Mackie 1977: 36）麦基认为，面对道德准则之间的差别，相较于假设存在一种客观的道德（该假设必然意味着，有相当一部分人根本无法正确识别出这种客观的道德），坦率地承认多样性才是更好的解释策略（Mackie 1977: 37）。既然麦基的论点意味着，人们的道德信念是否为真，这并不能独立于他们偶然持有的信念和态度而做出判定，那么他的论证也就直接否定了道德实在论。

在道德原则的地位问题上更同情道德实在论的人们，有必要回应麦基的这种非认知主义挑战。例如，大卫·布林克（David Brink）就讨论了辩护道德实在论的各种方案，而他自己的辩护则建立在对道德证成（moral justification）的融贯论解释的基础上（Brink 1989）。对一般的证成，尤其是道德证成进行论述，人们似乎必须在三种备选路径中择取其一：基础主义①（foundationalism）、融贯论（coherentism）或怀疑论（skepticism）。人们选取其一，往往是因为他们注意到其他方案的缺陷。正如布林克所说，任何形式的基础主义都站不住脚。因为，包括所谓的"基础信念"在内，一切信念都需要通过推理而获得证成："二阶信念（second-order beliefs）在证成中发挥的作用不仅说明证成具有'推论性'，并且否定了任何形式的基础主义"（Brink 1989）。布林克将怀疑论当作最后讨论的对象，认为融贯论可以避免基础主义所无法克服的问题，而且同时规避怀疑论的理解。②然而，鉴于融贯论同样面临严重的问题③，我们似乎仍有必要仔细研究其他的替代方案。

　　道德基础主义值得认真关注。让我们姑且认为道德基础主义是这样的：一个道德信念可以得到证成，要么是因为它就是基础性的（也就是说，它无需经由推论就能得到证成），要么是因为它建立在基础道德信念的合理推论之上。直觉主义（intuitionism）通常被认为与这种道德基础主义密切相关。④既然基础性的道德信念或非道德信念在道德体系中占有优

---

① 有人区分了"强基础主义"（strong foundationalism）和"弱基础主义"（weak foundationalism）。强基础主义认为，基础信念可以自我证成（self-justifying）或自我澄清（self-certifying）。而弱基础主义则认为，基础信念最初只是"可信的"（credible），但后续需要进一步修正。亚里士多德在《后分析篇》中的论述很容易让人将其视为强基础主义者。然而，如果考虑到辩证法也为特定的信念提供了证成，那么如何界定亚里士多德的立场就不太清楚了。劳伦斯·邦久（Lawrence BonJour）的温和理性主义（moderate rationalism）立场则为弱基础主义提供了一种当代辩护方案（Lawrence BonJour 1998）。
② 也有学者采取另一种方法。乔纳森·丹西（Jonathan Dancy）首先考察了基础主义，并且出于同布林克相似的理由拒斥该路径（Dancy 1985）。丹西倾向于融贯论的观点，但又认为这种观点无法回应怀疑论者的挑战。
③ 这一点将在第四章得到更全面的阐述。
④ 这一点在强基础主义中尤其正确。基础主义的主观主义版本认为，基础信念是"不可置疑的"（indubitable），而客观主义版本则认为，基础信念是"不可崩溃的"（infallible）。许多方法都可以将亚里士多德的"努斯"理解为完全经验的东西（Lesher 1973）。这种路径同弱基础主义的主观版本和客观版本皆可兼容。但我们很难讲，对"努斯"加以经验解释又怎么可以与强基础主义兼容。

先地位，那么，就必须有一种特殊的解释来说明我们何以认识到这些基础性的道德原则：我们不能通过演绎来认识它们，因为这会导致无穷后退。而归纳似乎又不够有力，不足以产生不可动摇的基本原则。因此，人类是否有能力通过某种直觉性的力量而直接把握这些基础性的原则呢？

很多人拥护这条路径（Reid 1969; Sidgwick 1907; Moore 1903; Chisholm 1966）。我们看到，对上述问题的回答取决于"直觉"是什么。一些道德直觉主义者给人留下的印象是，"直觉"基本上就是一种预感（hunch）或单纯的感觉（gut feeling）。就算伦理学可能根据这种看法而回应那些反实在论的挑战，它也仍然应该建立在比"单纯的感觉"更具有实质意义的基础上。如果我们可以提供合理的解释，把亚里士多德的"努斯"（nous）视为一种足以让我们把握基础性原则的能力，那么，这种能力就会比一般而言的"直觉"更加可靠。不过，我们依然担心，亚里士多德的"努斯"无法在经验上得到恰当的理解（Lesher 1973）。

有理由期待，从亚里士多德关于"证成"的一般看法出发，尤其是从他关于伦理理论"证成"的看法出发，我们可以提出某种规避上述问题的解释方案。如果亚里士多德在知识论方面的基础主义立场是内在融贯、有说服力并且和伦理理论相容，那么，通过这种视角而刻画的亚里士多德伦理学，就有可能提供一种理解和辩护道德实在论的路径。

对于这种做法，首当其冲的担忧是，亚里士多德本人从未明确将自己的伦理理论嵌入这种演绎范式。事实上，我们很容易就能从《尼各马可伦理学》中找到一些说法而直接反对这里提出的计划。但我们马上就会考察，为何这些说法并不足以阻止这项计划的施行。

2.3 来自亚里士多德著作的挑战

"亚里士多德的伦理观念可以在演绎范式之下被正确地考察",对于这一主张,最明显的反驳依据来自亚里士多德本人。在《尼各马可伦理学》中,他留下了许多类似于如下主张的说法:

> 既然我们现在的研究与其他研究不同,不是思辨的,而是有某种实践的目的(因为我们不是为了解美德,而是为了让自己具有美德,否则这种研究就毫无用处),我们就必须研究实践的性质,研究我们应当怎样实践。因为,如所说过的,我们是怎样的,这取决于我们的实现活动的性质。……但是,我们的共同意见是,要按照正确的逻各斯去做(这种逻各斯是什么,以及它同其他美德之间的关系,我们将在后面讨论)。但是,实践的逻各斯只能是粗略的、不很精确的。我们一开始就说过,我们只能要求研究题材所容有的逻各斯。而行为与善问题就像健康问题一样,并不包含什么确定不变的东西。而且,如果总的逻各斯是这样,具体行为中的逻各斯就更不确定了。因为具体行为谈不上有什么技艺与法则,只能因时因地制宜,就如在医疗与航海上一样。(1103b27–1104a9)。

就本身而言,这段话以及其他说法的确提供了反驳上述主张的证据。然而,仍有可能通过阐释其文本中包含的别的说法,为上述主张提供空间。针对亚里士多德其他文献中的重要观点进行分析,将会提供一个与此处大不相同的视角。

第一行中"现在的研究"是有所指的,它很可能意味着接下来的论述是要解释亚里士多德打算在《尼各马可伦理学》中展开的探究。然而，《尼各马可伦理学》的探究并不是针对该主题的唯一探究。与此相关，我们要记住，相比于《尼各马可伦理学》，《优台谟伦理学》(*Eudemian Ethics*)是一部更加正式的论著。在那里，亚里士多德几乎从来没有否认过伦理学的精确性。

不仅如此，在这段话中，亚里士多德还指出：如果此处的探究是理论性的，那么它就将没有任何用处。对某些目的而言，比如亚里士多德目前希望追求的那些目的而言，它可能确实无用；但对其他目的而言，情况可能就不一样了。这番话的目的是让学生"成为好人"(become good)，而对该主题进行理论或科学的处理则可能真的不太有助于实现这一目的。区分伦理学探究的直接目的和最终目的或许能够帮助我们澄清问题(Anagnostopoulos 1994)。说伦理学是一门实践学科，这可能意味着，其最终目的是实践性的——使学习伦理学的人成为更好的人。但认为伦理学的最终目的是非认知性的，却并不能否认人们在学习伦理学时可能还持有其他的从属性目的。我们可以合理地认为，在追求非认知性目的的过程中，可能还有一些认知性目的也需要被实现。在这个意义上，这段话不能排除如下理解，即伦理学有两种目的：一种是认知性的目的，另一种是非认知性的目的，两者甚至谈不上何者更为"基础"。

为了详细阐明这一点，不妨联系这段话最后在伦理学和医学之间做出的类比。医学的最终目的是让人获得健康，因而，医学可以被视为一门实践学科。可是，这并不意味着学医之人就不可以有其他的目的——在这些目的中，有些很可能就是认知性的。因此，如果伦理学和医学之间存在相似性，那么，我们可以预期，这两门学科的特征和（学科目的的）关系之间也存在相似性。伦理学的目标和医学的目的都是非认知性、实践性，但它们也不排斥认知性、非实践性的目的。而追求这些认知性目的，也同样是因其本身的缘故使然。①

在《尼各马可伦理学》的后续部分，亚里士多德提到，行为的本质是其主要的探究对象之一。假如我们的主要兴趣在于成为更好的人，那我们只需知道我们应该如何行动就可以了，而对行为的本质进行全面细致的探究只会让我们分心。不过，行为的确值得给予更细致的考察，况且，为了知识本身而研究行为的本质，这也是合理的想法，而且还可能对一个人的品格产生积极影响。

接下来，亚里士多德谈到，（对伦理主题的）呈现必须以一种"大致如此"的形式进行。这是因为"行为和善的问题……并不包含什么确定不变的东西"。从字面上看，这句话似乎使人无法用演绎范式来塑造伦理学，因为科学的演绎范式——任何一个以亚里士多德的科学概念为模型的范式——都需要具有必然性的原则（necessary principle）。然而，把这种字面意思奉为圭臬真的正确吗？亚里士多德真的会认为，行为始终存在波动和偏差吗？鉴于亚里士多德对人类"功能"的论述及其在决定人类"善"时所扮演角色的论证，我们很难认为，亚里士多德真的持有如此想法。在给出这些论证时，亚里士多德正是通过反对行为始终存在波动和偏差，从而表达出幸福的本质并刻画其特征。既然人类的功能在于合乎理性地活动，那么，在事实层面上，就存在一些对人有益的活动和一些对人有害的活动，而前者应该被追求，后者应该被避免（NE 1107a10）。此外，假如遵循原先的解释（即认为一切行为都存在波动和偏差），那么，我们又如何可能有意义地理解亚里士多德的美德统一性论题呢？

亚里士多德不可能说，与伦理相关的一切行为都缺乏稳定性。这点可

---

① 在《尼各马可伦理学》第一卷，亚里士多德明确地允许某些事物既因自身的缘故而被追求，又因其他事物的缘故而被追求。因此，即便认知性目标在医学和伦理学中从属于实践性目标，也不意味着前者在这些学科中不可能因自身之缘故而被追求。

以通过与人类健康的类比而再次得到确认。虽然恰当的饮食和运动量因人而异,但有些活动无疑总是有益健康(摄取营养、锻炼身体),而另一些活动则是显然有损健康(跳楼、服毒等)。因此,如果我们按照我这里建议的方式来考虑这一类比,那么,我们就可以找到某种理解上文主旨的方式,而不必排斥通过演绎的范式来理解伦理学。

最后,这段话从对道德事务和道德行为的一般解释出发,进而反思具体事务和具体行动的本性。由于针对文本的阐释并没有必然断言"缺乏稳定性"就是道德事务和道德行为的一般特征,因此,我们有理由犹豫,是否要将这个特征用于分析那些具体的事务和行动。但是,很显然,亚里士多德在文末已经考虑到了"实践智慧"(practical wisdom,phronēsis)的作用。由于实践智慧针对的是作为实践三段论小前提而出现的具体行为,因此,当实践智慧发挥作用时,它显然不会考虑演绎模型的作用。当实践智慧对具体事物进行思考时,它已经溢出了演绎范式的范围。①

2.4 来自社会科学的挑战 ②

在《品格的缺乏:人格和道德行为》(Lack of Character: Personality and Moral Behavior)一书中,约翰·多里斯(John Doris)试图驳斥如下论点:强健的品格特征,或说美德,为解释人类行为的规范性提供了充分的基础。多里斯认为,基于品格而理解人类行为,这种源自古希腊的理解模式已被实验性的社会心理学结果推翻。更具体地说,多里斯反对

---

① 虽然亚里士多德在《尼各马可伦理学》中采取的路径可以被称为"实践科学"(practical science),但按照这种解释,它最多是在某种宽松或类比的意义上堪称一门科学。然而,即便承认这一点,亚里士多德在《论题篇》第三卷中对可欲求性及其标准的详尽讨论也仍然表明,伦理学所具有的精确性要比人们通常认为的远远更高。我们在第三章中将更加充分地讨论这一点。
② 本节的内容主要基于 Winter and Tauer (2006)。

总体主义（globalism）的立场，即认为品格特征可以在总体层面上被稳定而可靠地表现出来。他认为，总体主义的失败导致了人们对情境主义（situationism）的认可。我们从后者的称呼中就可以推断出，情境主义表达的观点是，所谓品格特征不过是情境的作用，而并非具有坚实基础的内在性格。在过去几十年里，人们从各种情境和实验中收集了各种数据，它们使我们可能认为，看似偶然的情境也许就会动摇人们身上据说稳定的品格特征。

如果多里斯是正确的，那么，本书所理解的美德理论就会被实证研究得出的结果沉重打击。因此，有必要仔细研究多里斯的观点。对于这种探究路径感兴趣的另一原因在于，它让我们直面并了解社会心理学的重要发现。几乎所有偏向"扶椅伦理学"的学者都认为，社会科学几乎甚至根本没有为伦理理论提供思考的资源。然而，如果仔细考察多里斯所说的那些情况，我们将会揭示出重要的问题并将其推到前台。而对这些问题的解决，又将显著影响伦理探究的本质。事实上，心理学之所以成为显学，部分原因就在于它对哲学命题进行经验检视的想法：似乎只有通过整合这类学科的力量，我们才能更好地理解人类行为。

2.4.1 什么是美德？

首先，确定一个可行的美德概念对接下来的讨论是有帮助的，因为，在很大程度上，问题与此相关。我们需要确保，对这个问题的论辩不会变成一场吹毛求疵的定义战。我们可以像柏拉图和亚里士多德一样将美德看作一种"卓越"（excellence），讨论无生命物体（比如，刀）的美德。刀的功能是"切割"，刀的"好"则在于很好地完成切割。以柏拉图的观点为基础，亚里士多德试图从人的功能来确定什么是人的"好"。既然人的"功能"植根于从事理性活动的能力，那么，人的"卓越"就涉及到

13　理性的生活。人们可以从不同的理智美德出发，理解亚里士多德的"理性"概念。人类的繁荣只能是一种与理智美德相结合的生活。而道德美德则是各种欲求力量的"卓越"。实践智慧乃是一种特殊的理智美德，它引导行为达成恰当的目的。而美德的典范就是富有慎思的实践智慧之人（phronimos, practically wise person），他们具备所有的道德美德，他们的一切欲求都朝向恰当的目的。这一观点的基础是，除非我们拥有所有美德，否则我们不可能拥有其中任何一种。这种看法密切地关系到所谓的总体主义立场。

在针对美德知识论的讨论中，罗伯特·奥迪（Robert Audi）提出了一种关于美德的详尽定义，该定义把握了古希腊观念的要旨。奥迪说："美德是一种品格方面的特征，它具有影响行为的显著趋向，为其拥有者提供了一种阐明应当践行哪些事情的规范性理由，以及，一种驱动人们以恰当的理由去完成这些事情的动力。"（Audi 2001: 82）。根据这种观念，美德不一定总会在某个情境中带来最佳行为，但对于拥有美德的行动者而言，他们具备如此行动的倾向。多里斯还认为，美德不必总是取得成功，但在他看来，如果美德理论能对相当范围内的人类行为提供有说服力的解释，那么，有美德的品格与有美德的行为之间就应当存在很高的统计相关性。多里斯所驳斥的那种品格概念部分地由"强健的品格特征"构成，它背后蕴涵的观点是，拥有"强健的品格特征"足以让人期待，这种特征的拥有者即便在不利情境中也会表现出由这种特征所激发的行为（Doris 2002: 18）。我们的态度、品格与美德将能够强有力地预期我们的行为。而核心问题是，这种强有力的品格特征或者说美德是否存在。如果它们的确存在，那么，我们似乎就能合理地认为"品格"可以由这些强健的特征构成，如果不是，那么我们就有理由怀疑"品格"的存在。

2.4.2 多里斯的论证

多里斯并没有提供一种形式化的论证来支持他的结论。然而，重构这样一种在形式上有效的论证将是有益的。如此一来，我们便能清楚地知道，美德伦理学的哪些核心观点受到了威胁。多里斯确实提出了一个关键的条件句（conditional）。如果同另一前提相结合，我们就可以用某种可行的形式论证来表述他的核心推论。多里斯的条件句是："如果某人具有强健的品格特征（美德），那么就可以期待，他会在与这一特征有关的各种情境中都表现出该特征所要求的行为，即便某些情境不利于他实施这样的行为。"（Doris 2002: 18）。这个条件句的先行词是单数的"人"。但很显然，多里斯将其用于普遍意义上的人类行为者。基于这种理解，我们可以得到如下论证：

(1) 如果强健的品格特征或者说美德能够为人类行为的规范性解释提供充分的基础，那么，在大多数情况下，人类行为者就要在与特征有关的一系列不同的情境下展示出与特征相关的行为，即便其中一些情境甚至全部情境都不利于这些行为。

(2) 在大多数情况下，人类行为者并没有在与特征有关的一系列不同的情境下展示出与特征相关的行为。

(3) 因此，强健的品格特征或者说美德，就不足以为人类行为的规范性解释提供充分的基础。

支撑第一个前提的主要是对"强健的品格特征"以及"美德"概念的定义和思考。拥有"强健的品格特征"，就需要在与特征有关的环境中具备特定的特征；仅仅具备这种特征还不够，还需要按照它行动。这意味着，我们可以期待，在一定环境中，拥有相关特征的个人能够实施某类行为。例如，如果某人是慷慨的，我们就可以期待他愿意将自己的资源供给他人：一个慷慨的人会在午餐时主动买单，乐于借钱给需要帮助的人，或是向亟待支持的邻人伸出援手。由于某些强大的情境因素可能阻碍这种品格特征的呈现，所以，期待一个慷慨的人毫无例外地如此行事，显然也有点过分。我们期待的仅仅是，他在"大多数情况下"能够这样做。而除此之外，拥有"强健的品格特征"还表现为，即便是在可能很困难的情况下，这种特征的拥有者也会按照它的要求行事：慷慨的人会主动承担午餐费用，即便经济状况有点紧张；或者，他会帮助邻人，即便他还面临着其他状况。

支撑第二个前提的则是多里斯提供的实证数据。让我们简要总结一下他讨论过的几个案例：其中一个案例涉及如下实验：一个打电话的人离开电话亭，发现一位女士装满文件的文件夹掉在地上。此时，他是否会帮助这位女士呢？爱丽丝·伊森（Alice Isen）和保拉·勒温（Paula Levin）发现，在公用电话的零钱槽里放入一枚硬币，将会对打电话者的行为产生意想不到的戏剧性影响。在不放硬币的情况下，只有4%的人出手相助；而在放入硬币的情况下，则有84%的人选择伸出援手（Isen and Levin 1972: 384–388）。因此，如果"同情"这样的品格特征是强健而稳定的，那么，我们就不会指望"偶然获得一枚硬币"这样微不足道的小事会对人们是否做出同情的行为产生如此显著的影响。

在第二个案例中，一些大学生被要求填写关于宗教教育和职业发展的调查问卷。在完成问卷后，学生们到另一栋楼完成第二阶段的测试（Darley and Batson 1973: 100–108）。此时，一些学生被告知他们将要迟到；而另一些学生将被告知他们能够准时或提前到达。第二栋楼的门口有位演员，他衣衫褴褛、瘫倒在地，假装很痛苦的样子。在那些觉得时间紧迫的学生中，只有10%的人停下来帮助他。相比之下，在那些认为自己能够准时或提早到达的学生中，有63%的学生会停下来。我们可能问，为什么这些看似无关紧要的事情（如，时间压力）会如此显著地影响到助人的行为。但事实上，人们已经证明，时间压力是一个强大的情境变量，在不同的环境和文化氛围中，它都会对行为产生影响（Levine 1998）。

多里斯还援引了著名的斯坦利·米尔格拉姆实验（experiments of Stanley Milgram）。该实验的参与者只需微小的诱因，就可以做出破坏性的行为。在20世纪60年代初，米尔格拉姆（Milgram）征集了1000名左右来自社会经济各阶层的被试，他们被告知，自己参加的是一项旨在研究惩罚对学习有何影响的研究。米尔格拉姆的测试是这样设置的：被试会扮演教师角色，对学习者（其实也是实验参与者）进行电击。一位实验员会监督测试，并在必要时给予指导。被试控制着一个据称可以进行电击的设备（但事实上不能，只有被试相信该设备可以电击），而扮演成学习者的那位实验参与者则会装出被电击的样子。当后者没有对单词联想的学习测验作出正确反应时，被试会被要求对他施加越来越强烈的模拟电击。如果被试表现出不愿意，那么，实验员就会用一系列的语言来诱导他们："请继续""实验室要求您继续""这绝对必要"……这些诱导性的语言也会按照由弱到强的顺序用来刺激被试。如果被试在最强的语言下仍然拒绝继续，那么实验就会结束。米尔格拉姆发现，在实验员的坚持下，大多数被试都会继续实施电击。此外，这个实验还展示了权威对于个人行为的巨大影响。我们可能会问，为什么普通人愿意在这种情况下对他人施加极端的惩罚？以及，为什么有可能阻止如此惩罚的那种"强健的品格特征"并未明显地呈现出来？

这些案例构成了多里斯支持情境主义的论据。这些论据确实为前提（2）提供了一定的支撑。在多数情况下，我们无法确信，人类行为者能够在与品格特征相关的各种情况下都表现出与这些特征相关的好行为。某些微不足道的情境因素都有可能对人类的行为产生深远的影响。

2.3.3 对多里斯论证的批评

从这些具体案例以及社会心理学提供的数据中,我们可以展开详细的分析,从而获得不少教益。尽管如此,我们仍有充足的理由来质疑多里斯的主要论证。这些数据不足以充分支持他的结论;而且,在美德理论中还有很多资源,可以用来解释我们在实验中观测到的那些行为。

在他的论证中,有一个模棱两可之处,而如何理解这一点则决定了人们将会如何看待这些前提。我们会问,在他的论证中,"人类行为者"这个短语究竟该如何理解。如果这个短语是指那些拥有强健品格特征或美德的人,那么,多里斯的第二个前提就可能不是真的。另一方面,如果这个短语是指那些不被认为拥有强健品格特征或美德的人,那么,第一个前提是否正确就变得有待商榷。

如果能够说明"即便我们无法期待大多数人可以在相应的情境中展示出与特征有关的美德,强健的品格特征或美德依然具有解释力",那么,对第一个前提的反驳便直接完成了。研究的被试若只是从人群中随意选择的普通人,我们就可以合理地认为,这样的人不能展示出美德的行为——因为我们不应认为强健的品格特征或成熟的美德可以被广泛拥有。美德理论认为,成熟而完满的美德很难获得,因此,它们并不常见。但是,如果第一个前提中的"人类行为者"是指那些已经拥有强健的特质和美德的人,那么,该前提在概念上就是真的,因为,在各种情况下展示出美德行为,这正是"有美德"这个概念的一部分内容。

我们可能会问,社会心理学的实验是否足以支持第二个前提。如果美德理论可以解释为什么我们会得到上述研究结果,那么,这些资源就值得仔细考虑。除非美德伦理学无法对实验中观察到的行为给出合理解释，否则，我们仍有理由认为，强健的品格特征和美德可以在解释相当一部分重要的人类行为时发挥重要作用。事实上，这样的解释（从美德伦理学出发对实验结果进行的解释）是可行的。而且，这样的解释再加上那些支持强健品格特征和美德的充足证据，可以从整体上为相关行为提供最好的解释。

可以设想，强健的品格特征确实存在，而且，它们为人类行为提供了很好的解释。事实上，人格心理学就是建立在这样的假设上——我们的人格确实能够预期我们的行为。唯其如此，那些被认为诚实或善良的人才会表现得与不诚实或不友善的人截然不同；军队将领不会挑选懦弱的士兵参加战斗；神学院也会避免录取两性生活混乱的申请人；不公正的指责亦会严重打击美国最高法院法官候选人的声誉。所有这些判断都是建立在那些能够解释人类行为的品格特征上。诚然，"存在强健的品格特征"这一想法有可能是错误的，做出上述判断的人不过是自欺欺人。然而，只有当我们以令人信服的理由指出强健的性格特征无法解释大部分的人类行为时，这样一种反直觉的解释才应当得到采纳。

况且，如果不诉诸美德或强健的品格特质，那么，有些情况下的行为就很难获得解释。例如，2005 年 4 月，威斯康星州的一对夫妇在前往诊所的路上发现了一个文件夹，内有超过 4.2 万美元的现金：

> 夫妻二人几乎同时看向对方，说，他们必须把文件夹交给警方。他们从未想过要据为己有："我们不是在这样的教育下长大的。"丈夫先把妻子送到诊所，然后将文件夹直接交给了警察。（*Associated Press*, April 22, 2005）

多里斯可能会说，看似诚实的偶然行为并不能证明"诚实"这一品格特征的存在。他会认为，个别的高尚行为不足以消解第二个前提，毕竟，该前提说的是，在大多数情况下，没有十足的把握期待人类行为者在与特征相关的各种情境中都表现出那种发自其特征的行为。但是，在提供这种解释时，多里斯没有注意到一个非常关键的要点：即，如果实验成果要支撑他的结论，那么，这些实验所召集的被试必须是真正有美德的人。可以预期，如果没有仔细筛选出这样的被试，那么，实验的结果只能说明很多人缺乏相关美德，而并不能表明诚实不足以解释人类行为。

美德理论家可能会指出，在这样的情况（实验）中，我们并不清楚被试是否具有成熟的美德。如果参与者的品格特征不完全符合美德，那么，我们得到这些结果也就不足为奇了。对此，亚里士多德曾提出两种状态加以解释，它们介于"完全有美德"和"完全有恶德"之间，即意志的强大（Strength of will）和意志的软弱（weakness of will），而这两种状态都是不稳定的。根据亚里士多德的解释，意志的软弱和强大在民众身上普遍存在。因此，我们应该追问的问题是，实验结果是否可以通过"意志软弱"而得到解释？比如，在米尔格拉姆的实验中，参与者的行为似乎就很符合意志软弱者的特征。我们可以合理地认为，大多数参与者都认为无端伤害他人是可鄙的，但因形势所迫，他们很难将这个信念贯彻于行动之中。

与上述案例相似，我们也可以用意志软弱来解释，为什么神学院学生没有帮助那位看起来需要帮助的人。时间的压力以及想要在测试中取得好成绩的强烈欲求都可能影响学生注意力，使他们错失更重要的善。虽然不能确知"意志软弱"是否构成对这种行为的恰当解释，但它绝对是一个可能的选项。

"电话亭案例"则呈现出不同的图景。在这种情况下，很可能是某种欲求压倒了人们关于"何为正确行为"的认知。我们在这里区分一下"自发进程"（automatic processing）和"受控进程"（controlled processing）似乎是有益的。"自发进程"指的是那些即时的快速决策，而"受控进程"解释的则是经过深思熟虑的行为。考虑到电话亭案例中实验者的情境设置，被试很可能是以"自发"的状态参与其中的。换言之，他们不太可能对自己的行为进行深思熟虑。这一实验告诉我们，一个人的情绪对他的行为会产生戏剧性的影响——这种影响要比人们在自省中所认识到的似乎更显著。而一枚硬币能够给情绪带来重大影响，这个事实则是另一个有趣的发现。不过，这些有趣的发现本身在有关强健的品格特征的问题上并不能提供任何重要的洞见。它们仅仅表明，参与者被观察到的行为可能不完全处于自身控制之下，他们没有意识到情绪对自己的驱动。

因此，我们似乎需要一个额外的测试以便确定，参与者在意识到这种具有驱动性的强大力量时将会怎样行事。一旦某人体验到某些变化会极大地影响情绪，并且对此有所意识，那么，我们便可以追问，这样的人在遇到需要帮助的人时又会怎样做？一旦某人意识到身处某个群体之中可能对行为造成的影响，他接下来又会如何举止？个体如果拥有了这样的知识，是否还会做出我们观察到的那些行为，这就不再那么清楚了。不过，即便我们在拥有这些知识后依然做出相同的行为，"意志软弱"依然是可能的解释。了解多里斯的案例，很可能影响到美德之人的未来行为。事实上，一些社会心理学的工作已经开始探索，如何增强态度与行为之间的相关性。况且，基于强有力的态度，通常也比基于较弱的态度更容易对行为做出预期。综上所述，这些例子表明，尽管态度和行为并非完全相关，但对特定的人而言，特定类型的态度可能会对行为带来相当大的预测性，而这支持了"美德能够且确实存在"的观点。

我们还可以运用另一种测试来检验特定类型的行为是否会削弱基于品格特征的人类行为理解方案。如果某现象被认为可以证伪某种分析，那么，我们假定这种分析是正确的，并追问该现象在这种分析为真的情况下是否还出现。如果该现象还会出现，那么它就未能证伪这种分析（Kripke 1991: 85）。我们会说，强健的品格特征或美德为对人类行为进行规范性解释提供了充足的基础，即便看似微不足道的事实会戏剧性地影响行为。对于这样的结果，我们早应有所预期，因为许多因素，包括"不存在强健的品格特质""意志软弱""自发进程"，都足以为我们观察到的行为提供可能的解释。对同样一批参与者做进一步的测试或许可以让我们获得必要的信息，从而确定是否必须放弃这种基于品格特征的分析方式。可是，多里斯引述的实验显然未能清楚地表明，我们应该放弃这种分析。

多里斯的主张还有另一个怪异之处，那就是，它似乎认为"非实质因素（insubstantial factors）对行为有实质影响（substantial influence）"是一个概念性主张（conceptual claim）。这一点之所以奇怪，是因为多里斯在伦理学中坚持摈弃先验推理。而且，要确定哪些情境因素是非实质性的，这看起来正是个经验问题。如果重复试验可以揭示出情绪对于助人行为具有戏剧性影响，那么，这的确是我们可以学到的重要一课。我们会意识到，相较于尚未了解这一结论时，我们应该更注重我们的情绪和价值观。我们还可以了解到，环境对行为的影响大于我们的预期，而且同伴或权威人物也对我们行为的影响有深刻的影响。如果存在强健的品格特征，那么我们可以期待：只要我们能够在经验中把握上述原则，这也将有助于我们发展自身的强健的品格特征。

多里斯提供的例子无法证实他的结论。它们最多只能表明，品格比某种先验考量所暗示的更加脆弱。事实上，人类行为是复杂的，由许多因素（个性、环境变量）的动态组合共同构成。大多数社会心理学家认为，我们有两个基本的社会需求——一个是对自我感觉良好，另一个是对世界形成准确的看法。而当这两种需求发生冲突时，我们往往选择满足前者。与之类似，我们会按照情境要求的方式而不是自己美德要求的方式行事。然而，在某些情况下，我们也会选择后者，甚至不惜牺牲前者，就像有人会选择依照美德行事并忽视那些或微妙或强大的情境因素一样。

多里斯的主要论点依赖于"人类行为者"这个表述所包含的严重歧义。如果它被理解为拥有美德的人类行为者，那么，多里斯就未能有效说明第二个前提；如果这一表述指的是缺乏美德的人类行为者，那么，第一个前提就是不堪一击的。

2.5 来自伦理理论的反驳

长期以来，美德理论坚持认为，美德与知识之间存在至关重要的联系。柏拉图的名言就是，美德即知识。在这一问题上，亚里士多德的看法更加复杂。他区分了道德美德（moral virtue）和理智美德（intellectual virtue），并且认为"实践智慧"这种特定的理智美德是具备道德美德的必要条件。简单来说，亚里士多德认为道德美德是欲求的完善状态，而欲求的完善状态意味着指向恰当的目的，并且能够可靠地达到它们。例如，勇敢关注的是面临恐惧与危险时的行为。亚里士多德的观点是，在各种情况下，为了在面对危险时可靠地做出选择，这需要一种稳定的性情，使人能在必要的情况下不假思索地迅速行动。但是，这种稳定的性情也是通过亲身在险境中摸爬滚打而获得的，它使得人们能够做出良好的判断以应对危险。而这些良好的判断又能塑造人的行动，产生大量重复的习惯。因此，知识引导欲求是这一叙事的关键因素。

然而，道德美德总是依赖知识吗？一个人有可能在缺乏知识的情况下具备道德美德吗？当然，我们可以想到一些这样的个例，他们鲜有正规教育的经历，却举止文雅。此外，有些美德恰恰需要"无知"，比如谦虚

（modesty）或谦逊（humility），这些美德似乎需要"低估"自己的能力和成就。对于这样的美德，又该如何看待呢？

茱莉亚·德雷弗（Julia Driver）驳斥了"美德需要知识"的传统预设（Driver 2001）。对这个预设的挑战，构成其"后果主义美德理论"（consequentialist theory of virtue）的重要组成部分。虽然她对这种版本的美德伦理学展开了复杂而引人入胜的阐述，但本节的重点在于她是如何驳斥上述传统预设的。我们将会看到，她所提供的那些有关"无知的美德"的例子，并不令人信服。同时，她还认为出于意愿的行为对美德来说亦非必要，可这个观点也有缺陷。因此，虽然她将美德从知识中剥离的尝试颇为有趣，也很有吸引力，但这不应该导致我们放弃传统的预设。相反，有充足的理由认为，"美德需要知识"是美德理论的基础命题。对于这一点，我们将在后文展开。

2.5.1　无知的美德？

为什么认为，至少有些美德依赖于知识的缺乏？不妨想一想谦虚、盲目的慈善（blind charity）以及信任（trust）和宽恕（forgiveness）：谦虚可能被认为是对自身价值的低估，盲目的慈善意味着对有缺点的人给予好的评价。因此，如果是这样看待谦虚和盲目的慈善，那么，它们的确在一些重要的方面意味着知识的缺乏——谦虚之人低估自身，盲目的慈善忽视了他人的缺陷。而信任说的不也正是在没有充分证据的情况下相信一个人吗？而古老的谚语"宽恕即忘记"表明的则是，一个宽恕他人的人正是有意忽略了他人对自己所犯的过错。当然，我们可能会想，这些品格特征究竟是否能够被看作真正的美德。在有些学者看来，正因为这些特征包含无知，所以它们并不是美德（Flanagan 1990: 426）。然而，这一回答其实回避了这里更一般的问题。如果我们想知道某些美德是不是需要无知，那么我们要思考的是，那些似乎需要无知的种种美德候选项是不是真的不需要知识。也许最后的结果是，其中一些或全部根本不是美德。但我们不能一开始就直接声称这一点。德雷弗认为，"谦虚是无知的美德的典型代表"（Driver 2001: 16）。由于近年来的文献中已对谦虚进行了大量讨论，因此，让我们聚焦于此，看看它究竟是不是一种无知的美德。

2.5.2 德雷弗的论证

让我们先后退一步，思考一下德雷弗旨在证明"美德不一定需要知识"的论证。我们或许可以采取如下方式来表述：

（1）如果存在要求无知的美德，那么，也就存在基于认知缺陷的美德。

（2）如果存在基于认知缺陷的美德，那么，对美德而言，知识就不是必要的。

（3）存在基于认知缺陷的美德。

（4）对美德而言，知识不是必要的。

前提（1）似乎是正确的。在某种意义上，我们认为"无知"就是一种认知缺陷。只要我们对"缺陷"采取一种较宽泛的理解，那么，这个说法就没有问题。前提（2）看起来更加野心勃勃，但似乎也是正确的。如果我们确实将某种品格特征看作是美德，但它又基于某种认知缺陷，那么，难道我们不应该放弃"美德需要知识"的观点吗？重要的是，必须牢记，德雷弗只需要找到一个"无知的美德"的案例就可以支撑起前提（3），而她是将"谦虚"作为最好的例子。但前提（3）是可疑的。我们可以怀疑，将"谦虚"理解为无知的美德，这是不是对该品格的恰当理解。

我们要对谦虚提供更好的解释。如果这种替代性解释的解释力大于或等于德雷弗的方案，那么，我们就可以合理地拒绝前提（3）。

2.5.3 什么是谦虚？

首先，了解一下人们对"谦虚"的通常理解或许有助于当前的讨论。这样，我们就可以更清楚地看到，针对"谦虚"提出替代性的解释可能会遇到什么样的问题和障碍。让我们从作为神学概念的"谦虚"开始：在神学意义上，"谦虚"意味着将人们所获成就的一切价值都归于上帝（Schueler 1997）。如果认真对待这种观点，那么，一位推辞自己荣誉的诺贝尔奖得主就是谦虚的，因为她认为获奖乃是上帝的赐予。这样的信仰或许动人，但这种谦虚观念却同样面临严重问题。正如舒勒（G.F.Schuler）指出的那样，"它提出了一种有说服力的谦虚观念。可代价是，没有人的成功是他真正应得的东西。"换言之，将所有的成就归于上帝，这样的解释隐含意味着，无人真正值得赞美。然而，至少在某些情况下，有的人确实值得颂扬。此外，神学意义上的谦虚观念还要求信仰上帝，这也是很多人不能接受的。

舒勒提供了另一种方案，这种方案认为，谦虚的人已经取得了重大成就，但他不关心别人是否重视自己的这些成就（Schueler 1997: 479）。因此，按照这一解释，那位诺贝尔奖得主就是谦虚的，因为他不关心他人的赞扬。需要注意的是，无论是这种解释还是神学的解释，谦虚都涉及关于个人能力的知识。神学解释认为上帝是这些能力的来源，因而上帝才是赞美的恰当对象；而舒勒的这种替代性解释则允许个人知晓自己的能力，并可以因自身能力而得到褒扬。这种说法的独特之处在于，对于自己应得的褒扬，他采取了一种不同的态度：无动于衷；而这正是使他堪称"谦虚"的原因。舒勒的方案有不少问题。首先，至少在某些方面，谦虚之人会关心别人如何看待自己的成就（Driver 2001: 23）。换言之，舒勒的解释要求人们无动于衷，这似乎有些过分——因为至少有一些真正谦虚的人确实在乎别人对自身成就的看法。另一种担忧是，之所以不关注别人的看法，可能是出于一些不好的原因，譬如，可能对他人观点的蔑视（Driver 2001: 23）。

作为另一种替代方案，让我们考虑下面这种对谦虚的解释，该解释抓住了我们对谦虚这种美德的许多直觉性理解，同时也避免了刚刚出现的一些问题。该解释由三项条件组成：

（a）谦虚者取得了真正的成就。
（b）谦虚者意识到了自身成就的价值。
（c）谦虚者倾向于保持克制，不对自己的成就大肆吹嘘。

条件（a）不太可能被质疑。"谦虚"不适合用来指那些没有什么成就的人。条件（b）符合更为传统的对谦虚的解释。例如，虽然亚里士多德没有提供充分条件和必要条件来区分谦虚及其"过度"和"不足"，但他认为谦虚意味着某人对自己的成就有真实的了解（NE 1127a20–25）。条件（c）则意味着，这里的说法是把最多隐含于传统解释中的观点清晰地陈列出来。当然，尽管条件（c）将"自夸"排除在谦虚之外，但是，如果在迫不得已的情况下，谦虚者依然可以言说自己的成就，尽管他可能有些勉强。

2.5.4 对德雷弗论证的回应

现在，既然对谦虚的另一种解释摆在了我们面前，它要求谦虚之人具有知识，那么，就让我们重新关注德雷弗上述论证的前提（3）。是否存在要求无知的美德？和刚才的解释相比，德雷弗所说的"谦虚需要无知"这一观点是否还经得起检验？德雷弗的分析是从"我是谦虚的"这句话开始的。她认为，如果某种解释能够很好地解释"谦虚"，那么，这种解释就必须说明这句话的怪异之处。在某些情况下，这种说法的确是怪异的，比如，有人自豪地宣称自己拥有谦虚的美德或公然以此自我标榜。当我们乍一听到这句话时，可能在脑海中就会浮现如上场景。但在某些情况下，这一说法又不是那么奇怪。想象一下，有位不愿凸显自身技艺的大提琴家被邀请做一场演讲，题为"成为世界上最好的大提琴家是什么感觉"。如果他被问到有谁可以进行这场演讲时，他可能不会推荐其他人。因为他意识到，自己就是世界上首屈一指的音乐家。但这位大提琴家为了不冒犯别人，可能会以"我很谦虚"为由婉拒邀请。在这种语境下，说出"我是谦虚的"就没有什么不寻常的。因为，他是一个诚实的人，而且不得已这样说。

₂₃

以埃里克·德曼（Erik Demaine）为例，他是一名神童，12 岁读大学，14 岁毕业，20 岁受聘为麻省理工学院的教员。在接受美国公共广播公司（PBS）采访时，他谈到自己的一些开创性工作，如，使用计算机模型创造出令人惊艳的折纸谜题（Oragami puzzles）。在受访时，他坚持声称，自己曾经的神童经历和目前的工作没有关系。在这里，我们看到了和关于谦虚的其他案例如出一辙的行为模式。某人具有突出的特点或卓越的成就，以至于他人在褒奖他时希望将其凸显。然而，被褒奖的人是谦虚的，他并不否认自己的成就，而是希望不要把重点放在褒奖上。看起来，这更像是真正的谦虚美德。

不妨再举一个例子，进一步说明这点。比尔·盖茨（Bill Gates）是计算机软件行业中最成功的人士。当他将自己的成就归功于运气时，他表现了真正的谦虚。马尔科姆·格拉德威尔（Malcolm Gladwell）讲过一个故事，认为在比尔·盖茨迈向计算机行业顶峰的过程中，纯粹运气的作用要比我们想象的更大（Gladwell 2008）。格拉德维尔讲到了盖茨早年的发家史，而后概述了他的好运和机遇：

> 首先值得庆幸的是，盖茨被送到湖滨中学（Lakeside）。在1968年，世界上能有多少中学拥有分时系统的计算机终端？第二件幸事则是，湖滨中学的家长们能够为学校运行计算机提供足够的资金支持；第三件幸事，当资金快耗尽时，刚好有位家长在电脑中心公司（C-Cubed）工作，而他刚好要找人在周末测试他们的程序，并且从周末做到周日晚上都行；第四件幸事，盖茨遇到了信息科学有限公司（ISI），而该公司刚好需要人帮他们开发工资单程序；第五件幸事，盖茨住的地方离华盛顿大学很近，从家里到华盛顿大学只需要步行；第六件幸事，刚好在凌晨三点到六点之间，他可以免费上机；第七件幸事，一家跨国公司（TRW）刚好雇用了巴德·彭布罗克（Bud Pembroke）；第八件幸事，便是彭布罗克知道，能够解决特殊问题的最好的程序员是湖滨中学的两个孩子；第九件幸事，便是湖滨中学允许自己的学生在春季学期期间就到数里之外去从事编程活动。（Gladwell 2008: 54）

回顾这些促成其未来成就的早年经历，当被问及世界上有多少青年可能拥有这样的经历时，盖茨说：

> 如果世界上有50个这样的人，我都会非常震惊。先有了我们在电脑中心公司和制作工资单程序的经历，然后又有了TRW——这一切都加在了一起。我很年轻的时候就接触到软件开发。我相信，我比

当时任何人都更早地接触到这些,而这全都是因为一系列不可置信的幸运事件。(Gladwell 2008: 55)

当然,在这个故事中,强调好运的作用并不是要贬损那些必要的个人品质和技能,后者也是成为世界顶级的商业领袖所必需的。然而,盖茨并未提及后者。盖茨强调运气促成好的状况,使其在商业上发展繁荣,这乍看起来有些令人惊讶。事实上,这是一个关于谦虚的好例子。许多人会凸显自己的能力,但一个谦虚的人往往不关注这些。相反,谦虚之人倾向于意识到,有些他无法控制的因素也很重要。在真正的谦虚美德的案例中,谦虚似乎并不包含无知。

对于其他那些所谓"无知的美德",我们也可以给出类似评论。盲目的慈善,就其忽略他人的缺点而言,根本不应被视为美德。对他人缺点的无知——譬如,和一个粗鲁无礼的人约会——会把自己置于潜在的危险,或者,让自己身处易受伤害的险境。从长远看,这些品格缺陷难道不会伤害人际关系吗?一个好人真的会无限制地忽略这些缺陷吗?当然,我们钦佩那些努力凸显他人优长、包容他人短处的人,但是,对他人的这种善意必须以充分了解这些缺点为基础。至于信任,信任他人需要对他人的品格抱有某种信念(faith),而这种信念超出了人们确实知道的东西。但是,这并不意味着信任必须对相关方面保持无知。信任他人,意味着同他们分享秘密并且期望他们不会分享给别人。当我们信任他人时,我们常常处于易受伤害的状态,这就是为什么我们只信任那些被认为值得信任的人。换言之,基于我们对某人的了解,我们才可以合理地预期他或许值得我们交托秘密。因此,信任和谦虚似乎都依赖知识。对于一个我们不了解的人,我们是会犹豫是否要信任他。最后,当我们说原谅某人并且忘记他的冒犯时,我们的确不再以怨愤对待他的错误,并且克服了自己的愤怒。唯其如此，我们的关系才能继续。可是，这并不意味着我要将这件事完全抹去，让它从脑海中消失。如果我的女儿犯下了严重的错误，背叛了我的信任且被我发现，那么随着时间的推移，或许我会原谅她，我克服了因其错误而感到的愤怒。然而，这并不意味着我会让这件事永远抛之脑后，至少，这在心理上是不可能的。

因此，我们应该拒斥德雷弗论证的前提（3）。既然我们对"谦虚"已经有了一个很好的解释，那么，就没有确凿的理由认为美德无需知识。

2.5.5 美德与善良意图

德雷弗延续了对传统美德理论的驳斥意见，试图把"善良意图"（good intention）同美德剥离开来。这一论证在前文已有所提及。尽管有种至少可以追溯到古希腊的传统说法，认为行善需要善良的意图，但仔细研究或许会发现，假定美德与善良意图之间存在这样的联系，是没有根据的。因此，我们应当放弃传统的美德理论。德雷弗的主要论证是这样的：

（2a）如果某人可以出于感觉而有美德地行动，并且在如此行动时违背他认为正确的东西，那么，有美德地行动就不需要善良意图。

（2b）某人可以出于感觉而有美德地行动，并且违背他认为正确的东西。

（2c）有美德地行动不需要善良意图。

（2a）建立在"出于善良意图而行动"的含义基础上。就让我们设定，出于善良意图而行动，就是基于一个人所理解的正确的东西而行动。（2b）是有争议的，而且德雷弗也完全意识到，这种说法需要支持和澄清。在很大程度上，该说法得到了哈克贝利·费恩（Finn, H）这个例子的支持。马克·吐温（Mark Twain）在《哈克贝利·费恩历险记》（*The Adventures of Huckleberry Finn*）一书中将他塑造成道德败坏的人。而这也是乔纳森·贝内特（Jonathan Bennett）在《哈克贝利·费恩的良心》（*The Conscience of Huckleberry Finn*）一书中对哈克的道德水准做出的判断（Bennett 1989）。哈克相信奴隶制是正确的，在这个意义上，他的道德观很糟糕。在他所处的文化环境中，这种糟糕的道德原则大行其道，他也深受荼毒。而在释放了他的奴隶好友吉姆（Jim）后，哈克的良心备受困扰。他认为自己做了错事。他决定告发吉姆，但他意识到自己无法这样做，因为他对吉姆的感情太强烈了，以至于他不能强迫自己去做那种被自己视为道德正确的事情。

乔纳森·贝内特将哈克的内心冲突解释为意志软弱，他雄辩地陈述了自己的观点：

> 当最后做决定的时刻到来之际，哈克不是在权衡利弊——他只是没能做出在他看来正确的事情——而是他的意志不够强大，连"一只兔子的勇气"（the spunk of a rabbit）都没有。① 小说的这一部分之所以引人注意，不仅在于它提供了巧妙的讽刺桥段（哈克的意志软弱让他做出了正确的事），而且在于它巧妙地刻画出一般的道德原则和具体的非理性情感之间的拉锯状况。（Bennett 1989: 31）

贝内特把哈克的状况解释为意志软弱。这表明，贝内特并不认为感觉

---

① "The spunk of a rabbit"是一种修辞手法。在小说中，哈克原本打算暴露吉姆让白人抓住他。但在历险的过程中，吉姆十分信任哈克，这使得哈克迟疑了。就在此时，来了一艘小船，船上有两个人，手里拿着枪，其中一个问哈克木筏上是白人还是黑奴。哈克没有立即回答，此时的他男子汉大丈夫的气概不够，连"一只兔子的勇气"都没有。这句话强调了哈克当时的犹豫心情，想揭发吉姆却做不到。——译者注

可以取代原则在实践推理中的作用,而是认为感觉可能压倒或覆盖某些原则——这些原则被亚里士多德称为"具体的事物"或实践三段论的小前提。意志软弱关系到知识和行动的冲突,但知识必须在场,否则,也就不会有冲突可言。

亚里士多德主义者可能会同意贝内特的看法,认为发生在哈克身上的情况是意志软弱,尽管这是一种奇特的软弱。意志软弱涉及由无知而导致的知识和行动之间的冲突。

如我们所料,德雷弗没有按照传统亚里士多德主义的路径来理解哈克贝利·费恩的案例。相反,她以这个案例来说明(2b)何以正确。尽管哈克坚持道德原则,但他没有告发吉姆。这使得他与自己内心的道德原则背道而驰。哈克被自己对吉姆的感情所感动,却没有被道德原则所感动。德雷弗说:

26

> 正是对吉姆的同情,构成了哈克的美德,并且,这种美德与他认为正确的东西发生了冲突。哈克可能会把他对吉姆的同情理解为毫无来由的偏袒,而这种偏袒将遭到道德的谴责,与正义无法相容。虽然吉姆是他的朋友,但从道德视角来看,一个人不会被允许帮助朋友犯罪,帮他去窃取一位老太太的东西。(Driver 2001: 53)

因此,如果将哈克的例子理解为:一个人在感情的驱使下做出正确的事情,并且是有美德地行动,而这又违背了他认为正确的原则——假如这样的理解是对该案例最好的解释,那么,"美德要求人们出于善良意图而行动"的一般命题就是错误的,而这将是对传统美德理论的沉重打击。但是,我们不必立即接受这样的结果,因为(2b)是否可以从哈克的例子中被推出来,仍不清楚。在下节,我们将提供一种来自亚里士多德主义美德理论传统的分析。该分析很好地解释了发生在哈克身上的事情，同时又没有放弃"行善需有善良意图"的观点，因而，我们应该接受这一解释，它源自对意志软弱的传统理解。换言之，德雷弗必须承担进一步的举证责任，而她在挑战传统解释时并未做到这一点。

2.5.6 对哈克贝利·费恩案例的替代性分析

让我们再聊聊亚里士多德对意志软弱的分析，这能让我们更好地理解道德原则和情感如何彼此作用又相互冲突。根据亚里士多德的分析，意志软弱涉及知识和行动之间的冲突——一个人的行为违背了他所认为正确的知识。在苏格拉底看来，这样的冲突不可能真正存在。因为，这样来思考知识和行动之间的冲突，似乎就表明了知识有可能被欲望压倒。而如果这样，知识就不再构成我们内部的支配性因素（ruling element within us）。就此而言，这些原则似乎让人否定真正的软弱（换言之，在苏格拉底看来，如果知识被欲望压倒，那只能说明我们认为这种知识不是正确的，因而，我们没有按照知识行动也并不意味着我们就违背了我们认为正确的知识，所以，意志软弱是不存在的）。而在回应苏格拉底时，亚里士多德认为，这种软弱包含了无知，但它所包含的只是一类特定的无知。亚里士多德区分了"对一般原则的无知"（ignorance of general principles）和"对具体事物的无知"（Ignorance of particulars）。亚里士多德还说，软弱只涉及对后者的无知。因此，与苏格拉底不同，亚里士多德认为软弱是有可能的。

在分析意志软弱时，亚里士多德使用了一种工具，即实践三段论。实践三段论被用来解释，我们如何将道德原则付诸实践。它的大前提代表了一个普遍性的道德原则，小前提确定的是大前提之下的某些特定行为，进而最终得出一个关于应该做什么的明确结论。其形式大致如此：

大前提：应该／不应该做 X 这种类型的行为。

小前提：这样做属于 X 这种类型的行为。

结　论：应该／不应该这样做。

因此，如果我接受"撒谎是错误的"这条道德原则，并且我知道，我若是在没有生病时告诉老板我生病了，那么这就是一个谎言。如此一来，我就明白自己不应该在没有生病的时候告诉老板自己生病了。但现在，由于意志软弱，我有一种强烈的欲求足以阻止这种推理。所以，尽管我仍会同意"说谎是错误的"道德原则，但是，由于我有强烈的愿望去做一些上班以外的事情，所以我不认为"告诉老板我生病"是一个谎言。重申一下，软弱并不意味着完全的无知，因为软弱的行动者知晓大前提——或普遍的道德原则。行动者由于欲求或感情而未能识别小前提。贝内特强调，对哈克来说，感情是决定性因素。有一些明显迹象可以表明哈克是软弱的。因为他在拒绝告发吉姆后表现出明显的后悔。哈克决定放弃一切道德原则，而选择去做那些在当时似乎可被视为正确的事情。

在马克·吐温的解释中，哈克的意志软弱最终带来正确的结果，这是非常机智和引人注目的。同样令人震惊的是，亚里士多德似乎注意到了这类情形。在关于意志软弱的讨论中，亚里士多德说：

> 有一种说法，认为愚蠢加上软弱就变成了美德。因为，如果一个人由于软弱而做出了和他的判断相反的行为，但他判断的"好"恰恰是恶的、是他不应该去做的，那么就结果而言，他所做的就是好的，而不是恶的。(*Nicomachean Ethics* 1146a27—30)

值得注意的是，亚里士多德将上述论述归为"诡辩"：他没有直接回应这一论证，但很显然，亚里士多德相信他对意志软弱的分析足以对其进行回应。我们很快就来考察亚里士多德主义的分析如何适用于哈克的案例。但是，我们首先需要注意的是，德雷弗似乎将"做正确的事"等同于"拥有美德"。而事实上，可以认为，虽然哈克做出了正确的事，但他并不拥有美德——因为他并不具备有美德的品质与倾向。根据更传统的美德理论，拥有美德和做正确的事不能等量齐观。因为，拥有美德需要人们依据正确的理由做正确的事。德雷弗似乎预见到亚里士多德主义的回应，她说：

> 许多美德理论家，尤其是那些亚里士多德主义者，会认为哈克不是一个有美德的人。这是因为在他身上发生了内在的挫败：他的感情同他的道德理解不一致，而这样一个有缺陷的人是无法成为道德楷模的。（Driver 2001: 53）

然而，从亚里士多德的角度来看，问题不仅在于感情和道德理解之间的不一致。在这个案例中，人们也可以看到对于道德原则的某种无知。德雷弗的回应是，亚里士多德的视角是一种精英主义美德观，根据该立场，美德之人是高高在上的道德模范，故哈克并没有美德。而德雷弗认为，自己的立场只要求人们成为"皆可期待成为的非精英之人（nonelitist）"。

我们是要精英主义还是要非精英主义？德雷弗显然认为，非精英主义更可取。亚里士多德主义之所以最终致力于精英主义，是因为该立场关注的是美德之人的可靠性。但她认为，这样的解释只不过是一种障眼法：

> 我同意，对特定情境的道德相关特征保持敏感是非常重要的，哈

克贝利·费恩对吉姆的处境就很敏感——这促使他采取应有的行动。因此，他具备某种美德，而这种品格特征是可靠的——在各种情况下，他会一次次地为吉姆做相同的事情……

美德必须不难获得——对那些善良却并不聪明的人，对那些不幸在扭曲其道德理解的压抑环境中成长起来的人（他们依然可以对人类的苦难表现出适当的同情）来说，是如此；对那些跟我们大多数一样具有某些智力或道德上缺陷的人来说，也是如此。（Driver 2001: 54）

可以合理地认为，德雷弗在此处强调的敏感性确实是理解优秀的道德行为者如何行事的重要维度。许多人之所以认为美德理论有吸引力，正是因为它突出了这种敏感性。然而，如果缺乏理智因素的引导，那么，这种敏感性又如何在哈克所做出的那种慎思行为中发挥作用呢？我们怎么可能说"哈克会在各种情况下为吉姆做相同的事"呢？——除非在各种情况下，哈克的行为都遵循某种原则。

亚里士多德关于意志软弱的讨论，尤其是对实践三段论的讨论，都旨在展示，至少在某些方面，道德原则与感情及敏感性是共同运作的。感情本身不足以产生深思熟虑的行动。当然，当有人伤害我们时，我们可能会自发地作出愤怒的反应。但在这里，这样的反应不是我们谈论的对象，我们谈论的是那些包含着思虑的慎思行为。哈克在一定情境中对吉姆产生某种感觉，这种感觉很可能是同情。但哈克有意按照这种感觉行事，只能是因为道德原则已经内化其中。不管他是否有意识地表达这些原则，但他总归是受到它们的指引而行动。哈克接受的是同情的原则。就我们所谈的故事来说，这条原则很难说清。它可能表现得非常具体，类似于以下形式：

当我的一位朋友正在逃离险境,而且我对他身处险境负有部分责任。此时,我应当告诉追踪者一些误导信息,使得她无法追上我的朋友。

又或者,这是一条更普遍的原则:

如果一位朋友身处险境,我必须尽我所能提供帮助。

原则有很多,我们可以在不同的普遍程度上界定它们。而只有一种方法能让我们判断应由其中哪条原则发挥作用,那就是,获取有关不同类型情境的信息。这些额外的信息很可能帮助我们消除那些冗余的原则。例如,在上文提供的两条原则中,前者过于具体,不太可能像德雷弗所说的那样在哈克身上具有重复性。第二条发端于哈克的同情,但它仍然不是一个非常精确的道德原则,因为它为不道德的手段留下了空间。尽管如此,这条原则依然能够指导行为者实施深思熟虑的行为。考虑到我们从小说的其他部分获得的了解,将这条原则归于哈克是可信的。由此,如果我们采取亚里士多德主义解释行为的方法,那么,我们会得到以下实践推理模式或其变体:

如果朋友身处险境,我应当尽我所能提供帮助。
我的朋友吉姆有危险。
我应该尽我所能帮助吉姆。
对这些人撒谎可以帮助吉姆。
我应该对这些人撒谎。

当然，哈克并不会像进行数学证明一样，从最初的最普遍的道德原则开始，自上而下进行推理，直到最终做出决定——这会变成困扰德雷弗的某种人工超级智能（artificial hyper-intellectualizing），而亚里士多德也不会认为这是实践推理的运作方式，更没人会建议我们应这样思考。一种更好的考虑实践推理的方法应该是，在某些特定环境下，我们会使用我们所拥有的原则（不管我们是否有意地调用它们），然后依据这些原则行事，并最终产生结果。道德行为者获得原则的方式是多种多样的。但我们有理由认为，大多数原则来自归纳。需要再次强调的是，只有善于反思的人才会意识到自己据以行事的原则：一个人很容易在思考支配自己的原则时发生误认，我们很容易高估自身拥有的道德原则的崇高性。我们深知自己天生就熟知某些最高层次的普遍法则，比如"人应当行善"等。至于那些更具体的、在亚里士多德实践三段论中扮演小前提的原则，则会受到欲求（如意志软弱）的影响。

由于意志软弱，哈克无法按照道德原则行事——尽管此处的道德原则是坏原则。他对吉姆的同情阻止了他自己按照这一原则行动。"禁止帮助逃亡"是一条坏准则。如我们所见，这条原则对哈克有特别的影响，因为它会伤害到沃森小姐（Miss Watson），而沃森小姐没有伤害哈克。因此，可以这样来解释哈克的意志软弱：

> 哈克的"坏"道德原则：不应当帮助逃亡的奴隶。
> 小前提：拒绝告发吉姆是在帮助逃亡的奴隶。
> 最终行动：我应当告发吉姆。

可以合理地认为，在哈克那里存在两条相互冲突的道德原则。我们甚至可以认为，这正是哈克道德败坏的部分原因。贝内特没有这样来解释坏的道德，但"好的道德"似乎至少需要具有内在一致性。而两个道德原则却是冲突的：

> 不应当帮助逃亡的奴隶。
> 如果朋友身处险境，我应当尽我所能提供帮助。

在实践推理中，这两条原则都发挥作用，它们都会带来具体的行为加以实施。然而，既然它们在上述情况下是相互冲突的，那么，必定有一种就要胜过另一种。又是什么决定了冲突的结果呢？那就是，其中一种推理所蕴含的欲望阻碍了另一种推理。正如在行动时，哈克对吉姆的同情使他忽视了"拒绝告发朋友是在帮助逃亡的奴隶"这一想法，而选择按照另一路径进行推理并且行动。

如果我们认为实践三段论是针对实践推理展开事后分析的有效工具，那么我们就可以用它来分析哈克的实践推理——无论这种实践推理是否实际得到完成。（Dahl 1984）当然，人们可能仍会认为，对实践推理进行这样的事后分析有些过于理性了。可我们很难理解，一个人又是怎么样仅仅出于感觉而行事的——尤其是，这种感觉或敏感性竟可以在不同情境下得到重复。为了能识别这种感觉或敏感性，我们除了将其表述为道德原则外，别无他法。

德雷弗对"过分理性"的担忧似乎部分地源于如下想法：一旦把道德原则带入这些场景，我们就会看到人们完全是在脱离现实的情况下计算自己的行为方式。而对美德理论来说，这样来解释实践推理既不现实，也显得十分疏离。无论我们是否有意援引道德原则，深思熟虑的行为都必然与道德原则相关。善于反思的人早已对道德原则有充分的考虑，并试图使这些原则保持融贯。

回想一下，贝内特用哈克的例子来说明同情何以凌驾于道德原则之上。如果采用亚里士多德对意志软弱的分析来解释这一点，那么，这似乎是正确的。如我们所见，在这种分析中，知识和行动的冲突是关键。欲望和同情阻碍了我们按特定的道德原则行事。然而，德雷弗的批评忽略了一个事实：哈克持有相互冲突的道德原则，其中，"好"的原则最终推翻了"坏"的原则。因此，在这个意义上，哈克案例所说的就不是同情和原则之间的斗争，而是相互冲突的道德原则之间的斗争。

换言之，同情对原则的胜利，是发生在道德原则之间冲突的背景下。欲求可以压制某种道德原则，使之无法生效。但我们不应忽视的事实是，彼此互竞的道德原则，在类似于哈克面临的那种困境的情况下常常发挥作用。贝内特没有让我们关注到原则之间的冲突，讨论该主题超出了他的文章的处理范围；而德雷弗也没有考虑到可能发生在哈克身上的那种原则之间的冲突，而是认为欲求控制了哈克。对这一点的忽视，使得她过于仓促地放弃了传统的美德理论。

因此，有充分的理由让我们拒绝"美德无需知识"的提议。在传统的理解路径之下，"美德需要知识"是美德理论的关键原则。我们确实有充足的理由认为，行善需要有善良的意图，而拥有知识则是拥有美德的必要条件。虽然有人认为这些信念如此直白，而且显然为真，但是，茱莉亚·德雷弗的反对意见仍不应该被草率地对待。尽管看起来，人们有理由认为知识和美德可以在某些情况下分离，然而，经过细致分析，我们已然发现这种观点仅仅是流于表面的东西。

2.6 来自生物学哲学的反驳

在《尼各马可伦理学》中，亚里士多德有句名言，解释了他在美德伦理学中采用的目的论方法:"每种技艺与研究,同样地,人的每种实践与选择,都以某种善为目的。所以有人就说,所有事物都以善为目的"(*Nicomachean Ethics* 1094a1–4)。这些想法代表了亚里士多德哲学中一个根深蒂固的主题:各种各样的有机体都是目的导向的(goal-oriented)。也就是说,他们都趋向于某种目的:树木等植物趋向于向阳生长,动物趋向于躲避掠食者的捕食。这种认为"有机体趋向于某种目的而行动"的观点通常意味着对"目的因"的承诺,因而常常被称为"目的论"的观点。很显然,亚里士多德承认目的论和目的因。当我们问"这是做什么用的"或"为什么要这样做"时,我们寻找的正是一个关于目的因的解释。

通过上述目的论观点而开启《尼各马可伦理学》后,在随后几章,亚里士多德开始论述人的功能。而目的论观点也渗透在相关论述中:

> 如果人的活动是灵魂的遵循或包含着逻各斯的实现活动;如果一个什么什么人的活动同一个好的什么什么人的活动在根源上同类(例如一个竖琴手和一个好竖琴手,所有其他例子类推),而且后者在美德上的卓越总是被加在他那种活动前面的(一个竖琴手的活动是演奏竖琴,一个好竖琴手的功能是出色地演奏竖琴);如果是这样,并且我们说人的活动是灵魂的一种合乎逻各斯的实现活动与实践,且一个好人的活动就是良好地、高尚地完善这种活动;如果一种活动在以合乎它特有的美德的方式完成时就是完成得良好的;那么,人的善就是灵魂的合乎美德的实现活动,如果有不止一种的美德,就是合乎那种最好、最完善的美德的实现活动。(*Nicomachean Ethics* 1098a6–18)

人具有某种特定的功能,这是亚里士多德伦理理论的基础观点。基于这种功能,他们趋向于某个特定的目的,即人的繁荣(human

flourishing）。人的独特功能就在于理性的活动（rational activity），通过进行合乎理性的活动，人们将自身摆在一个有利于实现繁荣的位置上。正是这种认为人类本性在于某种特定目的的观点，构成了亚里士多德伦理学的目的论基础。

亚里士多德伦理学奠基于目的论的人性观念，被认为是驳斥这种理论的重要原因。有许多方法可以检讨目的论伦理学的合理性：有人认为，亚里士多德伦理学的目的论观念建立在生物学目的论的观点上，而后者是站不住脚的。这是因为，达尔文已经驱除了生物学中的目的论（Hull 1974）。如果目的论在生物学中的确没有立足之地，那么，亚里士多德伦理学也将随之丧失地位——因为，它依赖于生物学的目的论。

在本节，我们将考察生物学和伦理学的目的论，并特别关注达尔文的生物学是否宣告亚里士多德伦理学的消亡。如果达尔文生物学确实反驳了亚里士多德，那么，本文试图发展的那种亚里士多德主义伦理学模型就会遇到很大的问题。在此情况下，我们致力于发展亚里士多德伦理学的计划就只能是一种求知欲的体现而已。可是，本书的目的是要将这种伦理模型呈现为一种有说服力的伦理理论解释。既然该模型是建立在目的论的人类观念的基础上，那么，如果要认真对待这个观念，认为它可以成功地应用于我们目前所理解的人类境况，那我们就必须捍卫这个观念，反对来自达尔文主义的挑战。我们将会看到，同一些流俗的解释相反，我们有充分的理由认为，达尔文本人在某种意义上就是一位目的论学者。而且，达尔文的理论和亚里士多德的伦理理论所预设的目的论是一致的。通过认真对待来自达尔文阵营的反驳，我们虽然可以从中学到不少东西，但它不会对亚里士多德主义的计划造成致命伤害。事实上，在某些方面，达尔文主义和亚里士多德不仅一致，更能互补。

2.6.1 "目的论"的不同含义

我们先前已经谈到,"目的论"意味着趋向特定的目的而行动。然而,在不同的思想家那里,至少存在三种理解目的论的方式。因此,明确这些不同的意义非常重要。有些人认为,目的论揭示的是一种趋向特定目的的生命力。这种力量无法被直接观察,但该学说的支持者会论证说,我们可以看到这些生命力在自然界中的作用。例如,人们所熟知的笛卡尔的人类灵魂观念就体现了上述意义的"生机论"(vitalism),而另一些人则用目的论来解释对神圣设计的顺应行。"设计论证"(design argument)是论证上帝存在的一种经典方案。这种方案的支持者,如威廉·佩利(William Paley),揭示的就是目的论的第二种意义。第三种解释是最精妙的。在这种意义上,目的论是指一种以目的因为依据、并以选择为基础的解释。第三种解释与前两种完全不同。我们将在下文中指出,达尔文和亚里士多德不仅都提出了一种解释自然的体系,而且它们都是在第三种意义上诉诸目的论的。

有人认为目的论是一种过时的解释,因为它诉诸目的因,这些人可能赞同如下命题:①

(1)如果认真对待目的论的解释,那么我们必须认为,自然界存在以目的为导向的生命力,或者,自然界顺应神的设计。
(2)自然界中不存在以目的为导向的生命力。
(3)生命的适应不是因为顺应神的设计。
(4)因此,不应认真对待目的论的解释。

---

① 伦诺克斯没有构造这种论证形式,但他的确讨论了此处提到的不同目的论类型。(Lennox, 1993)

人们普遍认为，达尔文提供了一种理论，它推翻了以目的为导向的生命力理论，也驳斥了神圣设计的观念。自然选择比其他理论更加简洁优雅地解释了生物的演变。达尔文的理论支持命题（2）和（3）。有些人觉得，既然命题（1）明显也是对的，那么结论就显而易见了。大卫·赫尔（David Hull）直接表示："事实就是，进化论已经抛弃了目的论。"（Hull 1974）而对亚里士多德主义来说，命题（3）是相容的。亚里士多德认为，因果链条必须在某个"终极因"（ultimate cause）那里停止，而这个终极因就是"不动的推动者"。诚然，如果放弃亚里士多德的这个论断，也就是说，不考虑"不动的推动者"，那么，亚里士多德的学说显然就可以与命题（3）相容。但是，我们没有必要采取这种困难的论证路径，因为，即便保留"不动的推动者"，亚里士多德的观念也同命题（3）是相容的。亚里士多德没有在他的生物学解释中诉诸神意，他似乎认为自然是一个由实体和原因组成的系统，这个系统被某种"第一因"（first cause）推动，但后者无需通过直接干预而调节它。

亚里士多德的理论更难与命题（2）相容。因为，亚里士多德认为，生命活动必须被某种形式原则（formal principle）或第一现实性（first actuality）解释。在亚里士多德的体系中，质料和形式总是相辅相成的：对于潜在地拥有生命的身体来说，灵魂是其"第一现实性"。就像"潜能"和"实现"是一对互为补充的概念一样，形式和质料也是如此。亚里士多德认为，还原论的唯物主义（reductive materialism）是失败的理论，因为在自然界中有些过程是不能以纯粹的物理/化学术语来解释的。在亚里士多德看来，灵魂是身体的现实性。因此，亚里士多德的灵魂概念远比柏拉图的更为微妙。在亚里士多德的体系中，任何有生命的有机体的生命运作，都需要得到某种"形式因"（formal cause）的解释。对植物来说，存在使其生长繁殖的形式因；而动物也有形式因，使其生长、繁殖并有所感觉。而人类的形式因使之生长、繁殖、感觉，还使之执行更高层次的智力活动，如，通过语言进行思考和交流。由于在亚里士多德的形而上学体系中，形式因和目的因之间存在密切关联，因此，我们有理由认为，亚里士多德确实相信，自然界中存在以目的为导向的生命力。然而，一个人是否可以在接受亚里士多德形而上学体系的同时，又拒绝承认存在这种以目的为导向的生命力呢？亚里士多德主义不可能否认目的导向。但是，亚里士多德的世界观是否必须要求我们预设这样的生命力呢？对这个问题的回答，取决于如何理解"生命力"（vitality）。在最直接的意义上，这个词的含义与"生命"（living）有关。那么，又是什么构成了对生命活动的最终解释？这里有一条理论的"光谱"：光谱的一端是柏拉图主义的灵魂，光谱的另一端则是主张原子互动产生生命活动的观点。亚里士多德采取的是中间态度，他同时拒绝了上述两个极端。柏拉图主义的二元论和还原论的唯物主义都面临着不同的严重问题。

现在，生物学家不再谈论形式因，但他们仍然谈论基因工程（genetic programs）。恩斯特·迈耶尔（Ernst Mayr）指出，我们可以将亚里士多德主义所说的有机生命体的形式因为"程序"（program）。如同形式因一样，程序也是无法观察的，人们用它来填补单纯的物理过程和更高层次的生命活动之间的鸿沟：

……可以非常合法地使用"基因程序"这样的现代术语来指代 *eidos*，这有助于阐明亚里士多德的思想。亚里士多德之所以一直被误解，原因之一就在于他使用 *eidos* 这个词来表示他的形式因，而每个人都理所当然地认为他的思想中存在着类似于柏拉图的 *eidos* 概念。可是，亚里士多德的讨论背景非常清楚地表明，他的 *eidos* 与柏拉图的 *eidos* 完全不同（我自己直到最近才明白这点）。亚里士多德很清楚地认识到，仅仅用物质来描述生物体，并不比用砖头和泥灰来描述房子更有意义。就像建筑者所使用的蓝图决定了房子的形式一样，*eidos*……也为不断生长的有机体赋予了形式，而且，这种 *eidos* 反映了完全成熟的个体的终极目的……既然现代科学家事实上也没有"看到"DNA 这种基因程序，那么，对他来说，就跟对亚里士多德来说一样，这种东西对于所有的实践目标而言乃是不可见的。(Mayr 1988: 56–57)

在这里，迈耶尔注意到亚里士多德的形式因与目的因之间的关联性。他也看到这些概念与当代生物学讨论之间的关系。使用"基因程序"的概念来代替亚里士多德的"形式"，这提供了一种很好的方式，让我们理解基于形式质料说（hylomorphic）的世界观如何与当代生物学的解释相兼容。

上述论证的真正问题其实在于命题（1），詹姆斯·伦诺克斯（James Lennox）令人信服地指出，达尔文采用的是一种目的导向的适应主义立场（goal directed adaptationism），这种理论既不涉及神意的干预，也不牵扯到自然界的生命力。达尔文展示的是另一种目的论，即基于选择的目的论（selection-based teleology）。这种目的论"与 19 世纪的任何一种目的论解释都不一样"（Lennox 1993: 410）。那些倾向于认为达尔文抛弃了目的论的人过于狭隘地看待了目的论。达尔文提供了"一种（与目的论）一致的论点，认为自然选择对各种生物有利，自然选择的产物具有各种功能和目的"。（Lennox 1993: 411）① 伦诺克斯接着说道：

---

① 伦诺克斯的引文可参见 Darwin 1964: 149, 152, 224, 237, 451。

如果某种变异在特定环境中发挥作用，在一定程度上增加了它在后代中出现的相对频率，那么，这种变异就会因为具有如此功能而在选择中得到偏爱。这种变异所带来的（相对）有利的结果，（部分地）构成了它在种群中得以存在的原因。因此，达尔文的解释蕴涵着最近被新达尔文主义的生物学家和哲学家所捍卫的"选择"目的论。（Lennox 1993: 414）

因此，上述论证中的命题（1）并不为真。达尔文事实上采用了一种目的论解释，它与亚里士多德生物学所预设的那种"目的因"是一致的。

2.6.2 亚里士多德伦理学的目的论

回到本节一开始对亚里士多德《尼各马可伦理学》的讨论，我们可以看到迈耶尔的观点何以适于亚里士多德的核心论点。理性活动是人的功能，它代表着人的形式（eidos，form）。理性活动指向人的繁荣，这也构成了人类活动的目的。在亚里士多德的思想中，形式因和目的因密切相关，这种关联性正是亚里士多德伦理理论的核心。

在本节最开始的几段话中，那个有关人类功能的论证包含了一个类比：从无生命的物体——竖琴——开始，到植物，然后是动物和人类。我们应该更多思考一下，形式因和目的因的观点在无生命的对象那里是如何相关的，这有助于我们了解此种观点何以被运用于有生命的世界。让我们想想一字螺丝刀，它的功能非常明确：将某种螺丝拧进拧出。如果我们对这种工具不熟悉，并向一个机修工询问它的用途，那么，他可以直截了当地做出解释，指出这把螺丝刀的"目的因"。就其作为工具而言，它们是按照特定目的来设计的。螺丝刀的形式因是它的结构，是其材料成型的方式。一把好的螺丝刀有一个握起来很舒服、拧起来很方便的把手，它的轴和刀片是用一种不易弯折的钢材制成的……这些形式方面的因素同这把螺丝刀的用途密切相关。换言之，螺丝刀之所以具有如此这般的手柄和刀片，是因为这样的手柄和刀片有助于很好地发挥它的作用：将螺丝拧进拧出。而塑料刀片或者冰块做的手柄都无助于达到这个目的。虽然螺丝刀也可以被用于其他目的，这些目的不同于它的指定功能，但人们一般不会这样去用它。例如，如果没有可用的钥匙，螺丝刀可以被用来开锁，但锁有可能被它弄坏。钥匙更适合于用来开锁，因为它就是为了实现这种功能而设计的。

关于螺丝刀的功能与目的的这些观点，在很大程度上可以直接适用于人类。人也有特定的功能，那就是理性活动。某些特定的活动有助于实现这种功能——比如，发展人的思维能力、培养创造性的才华。还有一些行为会破坏这种功能——比如，服毒、残忍地对待他人等。人的繁荣，也就是亚里士多德所说的"幸福"，就是人的"目的因"或最终目的。而我们的理性本质——也就是我们的形式或功能——决定了我们的目的。我们会说，一株番茄树的"繁荣"就在于茁壮成长，能够结出多汁香甜的果实。这种一般性观点对人类也适用。当我们所处的环境能够促进我们自身能力和审美潜力的发展时，我们就有最好的机会茁壮成长。但恰当的环境，甚至是最好的环境，也不足以保障人类达到繁荣，因为人的本性太复杂，即便在最好的情况下也会有太多的因素阻碍实现人的繁荣。但是，任何或内或外的阻碍都不会消解我们潜在的本性或功能。①

植物以及像螺丝刀这样的工具依然与人和动物有所不同。毫无疑问，螺丝刀是设计师为了特定的目的而创造的。然而，声称有生命的有机体也是由一位设计师创造的，这就颇有争议了。通常看来，正是达尔文主义提

---

① 这一点将在下节讨论"大致关系"时做更详尽的讨论。

供了一种非常出色的、用于解释有机体之适应和演化的自然主义理论，它完全不需要神圣创造者来指导生物的演化进程。根据达尔文的理论，自然界的种种变化是需要干预和指导。因此，有一种看似合理的反对意见认为，不能在有机生命和无机工具之间进行类比，因为二者的起源不同：就其定义而言，人工制品是由有智慧的心灵制造的，而生物并没有蕴涵着这样一位智能的设计者。

尽管这一异议貌似合理，但是，针对这种类比关系的反对意见不足以削弱亚里士多德有关功能和目的因的一般观点。因为，亚里士多德主义并未承诺一个干预有机生命进化过程的神圣创造者。尽管自然神论，还有某些预设了超自然造物主的干涉论（interventionism）都可以与达尔文的理论相兼容（Sober 2009），但正如亚里士多德的文本所体现的那样，实际上，自然神论与他的世界观最相容。然而，即便自然世界及其法则没有得到造物主的保障，亚里士多德主义的生物学图景和以此为基础的伦理学也不会受影响。即便立足纯粹的自然主义立场，也有"目的因"和"目的导向"来引导生命进化的各个方面。而在这些目的的背后，则是种种特定的本性。变色龙之所以会在不同环境中变换颜色，乃是有原因可循的。人们可以对"这种动物为什么会在不同环境中改变颜色"这个问题给出很好的答案：变色龙通过改变颜色而融入环境，这有助于让它们不被捕食者发现。为什么蜜蜂回到蜂巢后会在同伴面前跳起奇怪的舞蹈？因为它通过这种方式将一朵花的位置告诉其他蜜蜂，以便它们从中获取花粉。自然界中充满了亚里士多德所理解的"目的因"，而在有"目的因"的地方，也有"形式因"来支撑它。很难想象，如果完全不遵循这些原则去理解目的因和形式因，自然科学何以可能存在。亚里士多德的生物学在许多重要方面已经过时，但是，形式因和目的因的解释模式在当代生物学中依然无处不在。

有人可能会像康德一样提出反驳，不同意将人类生物学作为伦理理论的基础。我们可以先把这种反对意见放在一边，因为，康德的计划——从理性中推导出伦理学的全部内容——本就面临重大问题。人类繁荣观念建立在"人是人之所是的那种生物"的事实基础上，这种想法乍一看很有说服力。如果它被证明行不通，那么，人们不得不更仔细地考虑康德的替代方案。但在这里，对亚里士多德目的论的辩护，以及，对那些基于达尔文的理论而提出的反驳意见的回应，足以为本书试图发展的伦理学模型保驾护航，使之继续被列入议程。

亚里士多德的伦理理论所需要的生物学原则依然"存活"，并未被达尔文主义推翻。可以肯定的是，生物学的语言已经历两千多年的变化。例如，我们今天谈论的是遗传程序或基因密码，而不是形式因。可是，这些解释所涉及的观念却十分相似，它们足以在亚里士多德的世界观和当代生物学的解释之间建立起关联。这不是说亚里士多德已经有了自然选择理论，也不能认为达尔文的理论没有在亚里士多德的生物学基础上取得重大进步。论证的关键在于，在解释自然的过程中，亚里士多德诉诸目的因的做法同达尔文的目的论是一致的。于是，在这个关键的方面，达尔文的理论并没有推翻亚里士多德的理论。

因而，本书所发展的美德伦理学模型并没有被那些基于达尔文的理论而提出的反驳意见所削弱。亚里士多德伦理学的基础是一种预设了目的论的生物学，但是，这里面的目的因也包含了达尔文理论所需要的那种目的因——基于选择的目的论。亚里士多德伦理学虽然同神圣造物者的目的论相一致，但后者并不是前者的必要条件。亚里士多德关于人类本性的构想，也并没有使之承诺一种与达尔文主义无法相容的生机论。亚里士多德诉诸目的因来解释生命活动的做法，同当代最前沿的生物学理论所蕴涵的方法是一致的。

38

2.7 本章小结

对于亚里士多德主义美德伦理学的演绎范式，我们已经考察了一些不同的反驳意见。本章考察的反驳意见源于不同的角度。第 2.2 节最先提出的那种针对道德基础主义的反驳意见会在第四章得到进一步讨论。该章将专门考察亚里士多德主义美德伦理学的演绎范式的认识论维度。第 2.3 节基于《尼各马可伦理学》相关文本而提出的反驳意见，似乎反对建构一种适用于亚里士多德伦理学的演绎模型。针对这些文本，第 2.3 节试图说明，基于特定的解释，这些文本仍为演绎模型留下了空间。况且，亚里士多德伦理学的某些特点也支持本书展开演绎性的阐释——这种阐释将在第三章提出。鉴于第 2.3 节给出的回应，我们希望那些对亚里士多德伦理学进行非演绎的解释表示同情的读者，也能以开放的心态看待本书其他部分。

出现在第 2.4 节中的反对意见更激进，因为它针对本书的一个基本观点。在它看来，美德理论为道德提供的基础似是而非。如我们所见，尽管多里斯从社会心理学角度考察的那些数据很有价值，但这些数据并不表明美德理论站不住脚。事实上，存在一种理解这些数据的方式可以支持美德理论学者的观点，而且，还有很多美德伦理学的内部资源可以用来解释相关现象。若要说明美德理论站不住脚，那还需要进一步的实验。有人可能质疑基于美德的伦理理论是否具有说服力，但 2.4 节却说明，为什么美德理论值得进一步关注和研究。

第 2.5 节旨在捍卫对美德理论的传统理解，这种理解认为美德需要知识，需要有意图的行为。该节反对当代学者提出的一些试图切断美德与知识之间联系的主张。所谓"无知的美德"的确给人提出了一些亟待仔细思考的问题，但它们尚未提供充分的理由，让人放弃对于美德理论的经典理解。从美德与知识之间关系的传统预设出发，人们可以很好地解释为什么"谦虚"应该被视为美德。与此类似,认为有人在缺乏善良意图的情况下做出好的行为——这种观点也是缺乏说服力的。传统上亚里士多德的意志软弱概念就可以解释这种情况,而无需放弃"有美德的行为需要善良意图"的观点。如果这个结论是对的,那么,关于美德理论的传统理解就依然可行,而第三章提供的演绎模型恰恰需要这样的理解。

最后,美德理论通常承诺目的论,这一事实也不构成对它的削弱。本书提出一种亚里士多德主义的美德伦理学,并且认为好的伦理理论应该如此。由于这种伦理学是建立在目的论的人性观念上,因此,若要认真对待这种伦理学模型,认为它适用于我们当下理解的人类境况,那么,我们就需要为其辩护,抵挡来自达尔文主义的反驳。在第 2.6 节中,我们看到,与一些流行的解释相反,我们有理由认为达尔文在某种重要的意义上也是一个目的论者。达尔文主义的理论所需要的目的论同亚里士多德的伦理理论所需要的目的论不仅是一致的,而且更有可能互补。目的论是美德理论的基础,而对它的关切,不应该就让我们放弃了美德理论的演绎模型。

第 3 章
亚里士多德主义的伦理科学

3.1 引言

本章考察亚里士多德主义伦理学演绎模型的各个部分。在《论题篇》中，亚里士多德的问题是：在两个或两个以上的选项中，何者更值得欲求或更好。如果"人类繁荣"和"可欲求性"这两个概念关系密切，而"幸福"又在某种重要意义上构成首要的伦理原则，那么，我们可以合理地认为"可欲求性"与"幸福"也是密切相关的。本章第 3.2 节聚焦《论题篇》第三卷，旨在深入了解我们应该如何思考伦理学公理的构建方式。鉴于"可欲求性"的一些原则在该卷得到了详细介绍，因此，关注亚里士多德针对这些原则的讨论，同时也思考他的伦理理论，将有助于阐明构成其伦理学基础的若干关键思想。

第 3.3—3.7 节力图将伦理学理解为一门亚里士多德主义的科学。这项计划的关键任务之一，就是要分析亚里士多德所说的"大致关系"。成功建构一种实在论的美德伦理学模型，在一定程度上，就依赖于对"大致关系"的解释，它使得这种关系有可能得到证明。亚里士多德认为，"大致成立"是可以证明的，而且，伦理学的主题在很大程度上就是由"大致成立"的关系组成。如果我们可以对"大致关系"展开分析，并且这种分析

第 3 章　亚里士多德主义的伦理科学

既跟亚里士多德针对伦理学主题的解释相吻合，又能够得到证明，那么，这种分析将非常有助于完善演绎性的美德伦理学范式。更具体地说，亚里士多德似乎为"大致成立"这种关系的可证明性留下了空间，从而使得人们有可能将他的伦理学视为一门他所说的科学。第 3.3 节考察的是伦理学在何种程度上满足了亚里士多德主义关于科学的严格标准，随后，用于处理伦理学与科学之间关系的两种颇为不同的方案将在 3.4 节和 3.5 节中得到检验。第一种方案认为，有两种亚里士多德主义的科学概念，纯粹科学（pure science）和普通科学（plain science），而伦理学可以被归为普通科学。第二种方案认为，只有一种亚里士多德主义的科学，但这种科学中包含了两种证明形式：有一些证明是严格的，而另一些证明则更加宽泛且富有弹性。根据这样的理解，只要伦理学能够满足宽泛的证明标准，那么，它就可以被纳入亚里士多德意义上的科学范畴。这两种方案都是对"大致关系"的分析，其中任何一种方案是否成功都取决于它是否提供了足够好的分析。

而我们将看到，两种方案都有问题，它们都无法为"大致成立"提供足够理想的分析。由此，第 3.6 节将提出另一种分析路径，该路径既能够吻合亚里士多德所说的"大致关系"，又足以解释亚里士多德的科学概念何以广大到足以将伦理学容纳其中。经由这种分析，我们有希望构建出一种亚里士多德主义的伦理科学，它将提供一种演绎框架——人们可以从一系列关于人类及其品格特征的普遍原则出发，演绎出指导行为的道德原则。

在给出这种用于构建演绎性的伦理科学的一般方案之后，第 3.7 节将考虑一些与伦理问题相关的具体的科学三段论（scientific syllogisms）。通过运用上面那种关于"大致成立"的替代性分析，我们将会看到可以建立怎样的三段论。尽管在构建成熟的演绎性的伦理科学进程中，这项成就仅仅是初步的姿态，但它确实标志着一个有希望的开端。

本章作结于 3.8 节，该节将讨论一些有关伦理学目标的看法。这里存在两个不同层次的考量：所谓的"二阶"考量，针对的是伦理学基本要素的本质及其本性（nature）（这些考量主要是在认知层面，实践层面仅仅扮演次要角色）。然后是所谓的"一阶"的实践问题与概念，这方面的考量主要关涉到这些概念如何与人们的道德情境发生具体关联（这些考量直接地具有实践性，而只是偶然地具有认知性）。伦理学既有认知目的，又有实践目的，但它的终极目的是实践——这就是为什么作为一门学科的伦理学需要被归入实践科学之列。无论是医学还是伦理学，人们都不能一口咬定说，这些实践科学不应该具有认知目的。因此，我们可以合理地将伦理学既看作实践科学，又看作理论科学。

3.2　考察《论题篇》第三卷

在《论题篇》第三卷，亚里士多德讨论的问题是：在两个或两个以上的选项中，何者更值得欲求或更好。对于该卷涉及的这种"值得选择"的讨论，人们一直少有关注。但是，其中的见解不仅能够帮助人们理解亚里士多德的伦理理论，更有助于帮助人们理解一般意义上的伦理学基础。探究《论题篇》第三卷，将有助于我们清晰地了解"人类繁荣"概念和"可欲求性"概念之间的紧密关联。很显然，在重要的意义上，亚里士多德将"幸福"视为伦理学的第一原则，并且认为"可欲求性"与之密切相关。从直觉上讲，我们做出某个行为的目的，就在于最好地满足自己作为人的欲求。而且，很显然的是，让我们幸福的东西在某种程度上也是可取的。认为人类幸福是由一些不被人欲求的东西组成，这种想法无论如何都违背了常识。

既然《论题篇》是一部与辩证法有关的论著,那么我们或许就得想想,为什么亚里士多德会拿出其中的一卷来探讨什么东西值得选择。亚里士多德认为辩证法提供了一种帮助人们把握原则的方式,或许可以部分地回答这个问题。由于可欲求性是一个基础的伦理概念,因此我们可以合理地认为,对"可欲求性"的辩证思考将有助于澄清伦理学的基础。"可欲求性"之所以是一个基础性概念,是因为有关人类行为最终目的的问题看起来就依赖于它。在《尼各马可伦理学》的开篇,亚里士多德坚称,幸福是人类行为的终极目的。即便看起来确实如此,我们也仍可以有意义地追问这样一个问题:"为什么人类会追求幸福?"而一个有说服力的答案则是:幸福之所以成为人类行为的终极目的,是因为对人类来说幸福是最值得欲求的东西。事实上,亚里士多德看起来的确认为,幸福的可欲求性乃是理所当然的。

有人可能对"幸福"和"可欲求性"之间的关联性感到担忧,因为二者似乎是不同的两种东西。在许多例子中,对某人而言的可欲求对象不一定像亚里士多德所说的那样为他带来了幸福。例如,许多人都会欲求极端的身体愉悦。即便亚里士多德相信身体的愉悦是好的,但过度的身体愉悦也常常阻碍了我们获取幸福的能力。反过来说,我们可以想象一些能够带来幸福的事物,它们往往没有被看作是可欲求的。例如,亚里士多德认为沉思的生活是最能带来人类繁荣的活动,因为这种活动最好地实现了我们作为理性行动者的功能。然而,对很多人而言,沉思的生活远远不值得欲求。因此,将"幸福"和"可欲求性"绑在一块,这或许是不对的。

然而,我们通过区分"碰巧可欲求的"(happens to be desirable)事物和"本就可欲求的"(desirable by nature)事物,就可以解决上述关切。在《论题篇》第三卷,亚里士多德似乎就做了这样的区分:"秉性的善比非秉性的善更值得选择。"(*Topics* 116b7)在某种特定情况下被某人视为可欲求的某个东西,既可能符合、也可能不符合人类应当欲求的事物。至于说什么才是人类应当欲求的事物，则部分地取决于这种欲求是促进了、还是阻碍了人作为理性行动者的功能。由于同样的标准——参照人类功能——也被用来确认某个行为是否导向幸福，因此，我们就可以合理地把"本就可欲求"的事物同"幸福"联系在一起。

但是，除了思考亚里士多德在《论题篇》中何以考察"可欲求性"，我们也许还得想想，该卷所提出的诸多有关价值选择和可欲求性的原则具有何种地位。例如，我们或许认为，至少有些原则是作为伦理理论的原则或公理被提出来的。而有的人则对此提出质疑（Garver 1999）。在《论题篇》第三卷中，绝大多数原则都只是"大致成立"，这一事实是否阻碍了人们把它和《尼各马可伦理学》之间联系起来？对于这个问题，回答可能是否定的，因为亚里士多德就认为伦理学的内容基本上都是由这种"大致关系"构成（NE 1094b14–22）。如果我们可以合理地认为《论题篇》第三卷中的各种原则都是"大致成立"的，那么，我们就有很好的理由来细究这些原则在伦理学中可能扮演的角色。

由于该卷提出了太多原则，我们不妨拈出一些和《尼各马可伦理学》明显相关的内容。① 该卷的第一条原则就是，相较于不那么持久或稳固的事物，更加持久和稳固的事物更值得欲求（Topics 116a13）。而在《尼各马可伦理学》的第十卷第七节中，这条原则得到了应用。该节讨论何种生活是最高的幸福。当他把沉思的生活作为可能的选项加以谈论时，亚里士多德说："其次，它最为连续。沉思比任何其他活动都更加持久。"（NE 1177a22）而亚里士多德的结论——沉思的生活是最高的人类幸福——正基于这一前提：这种活动要比其他任何类型的人类活动都更持久和稳固。该前提正是奠基于"更持久或稳固的东西更加可取"这条出现在《论题

---

① 我非常感谢小托马斯·沙利文（Thomas Sullivan Jr.）。当时他还是一名圣·托马斯学院（college of St. Thomas）的哲学本科生，就把《论题篇》第三卷同《尼各马可伦理学》联系了起来。

第 3 章 亚里士多德主义的伦理科学

篇》第三卷中的原则。

《论题篇》第三卷的第二条原则是，因其自身被欲求的事物，要比因他物而被欲求的事物更值得欲求（Topics 116a29）。我们可以将这条涉及主次关系的原则理解为：其他条件不变，对于任意两种善，A 和 B，如果 A 因其自身而被欲求，B 因为其他事物之故才被欲求，那么 A 要比 B 更值得被欲求。这条原则贯穿整部《尼各马可伦理学》，但经常出现在第一卷的前半部分。它第一次出现在 1094a15–1094b10，关于各种善和各种科学的高低等次的讨论中。亚里士多德认为政治科学是最高的，其他的实践科学都从属于它。由于政治科学的目的是政治共同体的善，家政学的目的是家庭的善，而政治共同体又高于家庭，因此依据上述原则，政治学就高于家政学。稍后，在 1096a7–11，亚里士多德针对"何谓最好生活"的问题给出了一些结论：他排除了"赚钱的生活"，因为获取财富也是为了幸福。因而，有关主从关系的上述原则似乎在这里也发挥了作用。而在 1097a32，亚里士多德则表示幸福是完全的、无条件的，因为我们是因其自身才选择它，而不是为了其他任何缘故。

即便不谈这些原则如何被应用，我们可能也想知道它们究竟处于何种地位。譬如说，我们是否应当认为，这些原则就是亚里士多德伦理理论中的"公理"？在少数几篇直接关注《论题篇》第三卷的文章中，尤金·加弗（Eugene Garver）声称，亚里士多德《论题篇》的那些原则"不是科学意义上的原则，不能直接构成科学证明的前提"（Garver 1999: 113）。在加弗看来，这一点对于《修辞学》（*Rhetoric*）所提及的"论题"也成立。他似乎认为，上述说法适用于任何"论题"，其中当然包括他关注的《论题篇》第三卷。加弗接着说道："前提是对结论的辩护，为结论赋予权威，但是，修辞学和辩证法意义上的'论题'却没有这样的功效。"即便我们可以合理地指出《论题篇》第三卷的各个"论题"过于宽泛，无法指导具体情境下的行动，也不应当认为这些原则所具有的普遍性将会妨碍它们在伦理学的演绎推理中产生效用。

要知道为何如此，不妨想想前文关于《论题篇》第三卷中第一条原则的讨论——更加持久和稳固的事物要比不那么持久和稳固的事物更值得欲求（*Topics* 116a13）。我们可以将这条原则应用于《尼各马可伦理学》第十章第七节，并对其进行形式化处理。我们把结论设定为"以沉思为核心的生活是最高的幸福"，然后，便可以将亚里士多德的推理呈现为如下三段论的形式：

（1）以最持久稳固的活动为基础的生活是最高的幸福。
（2）以沉思为核心的生活是以最持久稳固的活动为基础的生活。
（3）以沉思为核心的生活是最高的幸福。

在第十卷以及《尼各马可伦理学》的其他地方，亚里士多德刻画并且建构了一种伦理理论。通过采取类似上述三段论的论证，他为人们接受有关幸福的理论论断提供了理由。在这些理论中，有一些要比另一些更加普遍和抽象。由于亚里士多德在《尼各马可伦理学》中主要是为了让自己的学生成为更好的人，因此，列出为结论提供理由所需的全部前提将会分散他的注意力。然而，我们仍可能将这些前提补充完整。事实上，为了给上述论证的命题（1）提供支持，我们可以建构如下三段论：

（a）最值得欲求的生活是最高的幸福。
（b）以最持久稳固的活动为基础的活动是最值得欲求的。
（c）以最持久稳固的活动为基础的生活是最高的幸福。

（a）很显然是真的。（b）则是对"更加持久和稳固的事物要比不那么持久和稳固的事物更值得欲求"这条原则做了些许调整。在这个例子中，为了确立那个对亚里士多德伦理学来说十分关键的结论，《论题篇》第三卷中的原则乃是必需的。亚里士多德在他的伦理学中所确立的许多其他结论，也需要该卷中提到的原则作为支撑。即便我们可以合理地赞同加弗的看法——这些原则过于普遍宽泛，以至于很难成为日常意义上的实践三段论的前提，我们也完全有理由认为，这些原则为实践三段论的主要前提提供了演绎性的框架。通过采取这种方式来思考《论题篇》第三卷提到的原则，我们便有可能洞察亚里士多德伦理理论的核心。

如果只考虑这些原则，那么，我们有理由认为它们都是"大致成立"的。例如，"更加持久和稳固的事物要比不那么持久和稳固的事物更值得欲求"这条原则就并非无条件为真。生活在一个与世隔绝的封闭房间中，要比生活在我们当下的世界里面临更少风险，也可能会更加持久和稳固。所以说，这样的原则似乎也得面临例外的状况。但是，在更多的情况下，这条原则仍然是正确的。

请考虑一下这条原则："因自身而被欲求的事物要比因他物而被欲求的事物更值得欲求"。由于亚里士多德将幸福视为伦理学的首要原则，因此，他的观点应当能够解释为何这条涉及可欲求性的原则是正确的。至少在最基本的意义上，我们可以合理地认为，那些更接近幸福的事物要比那些较远离幸福的事物更具有内在的可欲求性——即便某些离幸福较远的事物看起来对某些人更有吸引力。例如，亚里士多德会认为，比起玩手指，从事哲学工作更与幸福联系紧密。玩手指当然没什么错，更确切地说，从事哲学研究更可能造就有助于人类繁荣的种种品质。许多人可能更喜欢玩手指而不是研究哲学，但这并不能说明玩手指更加具有内在的可欲求性。我们应当把接近幸福作为可欲求性的标准，尽管在很多情况下，很难看出这一标准如何得到具体的应用。如果我们认为存在不同级别和程度的可欲求性，并将其排列成一个由高到低的序列，进而从这个序列的角度来看待事物，那么，幸福将会高居序列顶端；而那些需要我们投入自身最高级的力量（highest powers）、旨在实现崇高事物的活动则居于上层，比如，研究哲学、数学、阅读文学等等；如果目的崇高，但需要投入的力量却较为低级，那么，这类活动的地位也会稍低，比如，进食珍馐或游泳；如果某些活动是用低级的力量来实现不光彩的目的，那么，这些活动则处于序列的底端，比如，听淫荡的音乐、从事非法的性活动等。当然，这样的等级序列模型非常简单，并不详尽，但它有助于我们把握亚里士多德在其有关可欲求性的伦理观念中所体现出来的精神。

借助三段论来呈现这些观念，将有助于我们进一步阐明问题：

（A）任何事物，相较于那些与幸福较疏远的事物，如果它与幸福的联系更紧密，那么它更值得欲求。

（B）相较于那些仅在工具意义上具有可欲求性的事物，因其自身而值得欲求的东西与幸福的关联更紧密。

（C）因此，就其本性而言，相较于那些仅在工具意义上具有可欲求性的事物，因其自身而值得欲求的事物更值得欲求。

在亚里士多德的理论中，（A）是不言自明的。原因显而易见：如果我们的行为是以幸福为目的，那么，我们需要欲求那些更接近幸福的事物，而不是更远离幸福的事物。（B）受制于相关语词的定义。当然，这条原则仅仅适用于那些好的或值得欲求的事物，因为，只有这样的事物才是《论题篇》第三卷的讨论对象。只不过，即便在这些事物中，该原则也不是在所有情况下都成立——令人快乐的娱乐活动总是因其自身而被选择，它们自己便构成目的。这样的活动也许因其带来的快乐而被选择，但也可能不因为其他任何目的而被选择。另一方面，我们可以想象某人将攻读艰涩的哲学著作为己任，比如阅读亚里士多德的《形而上学》，而他的目的就在于更好地理解何为"现实"（reality）或者是收获更大的满足。可是，如果严格地应用《论题篇》中的原则，即，因其本性而被欲求的事物要比因其他事物而被欲求的事物更值得欲求，那么，我们得到的结果似乎就是：令人愉悦的娱乐活动要比阅读艰深的哲学阅读更值得欲求。而这个结果，显然和亚里士多德关于这一问题的看法不一致。

假如我们这样来理解上述原则，即有些联系纵然并不是始终成立，但它也是大致成立，那么，我们似乎就得到了更加符合亚里士多德看法的结果。就其本性而言，目的比手段更值得欲求，因为目的可以以手段所不能的方式来满足人的欲求。目的在本性上要优于手段——某些活动即便原本就是手段，但也会因为某些原因而被一些人视为目的。手段服务于那些能够满足欲求的目的，而目的则是为了满足欲求本身。如果某人的欲求是有排序的，那么根据亚里士多德的观点，所有的人类活动都在某种程度上指向最终的目的。按照这种思考方式，在有实践智慧的人的眼中，追求使人愉悦的娱乐只是为了发展出那些为从事更崇高的活动所需要的能力；而这些活动，如沉思，则可以促成人类功能的实现与完善。

综上所述，我们可以得出结论说：在《论题篇》的第三卷中，至少有部分原则有助于人们理解亚里士多德美德理论的基本原则。

3.3 亚里士多德的伦理学是否符合其科学概念？

本章的主要内容是要通过考察亚里士多德的科学概念及其伦理学概念之间的联系，从而构建一种演绎性的美德伦理学模型。如果事实证明，我们可以合理认为亚里士多德伦理学符合其科学概念,那么,把伦理学视为一种亚里士多德意义上的科学,也将有助于理解构建演绎性的美德伦理学何以可能。

亚里士多德伦理学有其实践的一面,它涉及对具体事物的慎思,而这可能被认为有悖于伦理证明。就具体事物是慎思的对象而言,它们并不属于亚里士多德主义的科学范畴。然而,不谈具体事物这个问题,仅就亚里士多德《后分析篇》的科学概念来说,伦理学的大多内容也是法典化的(codified)。而在《尼各马可伦理学》中,亚里士多德提出的问题及其方法论在很大程度上却是理论性的,即便亚里士多德也不会认为这些理论思考同针对具体事物的慎思有关。

另一个重要问题是,在《后分析篇》和其他文本中,亚里士多德关于科学的看法是否留下了这样的解释空间,即存在不止一种"科学"概念。这个问题之所以不可一带而过,是因为《后分析篇》所呈现的那种基础主义的科学模式(foundationalistic model of science)给"何为真正的科学"这个问题设定了太高的标准。亚里士多德心中似乎早有几门可能(堪称科学)的学科,它们的研究对象是满足上述标准的。在他的论述中,相当一部分要么来自数学(其研究对象是非物质性的),要么来自天文学(在亚里士多德眼中,天文学的研究对象包括必然的事物)(Sorabji 1980: 49)。

然而,鉴于亚里士多德将生物学和物理学也称为"科学",因此,我们应当谨慎对待将上述基础主义模式仅仅应用于数学、几何和天文学等抽象科学的提议。在《后分析篇》中,还有许多例子涉及自然科学领域的物质实体(material substances)。而亚里士多德也并未在《后分析篇》中提出其他的科学概念来概括这些自然科学门类。况且,亚里士多德没有说,《后分析篇》中的基础主义模型绝不可能应用于物理、生物和化学等学科。事实上,该书第二卷的一些论述提供了充分的理由,使得我们可以说,

《后分析篇》的方法确实能够应用于自然科学。①

在以下各节，我们将考察亚里士多德科学概念的灵活性。具体而言，我们将考虑里夫（C.D.C. Reeve）的方案，即亚里士多德拥有两种科学概念，其中一种可以将伦理学视为科学。我们把这种方案称为"两种科学"的方案（Two Science Proposal，TSP）。该方案尽管乍一看似乎可行，但我们仍发现，里夫的基本区分同亚里士多德的科学概念并不完全吻合。虽然这种方案没有给作为科学的亚里士多德伦理学提供可靠的模型，但我们仍有必要考察它，因为它提供了一种洞见，帮助我们理解亚里士多德意义上的科学与伦理学之间的可能关联。

3.4 "两种科学"方案

初看起来，自然科学（如，物理学和生物学）同那些更抽象的科学（如，数学和几何学）之间存在一些显著差异。无论将自然科学与抽象学科区分开来的差异是什么，要想提供一种将二者容纳其中的统一的科学概念绝非易事。而"两种科学"方案声称，亚里士多德拥有两种科学概念：纯粹科学和普通科学，二者都出自《后分析篇》有关科学的论述（Reeve 1992: 13, 16, 18-21）。

根据这种方案，伦理学和其他自然科学（如，物理学、生物学）一样，都属于"普通科学"。因此，有理由认为，伦理学也应当和其他自然科学一样，被看作是一门亚里士多德意义的科学（Reeve 1992: 27）。纯粹科学涉及的是应当无条件的、必然的事物证明。而普通科学与之相反，由

---

① 博尔顿认为，《后分析篇》所描述的方法是通过由一系列的三个定义组成的。博尔顿提供证据表明，这种方法在亚里士多德最成熟的生物学著作《论动物解剖》（De Partibus Animalium）一书中发挥了作用。（Bolton, 1987）

于它的研究对象是可感的物质（sensible matter），因此，它提供的是"大致成立"的证明。

之所以会提出"两种科学"方案，是受到亚里士多德针对科学与那些大致成立的事物（hos epi to polu）之间关系的论述启发。这些论述包括但不限于如下说法：

> 科学知识要么是关于一贯如此的事物，要么是关于大致如此的事物。（Metaphysics 1027a20–21）

> "规则"属于一贯为真或大致为真的事物，而偶然则属于除此以外的事件。（Physics 197a18–20）

> 在大致成立的事物那里也有直接的第一原则。（APo 96a17–19）

> 对那些凭运气而发生的事情进行证明，得不到科学知识。因为，凭运气而发生的事情既不是必然成立，也不是大致成立，而是以一种不同于上述两者的方式发生；而证明关系的却是前两者中的某一情形。（APo 87b19–22）

> 我们进而指出，"可能"（to endechesthai）是在两种意义上被述说的。在一种意义上，它是指那种大致成立但并不（无条件地）必然成立的情况，比如，人长出灰发、生命衰老，或是任何出于本性的东西……而在另一种意义上，它是指那种不确定的情况……或是那些凭借运气而发生的情况……科学知识和证明与不确定的事物无关，因为，这里的中项是不定的；但是，科学知识和证明跟那些出于本性的

东西有关,并且,作为一种论证和研究,它们针对的都是这个意义上的可能事物。(APr 32b4–21)

这些文本确实支持如下观点,即,亚里士多德的科学概念涵盖了那些出于本性便如此的事物。而亚里士多德又将事物同"大致成立"的情况联系起来。既然伦理学似乎主要关注的就是大致成立的情况,因而,"两种科学"的方案便可以解释,亚里士多德的伦理学概念和科学概念之间为何要比它们最初表现出来的更加相似。"两种科学"方案建立在纯粹科学和普通科学的区分基础上,从而展示了这种相似性。

对"大致成立"的关系进行分析,构成了"两种科学"方案的一个核心部分。在最基础的意义上,支撑该方案的是对亚里士多德的术语"hos epi to polu"(通常、大致)展开分析。而"普通科学"就建立在这个术语的基础上,它要"弱于"那种与之相对应的"纯粹科学"。由于有充足的文本依据表明,亚里士多德希望将这种"大致成立"的关系囊括于科学之中,因而,我们需要解释,这种关系何以能够得到科学的对待。

不过,人们同样可以有理由认为,亚里士多德不希望用科学来处理这些有关"大致成立"的论述。在《修辞学》的某处,亚里士多德将"大致成立"解释为"或然性"(probability),而"或然性"很难构成亚里士多德所说的科学的充分基础。罗德里克·齐泽姆(Roderick Chisholm)注意到,亚里士多德将或然性同统计频率(statistical frequency)联系起来。在有关或然性的讨论中,齐泽姆把这些概念串在一起:"在'统计频率'的意义上思考这个词,我们也许可以认为,对亚里士多德而言,'或然性'就意味着大致成立。"如果有关"大致成立"的论述涉及的只是统计上的或然性,那么我们就很难看出来,亚里士多德的科学模型何以能够处理这些论述,何以能够为它们留下空间。毕竟,按照亚里士多对科学的理解,科学关注的是"必然性",而不是"或然性"。事实上,他在《后分析篇》的1.4节中就声称,科学的论断必须满足的条件是,谓述主词的那些属性必须具有必然性。就这个定义而言,必然的谓词不仅是真的,而且是必然为真的。用于满足科学必然性的条件必定要强于统计上的或然性。因为,统计上的或然性允许有例外。亚里士多德的"科学"不但关注必然性,而且必然性要强于或然性——一旦考虑到支持这种观点的那些文本证据,我们就不难意识到,"两种科学"的方案亟需解释如下问题:即,必然性何以能够兼容或然性和例外状况。

齐泽姆的解释不能令人满意。迈克尔·费雷霍恩(Michael Ferejohn)也探讨过这个问题,即,亚里士多德是否在用"或然性"或"统计频率"来定义"大致成立"的关系:

> "*hos epi to polu*"这种表达方式具有明显的量化特征,它让人觉得,在区分这类谓词时,亚里士多德就是在指单纯统计意义上的事实:在自然世界中,有些事件类型存在着虽然高频发生但并非毫无例外的共变关系。然而,我们显然无法找到一个(与上述含义对应的)谓词,表述纯粹偶然的共变关系。因此,对"*epi to polu*"做出这种统计意义的解释就很容易被推翻。(Ferejohn 1991: 119–20)

正如费雷霍恩所说,亚里士多德(对统计意义上纯粹偶然的共变关系)的忽略,表明他并不支持这样的解释。此外,他经常将"大致成立"的关系同"出于本性"的事物联系在一起(*GA* 777a19–21, 727b29–30; *PA* 663b28–29; *Metaph.* 1027a8–28),并拿它们和那些纯粹偶然的事物作对比(*GC* 333b7; *De Caelo* 283a33; *Apo* 87b19; *EE* 1247a32)。因而,尽管有时看来,亚里士多德试图用"大致成立"来囊括那些仅具有统计学可能性的陈述或谓词，但是，有足够的证据可以表明，"大致成立"这种关系所涉及的内容不止于此。在亚里士多德眼中，"大致成立"往往与"出于本性而发生"的事物相联，因而必然涉及到某种因果关系。如果这样，那么，我们就可以认为，它们具备了成为科学论断的资格。正如马里奥·米格努奇（Mario Mignucci）和费雷霍恩所建议的那样，"大致成立"这种说法类似于"某人下巴上的胡须随其年龄而生长"（Apo 96a10），后者理应被表述为："任何人都有 P（在大多情况下，P 表现为胡须会在适当的时候生长）。"

在"两种科学"方案针对大致关系的分析中，人们注意到里夫和费雷霍恩持有一个相同观点，即"大致"这个谓词述说的不仅仅是统计学意义上的可能性。里夫将主词和陈述大致关系的谓词之间的那种关系称为"概率化"（probabilization），他令人信服地论证道，"大致"（hos epi to polu）不能被解读为"大多数"（most），因为在亚里士多德看来，对于一个以前者为量化关系的、有效的直言三段论（categorical syllogisms），若将其量化关系变为后者，那么这个三段论就无效了（Reeve 1992: 14）（Barnes 1975: 184）。巴恩斯给出的例子是这样的：

大多数女性的年龄在七十岁以下。
大多数百岁老人是女性。
大多数百岁老人的年龄在七十岁以下。

由于"两种科学"方案承诺了亚里士多德具有两种科学观念，其中一种是以大致关系为基础，又由于亚里士多德的科学概念的核心是必然关系，因此，该方案就包含了这样的观点："大致关系"必定与某种衍生的必然性概念相关（Reeve 1992: 15）。仔细考察该方案对大致关系的分析，有助于我们理解适用此处的必然性观念。里夫说：

无条件的必然性始终是成立的；而概率性的东西则可能不成立，尽管这样的情况也很罕见（Topics 112b10–11；参见 Metaphysics 1025a14–21）。这就是为什么亚里士多德有时把"大致成立"的东西称作 endechomena，即允许反例的事情。然而，这不是要将任何意义的必然性都排除在这个术语的内涵之外，而只是认为它不包含那种无条件的必然性。（A.Pr. 25b14–15, 32b4–13）

无条件的必然性是一种存在于普遍物之间且类似于法则的必然关系。它可以确保相应的全称命题为真：如果在 F 和 G 之间存在这样的关系，那么"所有的 F 都是 G"就必然为真。而"概率情况"，也是一种存在于普遍物之间且类似于法则的必然关系。它确保相应的全称命题大致为真：如果 F 和 G 之间存在这样的关系，那么"所有的 F 都是 G"就在大致情况下必然为真。（Reeve 1992: 16）

在一个全称肯定命题"F 是 G"中，如果主词 F 和谓词 G 之间具有无条件的必然性，那么"F 是 G"不仅为真，而且必然为真。有资格被纳入亚里士多德科学范畴的命题都与确确实实的（de re）必然性相关，因为，这种必然性表明了真实的定义和本质（Reeve 1992: 11）。与此相反，那些表面上的（de dicto）必然性（在这种语境中）只跟语词的定义和本质相关，它们并不是亚里士多德所设想的那种科学的主要关注对象。基于这种区分，"F 是 G"确确实实是必然的。通过援引《后分析篇》对科学的解释，我们可以认为，主词和谓词之间具有无条件必然性的命题必须满足如下最低条件：无论何时何地，谓词对于主词都是真的（Apo I.4）。因此，相较于"大致"这种谓词所代表的必然性，无条件的必然性更强、也更具约束力，因为，前者仍然为可能性和反例留下了空间。基于这些观察，既然在"两种科学"方案中纯粹科学涉及的是无条件的必然性，那么，作为其对比对象的普通科学就不得不涉及较弱的必然性。可以合理地假定，"必然性"是亚里士多德科学概念的最低条件。我们需要考虑的是，亚里士多德是否持有一种弱于无条件必然性的科学必然性观念，或者说，他是否应当持有这样一种观念，特别是当他在讨论科学的过程中屡屡涉及"大致成立"的事实时。

考虑任意命题 S，它的主词和谓词之间并不具备无条件的必然性。这样的命题可以成为亚里士多德意义上的科学的一部分吗？根据他的科学概念，如果 S 要成为一个科学的命题，它必须符合这样的条件：要么它是一个既存的论断、定义或公理，要么它可以通过三段论而从任意既存的论断、定义或公理中推出。假设 S 并不是一个既存的断言，它若要获得科学的地位，那么它就仍然需要表达一个关于真实本质或定义的真理，或者一个具有公理性质的原初命题。由于在"两种科学"方案那里，"大致关系"关系到通过定义而表达的或是与定义相关联的那些本质和本性，那么，如果一个谓词大致述说了一个主词，那么，根据该方案，相应的命题就有资格成为科学研究的对象。不过，"两种科学"方案也主张，"大致"的命题涉及"概率情况"，而"概率情况"则为任何一个关乎"大致"的必然关系的全称肯定命题奠定了基础。因此，如果命题 S 涉及"概率情况"，那么根据上述观点，S 大致上必然成立。

然而，一个命题"大致必然成立"，对于这样模糊的主张，我们又该如何对待呢？一种可能的理解方式是，将"大致"理解为"有可能出错"。然而，断言命题 S "有可能出错"，就是在说它"可能并非为真"，也就等于是说 S "并非必然为真"。因此，如果"大致"被理解为"并非必然为真"，那么"S 大致上必然成立"也就意味着"S 并非必然为真是必然的"。

51

在"两种科学"方案看来,这似乎不是对"大致关系"的恰当理解。

一般而言,被说成"真"或"假"的是命题,而不是主体和属性之间的关系。请考虑这样一个命题:"F 大致上必然是 G"。声称某种属性大致上在某个主体这里成立,无异于声称该主体在大多数情况下拥有该属性。因此,上述命题就应被理解为,它是在声称,在大多数情况下,G 不可能不属于 F。可是"两种科学"的方案又不允许我们像这样把"大致"理解为"大多数"(Reeve 1992:14)。

另一种可能的解读是,模态词(modal operator)针对的是整个命题 S,而"大致"仅仅适用于主词和谓词的关系:所有的 F 大致上都是 G,这是必然的。然而,这只是一种表面化(de dicto)的解读。由于"两种科学"方案认定表面化的解读是跟语词上的定义联系在一起的,因而,这种解读就应当被该方案排除在外。无论这样的解读有何优点,它似乎并不符合"两种科学"的方案。

由于这些可能的解读都不符合该方案,因而,我们有理由构造一种替代性的解释。这里的主要问题是,"两种科学"方案所提出的建议——"F 在概率上是 G"——意味着"所有的 F 是 G,大致上必然成立",但它并没有对"大致关系"的本质给出解释。而这里迫切需要的正是这方面的解释。

要对亚里士多德所说的"大致关系"获得一种可行的解释,我们不妨从费雷霍恩的主张开始。费雷霍恩认为,涉及"大致关系"的那种命题——比如"男人(随着年龄增长而)长胡须"——需要被理解为"每个男人都具有 P",在这里,P 是任何男人出于本性都具备的一种属性,它比一个男人在生命的恰当时候实际上并没有长出胡须的情况要常见得多(Ferejohn 1991)。尽管费雷霍恩在他的解释中,没有提及"潜能"和"相应的实现活动"之间的区分,但不难发现,这种区分对于理解他有关"大致关系"的解释具有重要的作用。

费雷霍恩的建议使得我们可以说,"每个男人都具有 P"确实是必然的,因为隶属于 P 的某种东西跟男人的本性相关。男人与属性 P 之间的这种关系可以通过日常意义上的模态解释来理解,而这正是里夫不愿放弃的。费雷霍恩的主张让我们可以提出一种替代方案,即这样的关系属于无条件的必然性。因为,在"男人"和"长胡须"的潜能之间存在着必然联系。一方面,依照我们提出的标准,这种关系具有无条件的必然性;另一方面,在事实层面,如果受到其他的干扰和阻碍,那么,该潜能也可能无法实现,用以体现它的那种属性也无法真正地表现出来。①

尽管人们会说每个男人都有长胡须的潜能,但是,由于有些因素会干预和阻碍胡须生长,某些男人可能不会长出胡须。然而,就算某些男人长不出胡须,生长胡须的潜能仍存在于每个男人身上。因为,生长胡须的潜能和当前讨论的主体——成年男性——的本质之间是相连的。造成这种属性未能实现的原因,乃是物质的不确定性。

关于我们应如何理解"大致"这个谓词,费雷霍恩的主张尽管是构建"概率化"关系的一种可能方案,但这个主张似乎也牵涉某种对于该方案不利的区分。"纯粹科学"和"普通科学"的区分,是建立在无条件的必然性和另一种适用于"大致关系"的较弱的必然性之间区分的基础上。然而,既然本质性(perseity)与命题中主词和谓词的关系有关,而在亚里士多德眼中,科学意义上的必然性同本质性具有共同的外延,因此,科学意义上的必然性就在于主词和谓词的关系。应当说,任何真正的科学论题都涉及科学的必然性。可是,根据这种解释,"大致关系"至少在构成自身的部分关系中涉及无条件的必然性。而"两种科学"方案中的"概率化"

---

① 参见 Physics 199b 25, 256b 10–23.

关系本应捕捉的是某种不同于无条件必然性的状况。

按照这种受到费雷霍恩方案启发而提出的解读方式，所谓的"大致"不仅涵盖主词和谓词之间的关系，而且，它还涵盖谓词中潜能（dunamis）及其实现活动之间的关系。既然人类的本质如此，我们就会发现，长出胡子的潜能存在于该物种的所有男性个体身上。然而，并不是每个成年的男性个体都实现了这种潜能；之所以如此，是因为物质存在不确定性。因此，对于"大致关系"的这种解释便涉及两组"子关系"（component relation），其中，第二种子关系（即，属性的呈现）依赖于第一种子关系（即，潜能的拥有）。如果我们仅仅关注第二种关系，那么，我们就很容易把"大致"当作"大多数"了。

为了阐明其中的问题，也许可以引入一组区分：有些事实"出于本性"（by nature）成立，而另一些事实则"实际上"（in nature）成立。对前者来说，它们关系的是实体及其本质。例如，人类出于本性就是理性的；理性是人类本质的一个重要组成部分，人类和理性之间具有无条件的必然关联。事实上，根据亚里士多德关于"科学中的谓词"（scientific predication）的看法①，理性被说成是人类最重要的模式。而理性活动的实际呈现则是"实际上"发生的现象。我们看到，人类通常表现出理性行为。可是，昏迷之人、植物人甚至幼儿……却构成了"所有人都是理性的"这一规律的例外。通过诉诸物质的不完满性和不确切性，我们可以合理解释这些例外。但某个规律"实际上"存在例外的事实仍不足以让我们质疑说，理性就不是人类的本质属性。这样的洞察不要求我们将"大致"理解为"大多数"。即便大多数人都没有做出理性的行动，人们也依然可以认为，只要不存在阻碍，那么这一规律就仍适用于人。自然界的规律不

---

① 关于亚里士多德针对科学中的"本质谓词"（essential predications）的讨论，参见 Posterior Analytics 73a 34-b 15。

仅是统计学意义上的频率,因为,前者建立在出于本性而成立的那种必然性的基础上。

由于缺乏上述区分,"两种科学"方案不得不引入一个违反直觉且十分古怪的模态观念,却没提供任何进一步的解释。"两种科学"方案承认亚里士多德有两种科学概念的论断建立在如下区分的基础上,即因无条件的必然性为真,以及,大致为真。然而,二者之间存在显著的重合,因为它们都涉及无条件的必然性。尽管这个概念并不是作为"两种科学"方案的部分内容而被提出来的,但它的确可以容纳该方案所试图弥合的冲突。

目前的解释促使我们认真省思"亚里士多德拥有两种科学概念"这个观点。当亚里士多德在《后分析篇》和其他文本中谈论无条件的必然性或直接的必然性时,他是指那些不可能出现其他情况的事物(*Metaphysics* 5: chap. 5 and 7)。人们可以说,无条件的必然性其实是起作用的,但只要我们承认物质存在不确定性,那么,这就为无条件的必然性倾向未能实现的情况留出了空间。亚里士多德声称:"在自然过程中,如果不出现障碍,那么(自然过程的)产物就不会变化"(*Physics* 199b25)。只要其他因素保持不变,那么,无障碍的状况将足以保证一个自然过程的最终产物也不会发生变化。

亚里士多德也许赞成所谓的"不干涉原则"(Principle of Non-interference),它可以借助如下陈述(assignments)而得到更清晰的理解:

R:某个无生命的自然实体实现它所具有的潜能。

I:某个自然实体因为受到内在阻碍而无法实现它所具有的潜能。

I*:某个自然实体因为受到外在阻碍而无法实现它所具有的潜能。

通过运用这些陈述,我们可以构成以下公式:

不干涉原则：

　　如果 R 成立，那么 I 和 I* 均不成立。

不干涉原则的逆否命题：

　　如果 I 或 I* 成立，那么 R 不成立。

　　根据不干涉原则，自然实体实现其自然潜能的必要条件就在于，它不能受到内在或外在的阻碍，但这并非其潜能实现的充分条件。内在的阻碍会妨碍有机体成为具有该物种正常功能的个体，亚里士多德关于繁殖的看法就是这方面的恰当例子（Reeve 1992: 18）。而外在的阻碍则会阻止一个已经发育完全的个体发挥其自然潜能，比如，人们可以阻挡火焰，使之无法升腾，或者阻拦一块石头，使之无法下落。

　　在这里，重要的是要考虑到一种与之有关但更强的原则，它包含着额外的陈述：

　　E：存在某种恰当的动力因。

　　现在，我们可以得出一个亚里士多德有时也会提倡的双重条件句（biconditional）。让我们称之为"强因果性原则"（Strong Causal Principle）：

　　当且仅当 E 成立，且 I 和 I* 均不成立时，R 成立。

　　根据强因果性原则，当且仅当不存在阻碍，同时还有恰当的动力因时，某一自然实体才会实现它所具有的潜能。在《形而上学》的第十章第五节，亚里士多德区分了理性的潜能和非理性的潜能，前者是生命物和无生命物共同具有的东西：

> ……关于后一种潜能（非理性的潜能），当施动者和受动者以某种适用于该潜能的方式相遇时，一个就必定施动，另一个就必定受动，但前一类潜能（理性的潜能）却不必定如此。（Metaphysics 1048a5-7）

当亚里士多德说"以某种适用于该潜能的方式"时，他似乎不仅考虑到了不干涉原则，而且考虑到了这样的事实，即，所谓的"潜能"指的是服务于特定目的的潜能。① 理性的潜能之所以区别于非理性的潜能，就在

---

① 这样理解不干涉原则会带来一个问题，它跟亚里士多德在同一段落的论述相关："所以，一切理性的可能都必然要去做，只要所欲求的对象有可能而条件也都具备。须是承受者当下存在着并且具备条件，才能去做，否则就不能做（在这里，没有外来妨碍的先决条件是没有必要的，因所具有的能力作为动作的能力，这种能力不是无所不在的，而只有在某种场合，在这里外来妨碍已经被排除了，它们在定义中已被某先决条件所排除）"（1048a 13-21）。这段论述看起来会给理解不干涉原则的上述方式带来麻烦，因为亚里士多德这里似乎认为，针对外在阻碍的限定条件构成了潜能的一部分定义。如果真是这样，那么，不干涉原则就不仅流于表面，而且可能引起误导，更会令人无法构造既具有可编纂性、又能满足亚里士多德关于科学前提之要求的那些"大致"命题（将各种阻碍引入"潜能"概念意味着在这个概念中引入诸多变量，将它们固定下来是非常困难的）。因此，这里的问题就在于，针对阻碍的限定条件是否可以被认为独立于潜能，或者说，亚里士多德的论述是否排除了这种可能。

若想认为针对阻碍的限定条件外在于潜能，那么，我们首先要注意到，亚里士多德在上引的《物理学》中的确就是这么说的。因此，亚里士多德要么在这个问题上前后不一致，要么是他在《物理学》和《形而上学》中对潜能抱有不同看法，要么，潜能可以按照这两种方式之一来理解。我倾向于最后一种看法。直接说得通的方式是，在《物理学》中，亚里士多德认为潜能构成了事物本性的一部分。而要理解本性，就是把它等同于一个事物所具有的一系列潜能。这些潜能使得该事物同与世界上的其他事物区别开来。另一方面，在《形而上学》的第九卷第五节中，潜能可以被理解为是指某个个体事物所具有的潜能，它凭借这种潜能而实现某种特定的目的。在后一种意义上，潜能针对的是具体事物，因而它不属于亚里士多德的科学范畴。尽管如此，却也不影响前一种意义上的"潜能"成为亚里士多德的科学对象。

于前者有能力产生相反的作用（contrary effect）（*Metaphysics* 1048a9）。因此，即便强因果性原则对于同时存在于生命物和无生命物的那种非理性潜能是真的，亚里士多德也没有声称，它对于具有理性潜能的人类就是真的。事实上，他在这里说的生命物是指非人类的动物。由于动物缺乏理性活动的潜能，因而在亚里士多德看来，就算有时候可以选择，它们也没有能力去思考该采取何种行为。关键在于，在人类那里，双重条件句的前件还缺少一个重要的因素，即欲求（*orexis*）（Metaphysics 1048a11）。亚里士多德接着说道：

> 非理性的潜能只会产生一种作用，而理性的潜能则会产生相反的各种作用，这样，当后者产生作用时，它们必定要同时产生相反的作用；但这是不可能的。于是，这里必然有别的决定因素；我指的就是欲求或意愿。当动物在两件事物中必须做出取舍时，欲求就会成为决定因素，它会以适合相关潜能的方式呈现出来，并作用于受动对象。因此，每一个具备理性潜能的事物，当它欲求其潜能所涉及的对象时，当它身处拥有其潜能的环境中时，就必定会施展其潜能。（Metaphysics 1048a8–15）

亚里士多德这里对"欲求"的解释可以有多宽？请思考这个案例：一只饿熊在山洞里发现了一具动物尸体。按亚里士多德的解释，在这种情形下，动力因就是熊要吃东西的本能，它驱使熊去食用尸体的腐肉。假设此时没有任何阻碍，那么，只要这只熊有能力获取肉，它就必然会吃。因为在亚里士多德看来，非人类的动物（比如熊）缺少理性的欲求（*boulesis*），所以，他将熊的食肉偏好归结为单纯的"肉欲"（appetite）。假如亚里士多德是对的，那么，在上述情形中，这只熊就不可能克制自己不去吃肉。

"欲求"是指人类因理性而具有的偏好。但也存在人类和其他动物共有的欲求，它们是若干本能倾向（instinctual tendencies）。如果考虑到这种本能倾向，那么我们可以预期，在特定条件下，人类的活动也会像非理性动物的活动那样成为必然的过程。不过我们也可以想象，在某个情境中，一位饥饿的人类行动者面前摆着食物，而且他也有能力获取这些食物，但他控制住了自己。如果他正在节食，那么，这样的情况是完全可以预料的。此时，他面对着彼此冲突的欲求。因此，即便考虑到人类和动物都具有本能倾向，人类的欲求也完全可能克服这些本能。① 人类之所以拥有相互冲突的欲求，原因或许就在于人类具备时间观念（DA 433b5ff）和反思能力（DA 434a10—15）。这些因素共同解释了何以存在彼此冲突的欲求。

注意到亚里士多德运用了这样的一条原则，乃是很重要的，因为，这里针对"大致关系"所给出的解释涉及两种不同的因果关系，而其中的第二种关系则为例外留下了空间。记住上面所说的因果性原则，我们便可以表明，在那些有关"大致"的命题中，即便出现例外，也不足以剥夺它们获得科学对待的候选资格。

更一般地说，不干涉原则可以发挥重要的作用，帮助我们探讨亚里士多德的伦理学何以成为一种亚里士多德意义上的科学。既然"幸福"是伦理学的目的（telos），它通过"沉思"活动而获得最完整的实现，那么，我们就需要某种方式来解释如下事实，即绝大部分的道德行为者都没有从事这项构成其幸福的活动。事实上，即便幸福仅仅包括有美德的行为，

---

① 我们会认为，缺乏理性的生物和无生命的自然物的行为是可预期的，而理性生物的行为则具有不可预见性。但是，由于亚里士多德并不强调"不可预见性"概念，因此，即便考虑到人类行为不同于动物而具有不可预见性，也不会在很大程度上影响人们按照亚里士多德的科学标准来处理行为问题。

而不包括沉思，我们也需要这样的解释。注意到人类行为者具有的复杂性，它们与激情、情绪、理性等因素有关，我们就可以初步理解，在解释"为何只有如此少的行为者实现其自然目的"时，(内在和外在的)"阻碍"何以能够发挥重要的作用。如果不干涉原则一般都是亚里士多德自然科学的一项重要解释因素，那么我们就可以期待，只要亚里士多德的伦理学也被视为科学，它便同样可以在亚里士多德的伦理学中发挥作用。

如果科学，就像亚里士多德所设想的那样，关注着必然的因果关系，而这种关系又是在自然世界中发现的，那么，我们为什么就该说自然世界将会被某种弱于纯粹科学的科学图景所把握呢？如果亚里士多德可以（或确实）运用某些与不干涉原则的思路相关的思想资源，那么，从科学必然性的角度来看，物质所具有的那种波动性，对科学来说在一定程度上似乎也只是偶然的东西。

3.5 "两种证明"方案

针对亚里士多德的"精确性/不精确性"（exactness/inexactness）这组概念，乔治斯·阿纳格诺斯托普洛斯（Georgios Anagnostopoulos）提出了一种观点，它特别有助于人们思考是否要将某个主题纳入亚里士多德的科学范畴（Anagnostopoulos 1994）。阿纳格诺斯托普洛斯的这种理解使之能够对"大致关系"在伦理学和科学中发挥何种作用给予独特的解释，它可被称为"两种证明"方案（Two Demonstrations Proposal）。"两种证明"方案明显不同于"两种科学"方案，以及，我们刚刚概述那种的替代性方案。由于"两种证明"方案并不认为，无条件的必然性乃是亚里士多德科学概念的必要条件，因而它可以主张，亚里士多德主义的科学概念已然留出了容纳伦理学的空间。

　　针对亚里士多德关于"大致成立"的论述,"两种科学"方案认为,亚里士多德在《后分析篇》中使用了不同的科学概念。相反,"两种证明"方案则认为,对精确性／不精确性的考察将引出这样的结论:亚里士多德仅仅采用了一种足够宽泛的科学概念,除了抽象科学,它还可以将自然科学乃至伦理学包含在内。究其根本,是伦理学具有实践性的目标——这些目标通向具体的事物,而它们不属于科学之列——构成了将其归入科学的最大阻碍。但这不足以否认伦理学的理论科学具有可证明性。尽管"两种证明"方案最终并没有承诺说,伦理学在特定意义上是一门亚里士多主义的科学,但它的确提供了富有说服力的观察和理由,使人们可以这样认为。"两种科学"方案与"两种证明"方案的最大区别在于,它们以不同方式理解亚里士多德的科学概念。后者认为,亚里士多德仅仅使用了一种科学概念,但这种观念中包含两种不同类型的证明(demonstration),其中一种相较于另一种更具弹性、更加宽松。因此,理所当然的是,后一种证明可以用来思考那些"大致成立"的前提和结论,也正因如此,这种证明才是"弹性的"。虽然"两种科学"方案认为,亚里士多德的科学概念必须以普遍事物之间的必然联系为基础,但在"两种证明"方案看来,必然性并不构成亚里士多德科学概念的必要条件。如果我们将科学的领域仅仅限定于必然成立的事物,那么,又怎能容纳所有被亚里士多德称作"科学"的学科?对此,"两种科学"方案提出"概率化"(probabilizing),试图给予回答。

　　不同于"两种科学"方案,"两种证明"方案认为,在亚里士多德那里,不存在某种区别于无条件必然性或直接必然性的科学必然性概念,在《后分析篇》关于科学的论述中,这种无条件的或直接的必然性处于核心地位(Anagnostopoulos 1994: 261)。如果说,这种必然性要求事物不得

58

出现其他情况，而"大致成立"的事物实际上又会出现其他情况，那么，"两种证明"方案就会认为，那些"大致成立"的事物并不具备无条件的必然性。

根据"两种证明"方案，"大致关系"尽管体现出不精确性和波动性，但这并没有瓦解此类命题的可证明性。因为，在该方案看来，这些不精确性是有可能被消除的。而该方案的部分任务就在于，展示人们如何通过特定的程序而消除不精确性。"两种证明"方案针对"大致关系"提供了一种独特的分析，深刻影响到它对于"把伦理学视为亚里士多德意义上的科学"这项筹划有何前景的看法。我们将看到，该方案针对"大致关系"的分析会反思这种关系所伴随的不精确性。同时，它也会尝试消除这些不精确性。然而，它的反思和消除都存在严重的缺陷。因此，我们不得不质疑，作为科学的伦理学是否可以建立在这种方案的阐释基础上。此前，针对"大致成立"的问题，我们已经提出了一种既区别于"两种科学"方案、又区别于"两种证明"方案的分析。如果最终结果证明，这种分析能够比上述两套方案都更好地与亚里士多德的科学概念吻合，那么，在思考作为科学的伦理学时，这种分析才应当被我们采用。对于这种替代性的分析，我们将在本章的稍后再作考察，其细节也将得到进一步充实。

3.5.1 "大致"命题：必然性还是或然性

"大致关系"涉及某种波动性。在亚里士多德看来，对科学研究来说，"不精确"既可以是质料方面的特征（material feature），也可以是形式方面的特征（formal feature），还可以两者兼而有之（Anagnostopoulos 1994: 203）。[①] 科学研究的质料特征关乎研究的主题，而形式特征涉及的

---

① 参见 NE 1094b 13; 1094b 15–17; 1098a 25.

则是针对该主题的解释形态。"两种证明"方案包含着某种"一致性命题"（congruence thesis），即解释（形式层面）的精确性/不精确性，与事物本性（质料层面）的精确性/不精确性是一致的（Anagnostopoulos 1994: 203）。更具体而言，亚里士多德似乎认为，正是质料层面的不精确性导致了形式层面的不精确性（NE 1104a）。因此，如果亚里士多德所说的伦理学的主题本就是不精确的，那么，依据一致性原则，我们对伦理学的解释和研究伦理学的方法也将是不精确的（Anagnostopoulos 1994: 292）。亚里士多德坚持这一原则，深刻地影响到我们对他处理不同学科的理解：对于更加抽象的、与质料牵扯较少的学科，如数学，其主题所具有的精确性亦使得其解释具有精确性。在任何情况下，只要一致性原则成立，质料层面和形式层面在精确性/不精确性上的一致性便是可以预期的。

　　说"大致关系"是不精确的，这是什么意思呢？变化和波动在什么意义上是不精确的？不妨想一想，在"财富是有益的"这个命题中，"财富"和"有益性"（beneficiality）的关系。财富在许多情况下都有益，但有时却会带来伤害。上述命题的主词和属性之间，就存在一定的波动空间。而在我们的预期中，关于财富的这个命题大致是正确的，尽管并非所有情况皆如此。那么，亚里士多德是否会认为，由于一切行为都会存在波动，因而任何有关行为的命题都只能"大致"为真呢？虽然亚里士多德的某些说法可以被如此解释（Anagnostopoulos 1994: 208, 209, 299），但是，《尼各马可伦理学》的许多表述却明确地排除了这种可能。在亚里士多德看来，偷窃、通奸和谋杀不可能符合中道（NE 1107a12）；"过度"和"不及"总是会损害好的道德秉性（1104a12）；幸福始终是人类活动的终极目的（1094a20）；当且仅当一个人具有所有美德时，他才是有实践智慧的（1145a）。这些原则都可以被构造成普遍为真的命题。亚里士多德列举了大量的类似观点，强烈反对那种认为所有行为都充斥波动性的看法。至少，在行为领域，我们有可能发现一部分普遍为真的命题。因此，即便波动在行为领域较为普遍，我们也可以进一步追问，这些波动该如何解释。

对于行为领域的波动，一种可能的解释是，行为主体亦即人类行动者是物质的，而物质往往为波动留下了空间。假如这种解释成立，我们便可以思考，在一般自然科学特别是生物学中，波动的"量"和"度"是否也能归因于物质？伦理学领域的波动和自然科学领域的波动出于相同的原因吗？如果两个领域中的波动原因相同或显著相似，我们就有理由认为，伦理学可以被视为一种亚里士多德意义上的科学。因为，亚里士多德从来不吝谈论科学／知识（epistēme）同自然科学之间的联系。而在伦理学这里，是否存在某些因素使其明显区别于人们所公认的科学呢？如果全面细致的调查最终揭示出某种或某些可以将伦理学加以区别的特征，那么，人们就只能倾向于认为，伦理学仅仅在类比的意义上是一门科学。

我们稍后再来讨论这些问题。在"两种证明"方案看来，关于"大致成立"的命题不是必然的，而是或然的。让我们首先考察该方案对于"大致关系"的处理方式，看看亚里士多德的著作中有哪些支持这种方案的文本依据。在《前分析篇》中，有一个地方认为，"hos epi to polu"应该被理解为某种可能性或或然性（possibility or contingency）。其内容如下：①

"可能"是在两种意义上被述说的。一种意义是指经常发生但又缺少必然性的情况。例如，人长出灰发、成长或衰老，或一般而言某

---

① 在我看来，阿纳格诺斯托普洛斯没有在他的文本中涵盖括号里关于"可能"的第一种限定意义。

种自然属性（这种属性没有连续的必然性，因为人并不总是存在的；但只要人存在，那么这种属性要么必然属于他，要么作为某个经常出现的现象而属于他）。另一种意义是指不确定的情况。它可能按一定的方式发生，也可能以另外的方式发生。例如，动物的行走，或者，在它行走时发生了地震，或者，一般而言的偶发情况。因为，这些事情以这种方式发生并不比以那种方式发生更自然。(Prior Analytics 32b5–14)

在这段文字中，亚里士多德主要是说，谈论"或然性"有两种方式：一种是"大致"，另一种是"偶然"（Anagnostopoulos 1994: 221）。因此，他告诫我们，或然性和"大致"成立并不是一回事，相反，后者应被视为前者的两种类型之一。而之所以将"大致"成立同纯粹"偶然"加以区分，就在于前者是特定原因的结果，而后者则完全不确定。① 因此，对于那些"大致"成立的关系，人们应该期待获得真正的解释。

下面这组命题出自亚里士多德论述行为、逻辑、形而上学和生物学的多处文本，如果我们把关于"大致"的命题理解为或然性，那么，下面这些命题就是有问题的（Anagnostopoulos 1994: 216）：

（a）人大致会长出灰发、成长或衰老（APr 32b5）。
（b）酷暑时节的天气一直是或大致是闷热的（Met. 1026b36）。
（c）所谓激情，我指的是诸如愤怒、恐惧……一般而言，就是那些大致上伴随着感性快乐或痛苦的事物（EE 1220b13）。

---

① 理查德·索拉布吉（Richard Sorabji）认为，所谓"巧合"（coincidence）或"偶然事件"（chance event）是没有原因的。我个人认为这种看法可以接受，但对此详加讨论却偏离了这里的正题。

61　　　　（d）大致而言，勇者无所畏惧，懦夫易生恐惧（*EE* 1228b5）。

很显然，从（a）到（d），没有哪个"大致"命题表现了或然性。在命题（a）中，成长和衰老是所有人的属性，在这些生命过程背后，是某种物理的必然性（physical necessity）支撑着它们（Anagnostopoulos 1994: 216）。而在命题（b）中，亚里士多德似乎将"大致"发生的事物和"一直"（永远）发生的事物等同起来，或至少关联起来。这也与人们的直觉相悖，因为，依据直觉，"大致"发生不等于"一直"（永远）发生。命题（c）之所以有问题，是因为"在亚里士多德看来，恐惧的情绪构成了勇敢之人（以及勇敢）和懦弱之人（以及懦弱）的部分定义"（Anagnostopoulos 1994: 217）。而命题（d）的问题也与此类似。很显然，如果"大致关系"只是某种"或然性"，那么，我们就必须解释上述文字中的二者差异。由于"两种证明"方案断言"大致关系"属于某种"或然性"，因此它就必须提供这样的解释。更具体地说，在该方案看来，亚里士多德往往将上述命题视为"大致关系"，因而表明，在他那里，至少有一部分本质层面的属性是或然的（Anagnostopoulos 1994: 217–8）。

当亚里士多德把"可证明的"（demonstrable）（也就是必然的，总是如此，或大致如此）和"不可证明的"（偶然的，或仅仅因运气而如此）进行对比时，我们需要注意，在可证明的事物内部，亚里士多德也做出了同样的区分（Anagnostopoulos 1994: 218）。在某些关键点上，亚里士多德区分了"大致如此"的事物和必然的事物。①（Anagnostopoulos 1994: 218）。这种对比可以支持说，当人们谈论那些"大致成立"的情形时，他们并不是视之为某种必然性。因为，如果"大致"就等于必然，那干嘛还

---

① 参见 *APo* 87b 20; *Met* 1027a 25, 1064b 15, 1065a 5; Phys 196ab 19.

要区分二者呢？①然而，如果"大致关系"并不等于必然性，那么，我们得考虑该如何归类这种关系，毕竟它要比单纯的"偶然性"更强一些。

正是在这里，问题出现了。从《前分析篇》中，我们并不能清楚地得出结论说亚里士多德希望区分两种或然性，而且，这两种或然性都像"两种证明"方案所建议的那样有别于必然性。讨论"可能"的第一种意义时的那个括号里的表述，留下了一些有待解决的问题。亚里士多德甚至在谈论可能性时也诉诸了某种必然性观念，这样的看法还不能被彻底抛开（Hintikka 1973: 29）。②亚里士多德明确表示，人的存在是或然的，并不是必然的。然而，这只是一个初步的观点。更主要的论点似乎是，即便人的存在是或然的，人也必然会成长，长出白头发，进而衰老。也就是说，由于人是物质性的存在，因而人的存在必然伴随某些必然，这也正是乔纳森·库珀（Jonathan Cooper）所说的"物质的必然性"（material necessities）（Cooper 1987）。在上面的命题（a）中，"两种证明"方案承认生命进程的必然性，但此处却是一个"大致成立"的命题，从而使得该方案的解释出现问题。不得不承认，除非认为亚里士多德的断言要弱于字面的内容，否则，我们很难明白，为何亚里士多德会认为这些过程（尤其是成长和衰老）只是大致成立的，因为成长和衰老始终伴随着物质性的存在。应当认为，这些属性反映了物质性的必然性，因为它们一直是发生。而"长出灰发"的属性，即便并不总是出现，也可被视为无条件的物质必然性的产物。对此，我们可以援引不干涉原则来辩护，并且，我们很快将对这种"大致"命题的结构作更仔细的考量。

---

① 参见 *Metaphysics* 1026b 30, 1064b 33–37, 1065a 2; *Physics* 196b 20, 35; *Prior Analytics* 32b 7.
② 辛提卡注意到，亚里士多德曾在一种较为广泛和宽松的意义上使用"可能"一词，因而，必然的事物有时也被称为是"可能的"。"可能"可以包括两类含义：如果某人（依据"可能"的适当含义）说"p 是可能的"，那么，他的意思既可以是"p 是或然的"，有时也可以是"p 是必然的"。而这正是亚里士多德使用的"可能"的含义。

《前分析篇》的这个段落相当费解。就像亚里士多德的许多其他段落一样，它没有提供决定性的解释。我们可以按照"两种证明"方案所建议的方式来理解它——认为存在两种"或然性"，"大致"和纯粹"偶然"，且二者都与"必然性"截然不同。然而，这种解读带来的问题是，该如何理解"或然性"的第一种含义（也就是"大致成立"）。① 我们还可以这样理解这段话——认为亚里士多德区分了两种不同于无条件必然性的概念：第一种是"大致成立"，它涉及必然性，但也为例外留有空间，而第二种即纯粹的"偶然"则完全不涉及必然性。后面这番解释意味着，"大致成立"和"必然性"之间存在某种重合。本章后续的部分就将沿着这条思路展开探讨。② 相比第一种解释，第二种解释更能匹配亚里士多德关于"大致成立"的论述，但它也使得亚里士多德的区分整个显得不那么"通透"。辛提卡（Jaakko Hintikka）曾提出过一种有益的洞见，认为亚里士多德有时在用"可能性"表示"必然性"，这使得上述替代性方案更加可信。然而，我们也要注意到，亚里士多德在这段话中的确说过："大致发生"的事物"缺乏必然性"。③

　　由于文本的模糊性，我们需要仔细鉴别它的强调重点。对于将"大致"理解为"或然性"的观点来说，上述《前分析篇》的文字提供了决定性的支持意见。鉴于其全部论证都高度依赖这段话，因此，我们对它的可靠性表达某种担心，也就是非常合理的。

　　此外，针对《论题篇》112b 的解读似乎也支持"两种证明"方案，认为"亚里士多德并没有将'大致成立'的事物归入'总是如此'或'必然如此'

---

① 阿纳格诺斯托普洛斯在呈现文本时忽视了此处的限定。这间接说明，括号内的限定确实带来了张力。
② 根据这条解释路径，《前分析篇》的文本不会成为重点关注的对象。
③ "缺乏必然性"这样的表述也很含混。它既可以意味着或然性，也可能不是指偶然性。简单直接地说，它可能意味着缺乏无条件的必然性。

的事物之中"（Anagnostopoulos 1994: 220）。亚里士多德是这样说的：

> 既然有些事情必然发生，有些大致发生，有些则是偶然发生，如果有人把必然的当作大致的，或把大致的当作必然的（或者是必然本身，或者是经常发生东西的反面），那么，这就总为我们提供了反驳的机会。因为如若把大致的当作经常的，说这话的人就显然是把属于一切的当成不是一切的了，因此，他就是错误的；如若他把大致的当成必然的，也同样不对，因为说这话的人把不属于一切的当成属于一切了。（*Topics* 112b）

注意，亚里士多德这里是说，如果某人把"大致成立"的东西等同于"必然成立"的东西，那么，他会因此遭到攻击。然而，某一立场容易受到攻击并不意味它不可辩护。① 接下来，亚里士多德所提到的攻击，大多是基于我们对"大致成立"的一些前理论观点。但我们很快就会看到，亚里士多德常常通过技术化的方式来使用日常表述，而这会使得我们放弃其中蕴含的前理论观点。简言之，这段文字本身并非决定性的。即便将它与《前分析篇》中的那段话结合起来，也不具有决定性。暂时不提这个问题，我们也可以看到，由于"两种证明"方案认为"大致"发生的事物是可以

---

① 在《论题篇》第六章（VI.4 141b 5–142a 10），亚里士多德讨论了两种事物之间关系的本性：第一种是我们更了解的事物，第二种是出于本性更能够了解的事物（what is more knowable by nature）。亚里士多德声称，通过先验的东西来把握后验的东西是更好的做法，但是，对于难以这样把握事情的人（我们大多数人都是这样），相反的方式——也就是从后验到先验——可能会更好。以更加熟悉的方式来确立解释框架，这对他们来说是更好的做法。然后，亚里士多德说道，有人可能会反驳这个观点，认为这样会导致对于同一事物可以有不同的定义。他接着说，不应该这样来下定义。然而，在《后分析篇》的第二卷第 8-10 节，他对三类定义的探讨，表明他接受了自己在《论题篇》中讨论过的那种（对同一事物的不同）定义。而这进一步说明，阿纳格诺斯托普洛斯引用的《论题篇》文本不值得我们过于看重。

被解释的，而亚里士多德的科学主要关注的就是提供解释，因此，该方案认为，只要"大致"命题不违背科学的其他重要限定条件，那么，亚里士多德的科学概念就可以容纳这类"大致"发生的事物。可是，要想证明必然性并不构成亚里士多德科学中的所有前提急需满足的最小条件，却是一项艰巨的任务。"两种证明"方案的目的是要说明，缺乏必然性的前提何以成为亚里士多德科学的一部分。对此，该方案的主要论证方式是：真正的证明也可运用于那些"大致成立"的事物。在这里，"大致成立"的事物仅仅是"或然性"的类型之一。既然亚里士多德声称论证关乎"大致成立"的事物，那么，我们似乎就可以选择两种方式来看待亚里士多德的科学概念：（1）亚里士多德的科学只与必然性有关。这就要求拥护者解释，"大致"何以能够与直接的必然性相容，以及，这样的科学模型如何能够囊括当前的自然科学。（2）亚里士多德的科学超出了必然性的范畴。该主张虽然可以在必然性之外来定位"大致关系"，但它需要解释这种关系为什么是可证明的。"两种证明"方案对第二种思路进行了解释和辩护。而如前所述，"两种科学"方案则倾向于采用第一种思路。我们针对"大致"命题所提出那种的替代性分析，也跟（1）是一致的。

3.5.2 大致成立："两种证明"方案的解释

"两种证明"方案声称，必然性并不是亚里士多德科学概念的必要条件。① 在它看来，存在两种证明类型："对于那种较弱的、弹性的、不那么精确的证明或那些不那么严格的知识，主要是从并不满足必然性条件的前提中推演而来"（Anagnostopoulos 1994: 264）。根据该方案，"大致成立"的事物意味着或然性，它区别于必然性。由于亚里士多德认为这种事物也

---

① 阿纳格诺斯托普洛斯也认为，这种真值条件是有问题的。对于"证明的前提必须严格为真"这一条件，我们将稍后讨论。

可以证明（APo 87b20; Metaph 1027a25, 1065a），因此，我们或许得出如下看法："可证明"的事物需要包括一些不必然的东西。在"两种证明"方案眼里，有些前提和结论所涉及的证明是柏拉图式的（Platonic），它们表现为《后分析篇》第一卷前几章中那种具有严格性和绝对性的条件。相反，在有弹性的证明中，至少存在一个仅仅大致成立的前提。因此，这种证明的结果顶多只是大致成立的。相较于柏拉图式的证明所提供的那些知识，有弹性的证明所提供的知识尽管更弱，但它们在某种意义上依然属于科学。

比较一下"两种证明"方案和"两种科学"方案关于"大致"命题的论述，或许是会有帮助的。后者没有声称，"大致成立"（holding for the most part）必定意味着"在大多数情况下成立"（holding in most cases）。因为，"两种科学"方案承认，对于诸如乔纳森·巴恩斯（Jonathan Barnes）提出的三段论，采用"大多数"（most）作为量词将会使之不成立。这种洞见使得"两种科学"方案倾向于采取"概率化"（probabilizing）的解释方式。而"两种证明"方案同样也意识到巴恩斯的问题。但它声称，可以构造一种形如"所有X，除了Y"（All Xs other than Y）的解释，其中，X是涉及"大致关系"的主词，而Y则表达构成例外的事例。

如果我们仔细考察亚里士多德眼中那些"大致成立"的命题形式，就会发现，它们是一些"所有A都是B"（All A is B）的全称命题，而不是"A大致上是B"（As are for the most part Bs）或"几乎所有A都是B"（Almost all As are Bs）的命题。这些命题最多达到"几乎为真"（almost true）的程度，但并不是严格为真。由此带来的问题是，我们应当如何理解"大致成立"的命题；亚里士多德明确承认，这类命题也可以被证明。于是，这里就有两种可能：那些涉及"大致成立"的证明保证了命题"几乎为真",或者,这些几乎为真的全称命题可以被进一步限定和重构,从而成为严格为真的全称命题。若按后一种方式理解,那么,相关证明方式就可以被理解为得到了严格为真的证明的支撑。

如果要用"大致"命题来构造三段论,就必须按照全称形式来处理它们。由此带来的结果是,这些命题的句法(syntax)将会同其内容之间产生隔阂。"大致"命题表达的事实并不在所有情况下都成立——例如,财富并不在任何情况下都是有益的。正是这个意义上,"大致"命题可以说是不精确的。

尽管把"所有 A 都是 B"(All As are Bs)重新描述为"大多数 A 都是 B"(Most As are Bs)确实能够产生严格为真的命题,但如此重构却无法保证亚里士多德笔下有关"大致成立"的证明都是合法有效的。不过,我们可以把这种命题重新描述为"几乎所有 A 都是 B"(Almost all As are Bs),其中,相对"所有 A 都是 B"而言的那些例外情况能够得到确认,从而,如此重构就可以等同于如下形式,即"所有 A,除了一些 X,都是 B"(All As except Xs are Bs),并且它也不会面临由于采取了"大多数"这个量词而做出的重构所具有的问题。事实上,这正是阿纳格诺斯托普洛斯的观点。

不妨考虑如下这两个三段论,它们被阿纳格诺斯托普洛斯的"两种证明"方案用来阐明其分析过程:

多足动物可以生育多胎。
野兔是一种多足动物。
野兔可以生育多胎。(Anagnostopoulos 1994: 272)

以及:

> 多足动物大致上可以生育多胎。
>
> 大象是一种多足动物。
>
> 大象大致上可以生育多胎。(Anagnostopoulos 1994: 276)

在《论动物的生成》中（GA 734a34），亚里士多德提出过一个可以呈现为第一种模式的论证；而第二个论证则是对第一个论证的模仿。亚里士多德指出，每个论证中充当大前提的命题都承认某种例外，比如，大象仅仅生育一胎；这样的大前提就涉及一种"大致关系"。然而，亚里士多德之所以没有表示说，这种命题应该用"大多数"来刻画其数量关系，大概正是因为这样做会瓦解其推论的合法性。

根据"两种证明"方案，在第一个三段论中，亚里士多德承认第一个前提是大致为真，第二个前提是严格为真，而结论在任何情况下也都为真。但需要注意的是，在这个三段论中，前提和结论都没有用"大致"来描述其数量关系。而第二个三段论的大前提则用"大致"描述了数量关系，其结论也是如此。可是，"大象大致上可以生育多胎"这个结论完全是错误的。因此，在第二个例子中，我们通过两个真的前提获得了一个假的结论。这些例子表明，用"大致"来刻画数量关系，这并不构成处理那些涉及"大致关系"的命题的科学方式。相反，我们必须对主词加以限定，使之转化成严格为真的全称命题。句法和语义之间的隔阂正是由此而来。只不过，这种过程也使得人们可以对"大致"命题进行演绎推理，并同时解释其为何具有不精确性。

如果直言三段论的大前提严格为真，而小前提是大致成立，那么它的结论也大致成立；这样的推论是可以确保为真的。然而，如果其大前提或两个前提都是大致成立的，那么问题就出现了，此时，这样的推论不一定确保为真。①

对于"大致关系","两种证明"方案是这样刻画的：

> 这些（大致）命题具有全称形式，因此，任何这样的一个命题都断言，某类事物 K 的所有个体都具备属性 P。然而，由于它所处理的事物只是在部分情况下如此，所以，P 就只能适用于 K 类事物中的大多数个体身上。诚然，这些命题并不是完全扭曲了事实，但它们也没有事实精确相符——它们仅仅提供了粗略的图景。例如，命题"财富是有益的"声称一切财富都是有益的。但这并不在一切事例中为真，而是只在大多数事例中成立：它是粗略为真。与此类似，命题"多足动物生育多胎"也只是粗略为真。对于大多数多足动物而言，这个命题是真的，但大象却是个例外（Anagnostopoulos 1994: 274）。

> 然而，很显然，这些有问题的三段论及其给出的"大致"结论的真值并不能凭借"大致"前提的真值而得到保证。这不仅仅是前提的形式使然。如果仅仅是因为前提的形式，那么，巴恩斯关于百岁妇女的三段论就会成立；其结论大致为真的状况将得到保证；关于大象的三段论也是如此。（Anagnostopoulos 1994: 276）

但是，随后的评论则给出了一些限定：

> 在亚里士多德那里，许多涉及"大致成立"的例子都表明，如下两个命题是不同的："B 大致上是 A"（For the most part Bs are A）和

---

① 如果有人认为"在大多数情况下成立"（holding in most cases）是"大致关系"的必要条件，那么，这样的推理就不可能确定为真。

"大多数 B 是 A"（Most Bs are A）。与前者等价的命题是："几乎所有 B 是 A"（Almost all Bs are A）。（Anagnostopoulos 1994: 277）

如何建立起一套规则，能够区分"大多数"（most）和"几乎所有"（almost all）？对这个问题的回答并不显见，"两种证明"方案也没有提供这种规则。但是，我们可以说，"大多数"是一个相当宽泛的术语，其中部分含义跟"几乎所有"的表达有交叉。"大多数"可以用来表示 50%—75% 这个区间；同时，它也可以用来表示"概率很高"。正是在后一种意义上，"大多数"与"几乎所有"发生重叠。这样的区分在很大程度上偏离了主题。总之，在"两种证明"方案看来，亚里士多德认为"B 大致上是 A"等价于"几乎所有 B 是 A"。如果这两种表述是真正逻辑等价的，那么，由于"大多数"显然弱于"几乎所有"，而"几乎所有"又至少是"大致成立"的必要条件，因此可以说，"大多数"也是"大致成立"的必要条件。"两种证明"方案的这个特征使之区别于"两种科学"方案，也区别于前面提出的替代方案。

"两种证明"方案认为，亚里士多德意义上的科学所采用的前提，并不一定需要满足"命题严格为真"这个条件：

> 不过，"真"（truth）是一个条件，人们可能把它用作区分弹性证明和精确证明的一项合理的备选依据。毕竟，这是亚里士多德要求那些证明的前提必须满足的条件之一。在不彻底抛弃该条件的情况下，在不让前提完全变假的情况下，这项要求也许可以有所弱化。因此，有一些证明，它们的前提严格为真（它们是精确的），但另有一些证明，它们的前提尽管不是严格为真，但也几乎为真（它们是有弹性的或不那么精确的）。这样的前提构成了亚里士多德所说的"大致

成立"的命题，它们涉及人类行为和自然世界。如前所述，这些命题不是假的，但它们也并非严格为真。即便存在例外，它们也几乎为真（Anagnostopoulos 1994: 263）。

"有一些全称命题几乎为真"，对于这句话是何含义，我们还有更多可说；我们还看不出来，不再要求（严格）为真，这怎么可能与亚里士多德的科学概念保持一致。

尽管"两种证明"方案并不认为"严格为真"是亚里士多德主义科学前提的必要条件，但仍有一些尝试旨在消除"大致关系"以及表达该关系的那些命题所具有的不精确性，对于"两种证明"方案来说，这是非常重要的：

> 人们越是思考"不精确性"——亚里士多德把它同"大致成立"联系在一起——的范围，越是意识到，这个问题不可能跟如何在形式上消除这种不精确性的问题相分离，因为，对于一切有关行动和事物的命题来说，它们是否因为大致成立而变得不精确，这取决于它们是否可以被替换为其他一些并不仅仅大致为真的命题。也就是说，这取决于形式上的不精确性是否可以完全或部分地被消除。（Anagnostopoulos 1994: 22）

把那些几乎为真的"大致"命题重构为在所有情况下都为真的命题，这就是"两种证明"方案试图消除不精确性的方案。

请想一想"多足动物生育多胎"这个命题。它就是亚里士多德所说的"大致成立"的命题（GA 771b3）。我们会发现，大象也是多足动物，但并不生育多胎（GA 771a20, 771b10）。如果除开大象的情况，那么"多足动物生育多胎"这个命题就是普遍为真的。我们可以构造一个命题，即"任何多足动物，除了大象外，都生育多胎"。通过对"多足动物"进行限定，"两种证明"方案可以把几乎为真的命题转化为严格为真的命题。

还有一种方案可以消除"大致关系"的不精确性。该方案试图提供一种因果解释。显然，亚里士多德认为，之所以某些动物生育多胎而某些动物生育一胎，主要是动物的体型所致，而与脚的数量无关。① "人们可以使用有关大动物和小动物的普遍命题来解释这种现象，如此变化不仅使得严格为真的全称命题得以可能，还使得人们可以窥见其中的因果关系，从而远远超出以上提及的物种种类（大象）。"（Anagnostopoulos 1994: 286）通过采用自然界因果机制的解释来消除不确定性，亚里士多德对于这种方案的前景是有所保留的。而在伦理学中，这种方案就更难成功了。因为"不精确性"几乎遍及一切人类行为。稍后我们将会看到，在亚里士多德那里，正确地理解"通常"关系离不开对因果机制的思考。即便亚里士多德不习惯使用"两种证明"方案所提到的种种解释，但是，我们从他对"大致"命题的实际运用中就可以看出，因果机制乃是这些命题的重要构成部分。

尽管"两种证明"方案重构了"大致"命题，但这种修订不是没有代价的。首先，尽管可以按照该方案所提议的方式对命题加以限定，但没有证据表明，亚里士多德会赞成将这些经过如此限定的命题纳入科学的范畴。虽然亚里士多德的确在有些语境中限定了部分命题的主词，但没有证据表明，亚里士多德会同意让这样的限定在科学中起重要作用。既然自然的种类（kinds）是亚里士多德意义上的世界的重要部分，而科学的目的就在于解释自然种类之间的因果联系，那么，我们就很难说清楚，如此限定

---

① 参见 GA 771b6，阿纳格诺斯托普洛斯提醒人们要注意这一点。

何以能够揭示与这种科学概念相关的因果联系。

如果采取上文的方式对种类进行限定,那么"属"(genus)是否还能成为科学探究的合法对象呢?假如世界上碰巧存在的事情是,几乎所有 x 都是 y,但 x 和 y 之间没有必然联系,情况又会如何?这种关系会成为科学的关系吗?亚里士多德认为自然种类是科学研究的恰当主题,这种观点又将如何?简言之,只要关于"大致成立"的全称命题被重构为严格为真的情境化命题(circumscribed propositions),我们就无法获得适用于自然种类的因果联系,而这将带来很大的问题。

3.5.3 对"两种证明"方案的总结

"两种证明"方案对于"大致"的理解及其有关不精确性的看法,对我们理解亚里士多德的科学概念有着重要的启示。它断言,亚里士多德在科学领域持有两种相关但不同的证明类型,这一主张为我们把伦理学理解为科学提供了基础。然而,该方案在解释亚里士多德对于"大致"的使用时,发生了冲突。其中,最明显的冲突就表现在"必然性并不是亚里士多德科学概念的必要条件,科学需要为那些并不严格为真的命题留下空间"的观点上。就"两种证明"方案的整体论证而言,有的论断在其中发挥了重要作用。下面就是一些值得被重点关注的论断:

(1)亚里士多德承认,质料方面的精确性/不精确性和形式方面的精确性/不精确性之间存在一致性。根据这一观点,是质料方面的不精确性导致了形式方面的不精确性。

(2)"大致关系"涉及不精确性,因为这种关系涉及波动和变化。

(3)"大致"命题是或然的(由 2 可得)。

(4)"大致"命题不是必然的(由 3 可得)。

第 3 章　亚里士多德主义的伦理科学

（5）在亚里士多德的科学概念中，"大致"命题可以成为其证明的一部分（*APo* 87b19–22, 96a17–19; *Metaph* 1027a20–21）。

（6）就句法而言，"大致"命题是全称的（由 5 可得）。

（7）就语义而言，"大致"命题不是全称的（由 2、3 可得）。

（8）"大致"命题体现了某种不精确性（由 6、7 可得）。

（9）"大致"命题并非严格为真，而是几乎为真（由 6、7、8 可得）。

（10）亚里士多德的科学概念并不要求命题中的主词和属性之间存在必然联系。

由此出发，我们可以这样拓展该方案：

（11）亚里士多德的科学概念应当为并非严格为真的命题留下空间（由 3、8 可得）。

（12）伦理学的论述可以是演绎的。

（13）有一类重要的伦理命题涉及"大致关系"。

（14）有一类重要的伦理命题能够以科学的方式得到处理。

（15）有很好的理由认为，伦理学能够成为一门亚里士多德意义上的科学。

尽管可以提供很好的理由来支持（14），进而认为（15）很可能是真的，然而，即便是按照对亚里士多德科学概念的宽泛界定，"两种证明"方案也并没有将（15）视为真命题。该方案的主要关注点是，具有实践性的伦理学的目标、处于伦理学核心地带的不确定性，以及，消除"大致"命题的不确定性从而促成松软证明的黯淡前景。尽管对于该方案建议消除"大致"命题的不确定性的主张来说，其前景确实看起来有些黯淡，然而，正是这种方案对"大致关系"的解释造成了这个问题。而前文提供的那种替代性解释，则为避免这些问题提供了某种合理的方法。我们在上节提出了一些思考，可以支持如下断言：相较于自然界其他领域的不确定性所造成的问题，没有明显的理由认为，伦理学领域的不确定性所造成的问题（它们使人不把伦理学视为亚里士多德意义上的科学）会更加严重。仍有待我们思考的一点是，具有实践性的伦理学的目标是否最终反对把伦理学当作科学——这是一项我们即将着手解决的艰巨挑战。

3.6 对"大致成立"的进一步思考：替代性解释

当试图给予亚里士多德的术语"hose pi to polu"某种富有解释力的描述时，我们应当试着容纳与此有关的各种观念。其中一些观念，当它们与另一些观念结合起来时，就会显得令人费解。对于所谓的"大致成立"，我们具备某种常识性的理解，同时，我们或许也会期待亚里士多德的理解同我们的这些前理论观点相一致。然而，鉴于亚里士多德对看似日常的表述往往采取技术化的运用，因此，如果我们发现关于"大致"的日常表述在细微之处不同于技术化运用，甚至遭到后者的挑战，那也是不足为奇的。考虑到我们对"大致成立"的日常理解及其在亚里士多德那里的更技术化运用，如果想为这种关系提出足够好的解释，那么，在理想情况下，这种解释就必须将包括以下的考量：

（1）根据我们的直觉（以及文本依据），既然"必然性"说的是不可能以其他方式发生的情况，那么，"大致成立"涉及的就是某些比单纯的必然性更弱的因素。

(2)根据我们的直觉（以及文本依据），"大致成立"应当比单纯的偶然性更强。

(3)亚里士多德使用的"大致"概念，对应的应当是其发生具有一定规律性的世间事物。

(4)"大致"命题涉及某种不精确性。因为此类命题所表达的事实往往有可能发生波动。

(5)文本支持如下观点：表达"大致关系"的命题是可证明的（*APo* 87b20; *Metaph* 1027a25, 1065a）。

亚里士多德在"大致成立"的事物和"必然成立"的事物之间的比较，可以支持（1）。二者又同时和"偶然发生"的事物相对，从而为（2）提供了文本依据。关于（3），由于"大致成立"的事物不同于"偶然成立"的事物，因此，我们可以预期前者将以一定的频率出现。"两种证明"方案对于（3）的强调促使人们认识到，在多数情况下成立乃是构成"大致关系"的必要条件。通过思考亚里士多德在逻辑学、生物学以及关于行为的著作中所提供的那些"大致"命题，（4）可以得到论证。我们注意到，这些命题所表达的事实大都容易发生波动。基于前四个观点，（5）似乎就不好解释了。而且，在（4）和（5）之间也存在张力。"两种证明"方案没有很好地容纳全部五个论断。更具体地说，没有很好地解释（4）和（5）之间的张力；因此，它不得不抛弃亚里士多德科学概念的一个关键构件——证明的前提必须具备必然性。而本节提出的替代性解释将更好地容纳上述五个命题，而且不会放弃亚里士多德科学概念的核心要素。

根据这种替代方案，我们可以从亚里士多德对"大致"的使用中发现它与必然性之间的重要联系。对于所有"大致"成立的事物而言，它们的发生都伴随着主体和潜能之间某种相应的联系，而且，这种联系具有无条件的必然性。正是这种联系，在最终意义上解释了主体何以展现出属性。该潜能是否实现，这部分取决于它是否面临阻碍，部分取决于其他因素，如驱动潜能的那种动力因（可能是该事物的本质）是否在场。如果出现了阻碍，那么，即便其他因素全都得到满足，主体的潜能也可能无法实现或无法完全实现。

为了更全面地充实这种替代方案，我们需要意识到，"大致"命题有可能包含两种关系。把这两者放在一起，可以为人们理解上述观点的融合奠定基础。其中的第一种关系是主体和潜能之间的关系。并不是任何一种真实地谓述主词的潜能都构成了这个主词的本质。同样，并不是任何一种潜能都必然地属于某个主体。然而，非常重要的是，我们必须注意到，亚里士多德的绝大多数（如果不是全部的话）的"大致"命题，都涉及主体与潜能之间的必然联系或本质联系。

一旦我们注意到亚里士多德是在多种不同的含义上使用"必然性"概念，我们就可能试着分析，在"大致关系"中，它是在什么意义上发挥作用的。在《形而上学》第五卷，亚里士多德表示："必然的事物不可能是其他的样子，它就是这样。在这个意义上，其他任何事物都是从'必然性'中衍生而来的。"① 这里起作用的"必然性"就是"大致"命题包含的第一种关系，它似乎是一种定义的或概念的必然性（definitional or conceptual necessity）。这是无条件的直接必然性，因为，正是主体的本质或本性界定了它隶属于某个属，从而关联着主体的一系列潜能。对于这些依定义的必然性而成立的命题，它们往往与那些涉及主词的必然特征或本质特征的谓词相关。考虑到定义的必然性的含义，我们可以认为，在亚里士多德眼中，定义必然性等同于《后分析篇》第一卷第四节中提出的两种"本

---

① 索拉布吉详尽列举亚里士多德笔下的"必然性"含义。其中，每种含义都可以归结为是这个基本含义的某种变体或应用。（Sorabji 1980）

质性"之一。定义的必然性支撑起所有存在论之外的真实论断的科学原则。而"大致"命题包含的第二种关系，也是一种真正的必然性，尽管它不等于定义的必然性。这种必然性涉及的不是主体和潜能之间的关联，而是潜能及其实现之间的关联。后者之所以复杂，是因为它涉及的是一种虽然关系到定义的必然性但又有所不同的必然性，可以被称为"因果的必然性"(causal necessity)；同时，这种必然性还会带来限定，针对的是潜能及其实现之间的关联可能或实际面对的干扰因素。对于这一问题，我们在前面已经尝试构造了所谓的"不干涉原则"。根据该原则，任何自然实体实现自身之自然潜能的必要条件，就在于它没有受到内在或外在的阻碍。如果受到阻碍，它便无法实现其本质或必然的潜能。然而，仅仅没有干扰还不足以保障潜能的实现，同时还必须有动力因。这种动力因或许是事物的本性，它导向恰当的目的。例如，一粒松子具有成为松树的潜能，而且这种潜能是本质性的。正是该潜能使得松子区别于其他植物种子。进一步地说，如果一粒松子缺乏成长为松树的潜能，那么，就有两种干扰因素阻碍了这一进程。内在的干扰因素是松子自身的缺陷。由于世间万物在质料方面的不完满性，因而松子的质料也许不足以与其形式相协调，无法实现松树的生长。即使质料是充分的，也存在可能抑制松树生长的外在阻碍，如，贫瘠的岩石质土壤、阻挡光线的灌木等。不过，就算上述两种阻碍都不存在，从一粒松子成长为松树的过程也依然无法得到保障。还必须有起作用的恰当的动力因，如，雨水、土壤肥力和光照等。而动力因起作用之所以具有必然性，是因为一旦条件适宜且没有阻碍，动力因就不可能不起作用(Sorabji 1980)。① 对于亚里士多德有关因果必然性的论述，我们必须强调的一个要点就是，根据《形而上学》第五卷的核心要义，这种必然性

---

① 不能因此认为动力因的作用就是完全被决定的。后一种说法需要预设更强的决定论。

仍然是真正的必然性。对某种潜能来说，只要没有阻碍，而且它所需要的因果力量发挥了作用，那么，该潜能就必然实现。

我们可能会想，在亚里士多德那里，因果的必然性和定义的必然性是否确实不同？亚里士多德所说的"必然性"的核心意义——不可能是其他样子——是否同时覆盖了这两类必然性？如果缺少了某种其必然拥有的潜能，主体就不可能是其所是，就此而言，定义的必然性是无条件的；因此，在亚里士多德的核心意义上，定义的必然性是无条件的。而因果的必然性则涉及到被特定因素阻碍，它们不同于因果作用本身。此外，在因果的必然性中，潜能必须是定义的必然性的呈现对象。然而，因果的必然性仍是无条件的，因为，只要原因在场且没有受到阻碍，结果就一定会发生。

最后这句话或许表明，依照现在对必然性的解释，亚里士多德是把"因果的必然性"同人们常说的"逻辑必然性"（logical necessity）联系在了一起，而后者区别于物理的必然性（physical necessity）和其他必然性，有时被认为是一种较弱的必然性。人们常常通过分析"可能世界"来说明什么是逻辑必然性。例如，模态因素常被用于界定论证的可行性：某个论证是可行的，当且仅当，其前提为真时结论不可能为假。这里的关键就在于，前提的真使得结论必然为真。而在《前分析篇》中，亚里士多德界定了四种出现于证明过程的原因（APo II 11），其中的第二种原因被称作"必然导出后件的前件"（an antecedent that necessitates a consequent）（94a22），似乎指的就是质料的因果性（material causality）。[①] 亚里士多德将质料的因果性和有效推理所具有的必然性联系起来，这似乎说明，他并没有像当代哲学家那样区分"物理的必然性"和"逻辑的必然性"。如果质料的因果性涉及物理的必然性，那么亚里士多德的观点就是，在最核心

[①] 在《物理学》（Physics 195a18）中，亚里士多德表示，三段论的前提就是其结论的"物质原因"。

意义上，存在一些必然的质料特征。

为了说明不同的必然性含义如何在一个具体事例中得到应用，不妨思考这样一个"大致"命题："锻炼大致上会带来健康"（*Rhetoric* 1362a34）。通过运用上述区分，我们可以发现，这个命题的主词和谓词之间存在一种重要的定义性关联。锻炼是为了健康，健康是这种活动的目的因。除非我们理解何为健康，否则我们不能充分理解何为锻炼。但事实证明，并不是一切锻炼活动都能带给所有人健康。比如，对于那些过度肥胖的人来说，奔跑就不是一种能够带来健康的活动，它更可能有害。然而，即便跑步不是在所有情况下都能为所有人带来健康，我们仍倾向于认为，就其本性而言，跑步是一种有利于健康的活动。之所以有些时候跑步不利于健康，是因为主体身上的质料的不完满。肥胖者的情况，便是如此。然而，尽管在这种情况或其他情况中会出现阻碍，但这不足以破坏运动和健康之间的因果关系。

进一步说，有可能出现这样的情况，即肥胖已经非常普遍，以至于不肥胖的人反倒少见。在这种情况下，跑步这样的活动（或其他活动）不利于大多数人的健康。但是，鉴于主词与属性之间的因果关系，"锻炼带来健康"这个命题依然"大致"为真。

对于任何一个像"锻炼带来健康"的"大致"命题，都存在一种相应的关联，它存在于主词和谓词所表述的属性具有的潜能之间。进一步说，这种关系意味着，出于主体（也就是命题的主词）的本质，主体不可能不具备其属性所具有的潜能。属性的潜能必然地属于主体——要么因为它本就是主体的本质的一部分，要么因为它为主体的本质所要求。正因为任何一个"大致"命题都涉及主体与潜能之间的必然关系，所以，这样的命题才会隶属于亚里士多德的科学范畴。

存在于潜能及其实现之间的因果关系可能遭到障碍的抑制，因此，潜能并不总能在世界中实现。正是在这种构成"大致"命题的第二种关系中,"大致"命题涉及波动。不过,在波动与或然性的背后,却是完全没有波动的必然的因果关系构成其保障。按照这种解释,像阿纳格诺斯托普洛斯那样把"大致关系"解释成为"或然性"关系,就是不正确的。他的进路没有注意到,恰恰是"大致关系"中的必然性奠定了亚里士多德的科学概念。如果我们聚焦于主体及其属性所具有的潜能(这里不存在波动),或者,用不干涉原则对"大致"命题加以限定,那么我们就可以消除那些"大致"命题的波动性。无论哪种情况,我们都可以发现,"大致关系"同亚里士多德的科学概念旨在解释的必然性是息息相关的。

按照本章所提出的这种理解亚里士多德"大致关系"的方式,我们不仅可以发现这种关系建立在严格为真的事实之上,而且可以坚持认为,依其本性,某个种类的属性适用于该种类的所有个体;而"两种证明"方案则似乎无法坚持这种观点。其次,"大致"成立的命题必然为真。因此,"或然性"概念并没有像上述方案主张的那样,出现在有关"大致成立"的事物的讨论中。不过,就潜能是否实现而言,某个事物是否"大致成立"则是一个或然性问题。因此,即便处于"大致关系"中的主体通常都能够实现自身潜能,上述意义上的"大致成立"仍是或然的。这一点有助于解释,为什么有人会将"大致成立"的命题误认为是或然性的。

基于这些想法,我们便能理解"两种证明"方案何以论断说:(a)"大致"命题可以成为恰当的解释对象;(b)"大致"命题具有波动性。这两点都很重要。而在目前的方案中,这些观点得到了不同的解释。"两种证明"方案正确地看到,这两个观点并非不相容,而且,针对亚里士多德"大致关系"的任何正确的解释都必须承认它们。如果我们在这里提出的替代方案也是正确的,那么我们就不仅可以意识到,在任何"大致关系"中,必然性都扮演着重要角色,而且可以坚持亚里士多德反复倡导的主张:科学只涉及必然性的关系。"大致成立"的事物之所以完全具有获得科学解释的资格，是因为它们涉及亚里士多德的科学概念旨在阐述的那种必然性。

因此，关于"大致关系"的这种替代性解释，便符合（1）（2）（4）和（5）。根据这种解释，（3）尽管可能是错的，但在我们所处的世界中，（3）又完全有可能是正确的。只不过，按照亚里士多德对"大致"一词的技术化运用，其用法和我们的前理论观念有所冲突也不值得大惊小怪。简言之，此处的解释同（3）之间的张力（如果二者间真的有张力的话）是可以容忍的。至少就张力的严重程度而言，目前这种解释同（3）之间的张力要比"两种证明"方案所造成的张力更可容忍。

我们应当认真对待这里概述的解释方案，它阐明了在亚里士多德的技术化运用的意义上"大致关系"的特点。该方案之所以值得被认真对待，是因为它提供了基础，能让我们把亚里士多德的伦理学理解为科学。针对亚里士多德"大致关系"的这种解释方案，使得那些旨在呈现"大致关系"的命题有可能成为必然的东西，从而有资格被纳入亚里士多德的科学之列。

3.7 美德理论与科学证明

曾有些相当有益的尝试，试图展示如何在伦理学中构造一种亚里士多德式的证明。在里夫看来，仅有一两个伦理证明可能严格地符合亚里士多德的"纯粹科学"的标准。[①] 尽管里夫提出的三段论颇为有趣且富有启发，

---

① 关于纯粹三段论（Pure syllogisms），里夫是这样呈现的：

最根本的幸福是沉思。
努斯以最根本的幸福为目的。
努斯以沉思为目的。

努斯以沉思为目的。
人类最重要的就是他的努斯。
人类最重要的是沉思。

但是它们仍需进一步重新构造，然后才能满足亚里士多德在《后分析篇》中提出的证明标准。① 而圣·托马斯·阿奎那（St. Thomas Aquinas）则给出了另一种三段论，它看起来更适合于展示我们应该如何实施伦理证明。虽然阿奎那没有明确问过"伦理学是否符合亚里士多德的科学模型"，但他在针对《后分析篇》的注疏中的确提供了一种三段论，可以处理伦理主体及其属性。呈现并且分析阿奎那的这种伦理学的科学三段论，无疑大有裨益。如果这种三段论既有充分的科学性，又有充分的伦理性，我们或许就有了一个恰当的模型，借此，我们可以从亚里士多德的伦理理论中构造三段论的证明。

阿奎那主张这样来构造伦理证明：

任何一种导向幸福的习惯都是合乎正确理性运作的习惯。
美德是一种导向幸福的习惯。

---

① 需要注意，上述两个三段论都不是有效的。因为，二者的小前提都含有一个不同于大前提主词的谓词。直言三段论需要满足的一项最低条件是，它只能包含三个项（term）。第一个三段论要有效，就必须有一个隐含的前提：即，如果两个事物相同且某物以前者为目的，那么该物也以后者为目的。这样来理解第一个三段论，我们就可以认为它是有效的。但随之而来的是，人们会担心其前提的直接性（immediacy）。而第二个三段论则需要这样一条原则：即，如果某种潜能是某个个体的功能且该潜能拥有特定的目的，那么，具备该潜能的个体也拥有这种特定的目的。即便这两条原则看起来都对，第一个三段论中的主词和谓词似乎也并不就是等同的。"幸福"可以等同于"沉思"吗？若要得出肯定的回答，就免不了一番论证。如果不能等同，那么，支撑该前提的原则也就必须被修正。

里夫的三段论还面临一个更深入的、可能也是更严重的问题。那就是，二者都使用了"以……为目的"（aim at）的说法。它引入的是一种意向性语境（an intentional context）。这不仅让人担心两个论证的有效性，而且进一步坐实了最初的担忧，即，这两个论证是否具有三段论的结构。

无论如何，既然我们正在寻找一种与伦理学直接相关的科学三段论，那么，只要能够找到更符合这一宗旨的三段论，也就没有必要继续重述和分析里夫的三段论了。

> 美德是一种合乎正确理性运作的习惯。（Aquinas 1970: II 7）①

由于这个三段论具有第一格（first figure）的形式——其前提和结论都是肯定的——因此，它满足成为科学三段论所需的最起码的形式条件。而三段论的中项，也就是"导向幸福的习惯"，则解释了结论中的谓词为什么包含在主词之内。事实上，由于亚里士多德将幸福界定为一切人类活动的目的因并视之为行为的第一原则（NE 1140b17–20），因此，我们可以认为，这个三段论的中项乃是作为目的因而出现的。

这个三段论的前提是否满足亚里士多德运用于证明理论的那些约束条件呢？如果某个证明是第一格的，那么，它的大前提和结论就必须满足第二式或第四式（mode），而小前提则必须是第一式的。

让我们首先对小前提加以考察。如果命题的谓词构成了主词本质的一部分，那么该命题就是第一式的。在《尼各马可伦理学》中，"美德"被定义为"一种选择的品质，存在于相对于我们的适度之中。这种适度是由逻各斯规定的，就是说，是像一个明智的人会做的那样具有确定性"（NE 1106b35–1107a3）。我们发现，小前提的谓词"导向幸福的习惯"并没有在上述定义中出现。因此，成为一种导向美德的习惯，在严格意义上，似乎并不是美德的本质特征。

然而，进一步的研究将表明，这个结论下得太早了。在另一处文本（NE 1103b22–25）中，亚里士多德概括了美德的获取方式："一个人的实现活动怎样，他的品质也就怎样。所以，我们应当重视实现活动的性质，因为我们是怎样的就取决于我们的实现活动的性质。"如果亚里士多德这里的要点在于，某些品质是由习惯活动导致，那么，我们就有理由认为一些状

---

① 由于亚里士多德将美德界定为一种品质，因而人们可能会想，为什么阿奎那在他的三段论中用习惯而不是品质来界定美德。接下来的讨论将揭示出，亚里士多德的品质概念是和习惯活动联系在一起的。而在上述语境中，阿奎那预设的正是，品质等同于特定的习惯。

态涉及人们的习惯。既然形成某种品质构成了美德的部分本质，而习惯活动又产生了品质，那么，我们就可以认为，美德的"属"（即，品质）与习惯有关。正如我们将会看到的那样，既然品质在定义中进一步地被具体规定为"以正确的理性所揭示的事物为目的的东西"，既然有理由把"幸福"就当作理性所指向的东西，那么，我们就可以认为"导向幸福的习惯"与美德必然相关。

这个三段论的大前提，"任何一种导向幸福的习惯都是合乎正确理性运作的习惯"，是否符合第二式或第四式呢？需要牢记，作为人类功能的理性活动就是按照某人的善观念而进行的活动（或者，后者包含在前者之中）。① 亚里士多德在对幸福的最初解释中认为，幸福是一种合乎理性活动的生活，这种活动意味着按照自己的善观念而行动，并与适合于它的美德相协调。这些美德是合乎特定理性活动的美德，亚里士多德在定义"幸福"时谈到的正是这样的美德。它们符合正确的理性，而这种理性使我们可以按照自己的善观念来行动，并表现得十分卓越。这意味着，由合乎正确理性的活动所构成的生活实际上就可以被理解为"幸福"。因此，上述三段论的大前提，其实表达了一种主词和属性之间的换位（convertible）关系。这里的谓词是否构成了主词定义的一部分？看起来的确如此，因为，只要将"正确的理性"解释为"按照某人的善观念而行动"，那么，这样的解释就必定涉及幸福。

三段论的结论似乎赋予了"美德"某种语词定义（nominal definition）。在亚里士多德看来，这是一个证明结论的普遍特征。考虑到这个命题所表达的必然的因果关系，它看起来也属于第四式。因此，如果上述考察正确，那么在一定意义上，阿奎那三段论的前提及其结论就确实既是伦理性的，又是科学性的。也正因如此，伦理学的主题便可以通过科学而加以证明。

---

① 我所说的理性活动观念涉及人类的功能，在《尼各马可伦理学》第一卷第七节，亚里士多德在他的功能论证（function argument）中采用的就是这一观念。

3.7.1 "大致关系"可以得到证明吗?

根据本章对"大致"命题的技术化运用的解释,任何一个这样的命题都涉及两种关系,它们构成了这种命题的组成要素。那么,这两种关系都可以得到证明吗?很显然,第一种关系可以,因为它涉及主体与潜能之间的必然关系。也许人们会关心,潜能是否仅仅是偶然地成为主体本质的一部分。但是,这样的担忧没有驳倒潜能和主体之间存在必然性。亚里士多德的科学概念不仅关注构成主体的部分定义的那些本质属性,而且关注非本质的必然属性。① 有些谓词体现定义性关系,它们以第一式或第二式的形式存在;还有一些谓词表现非定义性的必然关系,它们以第四式的形式存在。②

有理由认为,根据亚里士多德的观点,有些属性不会在主体那里实现,即便促成这些属性的潜能与主体之间存在必然联系。因而,"大致"命题所蕴涵的第二种关系在这里就需要加以讨论。就"潜能必定实现"而言,尽管在潜能及其实现之间并不存在必然联系,但这里却存在一种更复杂的必然关系,即只要存在适当的情况或没有干扰的因素,那么,潜能便会得到实现。

我们可以说,经过技术化处理的"大致"命题——S 是 P(S is P)——就应当借由上述两种关系加以分析。第一种关系存在于 S 和 P^* 之间,在这里,P^* 是一种尚未实现的潜能。第二种关系存在于 P^* 和 P 之间,在这里,P 是潜能 P^* 的实现。如前所述,在亚里士多德那里,"大致"命题表达的是 S 和 P 之间的关系,而这个关系却经由 P^*。正因如此,若要准确地

---

① 假设的必然关系和固有关系(Hypothetically necessary relation and propria relations)既是必然的,也是非本质的。前者在自然科学中扮演着重要角色,而后者同时在自然科学和抽象学科中发挥关键作用。亚里士多德的科学范式能够涵盖这些关系。
② 由于(a)本质和必然具有共同的外延,而且(b)只有第一、二、四式处理科学谓词(scientific predications),因此,这是唯一合法的建议。

理解这些命题，就必须同时承认两种关系。

对于伦理领域中包含"大致"命题的那些三段论来说，它们的证明只有是针对潜能而不是实际的属性，才符合科学证明的标准。不妨思考命题"人类是具有道德美德的存在者"并反思如下三段论：

> 任何具有道德美德的存在者都过着幸福的生活。
> 人类是具有道德美德的存在者。
> 人类过着幸福的生活。

由于它的小前提和结论被理解为"大致"成立的，因此，这里就有两种关系构成"人类是具有道德美德的存在者"这个命题。以下的分解项将会更加清晰地呈现出这点：

> S：人类
> P^*：道德美德的潜能
> P：道德美德的实现

在"大致"命题中，S 和 P^* 的关系是必然的。而在这个例子中，作为潜能的 P^*，是指人类按照自身的善观念而行动的潜能。由于该潜能构成人类功能的一部分，因此毫无疑问，它对人类而言是本质性的。在这里，我们可以聚焦 S 和 P^* 之间的关系，通过潜能来重新构造另一些前提，从而推出这项证明：

> 任何具有道德美德潜能的存在者都具有幸福的潜能。
> 人类具有道德美德的潜能。

第 3 章 亚里士多德主义的伦理科学

人类具有幸福的潜能。

在这个三段论中,每个前提都符合亚里士多德对证明所提出的要求。此外,在这个三段论中,每个命题所涉及的主词和属性都处在人类活动的范畴内。因此,上述三段论提供了伦理证明的又一个范例。由于构成"大致"命题的第一种关系,亦即 S 和 P? 之间的关系,是必然的,因此,亚里士多德的伦理科学显然会关注到表达了如此关系的命题。

然而,构成"大致"命题的第二种关系呢?基于两个原因,它并不适合成为亚里士多德的科学的对象。我们已经指出第一个原因,即 P^* 和 P 之间的关系并不具有必然性。由于可能的阻碍和动力因的缺席会抑制潜能的实现,因此,潜能及其实现之间的关系就应当被理解为或然的。① 然而,亚里士多德意义上的科学处理的却是必然性。另一个将第二种关系排除在亚里士多德科学范畴之外的原因是,它主要关注具体事物。而亚里士多德意义上的科学的重要特征之一就在于,它关注普遍事物,而不是具体事物。即便亚里士多德的科学可以应用于具体事物,也只是偶然的。

对"大致"命题所蕴涵的两种关系的阐述是否消解了它们的科学性?如果认为只有第一种关系是科学的恰当对象,那么,这便意味着,"大致"命题并不是在严格意义上可以证明的。然而,任何这类命题都能得到重新解释,从而表达那种适用于证明的必然关系。我们之所以希望在这个方向上做更多尝试,是因为如果伦理科学仅仅被限定在潜能上,那么这门科学的内容可能就会相当的不充分。

前文所说的"不干涉原则"或许就能提供一种这样的方案。凭借这种方案,"大致"命题便可以在严格意义上被理解为可证明的。该原则认为,

---

① 请回想一下,"两种证明"方案也做出了类似的承诺。

某一实体必然实现其自然潜能的条件就在于：它没有受到内在或外在的阻碍。借用不干涉原则这样的陈述来限定"大致"命题，将会产生一种三段论，它能够为特定的事物赋予必然的因果解释。我们也许会想，将不干涉原则添加到我们公认的科学命题中，是否足以产生满足亚里士多德科学条件的命题？该原则表述了一种有关"大致"命题所蕴涵的关系的必然真理。请想一想下面这种关于不干涉原则的具体表述方式：

一种潜能 P*，如果它的实现没有受到抑制或阻碍，那么，它将会在主体 S 那里实现属性 P。

让我们 P* 也有所谓述：

（a）一种潜能 P*，如果它的实现没有受到抑制或阻碍，那么，它将会在主体 S 那里实现属性 P。
（b）S 具有潜能 P*。
（c）如果 P* 的实现没有受到抑制或阻碍，那么 S 将实现属性 P。

只要我们愿意接受亚里士多德的形而上学——不仅包含"潜能"概念，而且认为潜能存在于现实世界——那么（b）和（c）都是必要的。如果以上要点可被接受，那么，上述论证形式将会表明，在适当的限定下，"大致"命题的第二种关系何以是必然的。（a）是对不干涉原则的表述，（b）指的是"大致"命题的第一种关系（即，必然关系），而（c）表示的则是"大致"命题经过分析而得到的结论。这种论证足以产生必然的命题，它们表达了经过分析之后的"大致关系"。这意味着，"大致"命题所蕴涵的这两种关系都存在必然的因果解释。

即便运用了不干涉原则和第一种关系的论证可以产生那种涉及第二种关系的必然结论,我们对这些步骤是否充分符合亚里士多德的科学概念也仍有担忧。通过聚焦"人类具有道德美德"所涉及的第二种关系(也就是 P^* 和 P 之间的关系)并具体阐述不干涉原则,我们可以得到:

(a')道德美德的潜能,如果它的实现没有受到抑制或阻碍,那么,它将表现为人类具有道德美德的行为。
(b')人类具有道德美德的潜能。
(c')如果它的实现没有受到抑制或阻碍,那么,人类将表现出具有道德美德的行为。

这番论证由三个必然命题组成。更进一步地说,"潜能"概念为结论提供了一种因果解释。然而,由于(b')和(c')的限定条件中包含"如果……没有",因而(b')和(c')可能不会被看作是亚里士多德的科学证明的对象。之所以如此,是因为(b')和(c')的谓述既然被加以限定,那么,它们就表现为复杂命题。这个三段论也许就不是一个定言三段论。另一个可能的问题是,(a')和(c')会被理解为在本质上跟具体的事物相关。如果真的这样,那么,这些命题将不是可证明的命题。

在继续推进之前,不妨先简单解决一下眼前的关切。首先,即便(a')和(c')涉及复杂命题,我们也依然可以将它们看作是带有复杂谓词的定言命题。其次,没有明显的证据表明,这个三段论所使用的"潜能"仅仅关系到一些具体的事物。潜能或许是具体的,然而我们对它的陈述——即,如果没有受到阻碍,那么它就会实现——却十分普遍。这种断言适用于任何潜能。因此,即便"潜能"本身是具体的,我们的陈述却是普遍的,它对任何潜能都成立,而不是因为它是具体的潜能才成立。所以，这两个问题看起来都可以得到充分的处理。我们在上文使用的方法就提供了一条途径，借此，"大致"命题所蕴涵的第二种关系便可以成为亚里士多德的证明的一部分。

可以期待，我们能够在伦理科学领域发现其前提和结论都包含着"大致关系"的其他三段论。例如，下列三段论就是以"人类是道德行为者"这个"大致"命题作为结论的：

（i）任何按照自己的善观念而行动的存在者都是道德行为者。
（ii）人类按照自己的善观念而行动。
（iii）人类是道德行为者。

一个以"人类是道德行为者"为结论的三段论，对于亚里士多德伦理学的演绎模型来说是合适的，因为，确定何种事物是对象所属类别中的合适研究对象，这很重要。人们期待，关于"人类何以是道德行为者"的问题，上述三段论的逻辑中项可以提供恰当的解释。

这个三段论的大前提似乎蕴涵着某种自我统一的（proprium）关系：主词和谓词可以互换。此外，它的主词也构成了谓词本质的一部分，因而，我们可以认为该命题本身属于第二式。按照自身的善观念而行动，的确是道德行为者的特质。在亚里士多德看来，非人的动物不是道德行为者，因为它们的灵魂使之无法开展理性活动。然而，并不是任何具有理性灵魂的存在者都是道德行为者。因为，在亚里士多德看来，本性为奴之人以及那些孩童都无法按照自身的善观念而行动，他们都不是道德行为者。孩童之所以如此，是因为他们没有开展更为复杂、精密的理性活动，换言之，他们的理性活动的复杂与精密程度达不到人类物种中的成熟个体的水平。而本性为奴之人，则不具备理性活动的能力。

而（ii）和（iii）都应该被理解为"大致关系"的实例。如果不这样来解释它们，那么，这个三段论就谈不上是一个证明。因为，如果不加限定或特定解释，（ii）和（iii）在严格意义上是不成立的。正如我们刚刚看到的那样，从亚里士多德的角度来说，孩童和本性为奴之人都不按自己的善观念而行动，即便他们具有如此行动的潜能。① 解释清楚上述三段论在什么意义上满足亚里士多德所提出的那些关于科学证明的条件，不仅将会说明"大致关系"是可证明的，更可以展示，这些涉及"大致"命题的证明将在演绎性的美德伦理学模型中如何发挥作用。

只要这个三段论的小前提——"人类按照自己的善观念而行动"——表达的是一种"大致关系"，就可以采用以下分解项：

S：人类
P*：按照自己的善观念而行动的潜能
P：按照自己的善观念而行动

前文论述表明，"大致"命题所蕴涵的 S 和 P* 之间的关系乃是必然的。因为，按照自身的善观念而行动的潜能是人类功能的一部分，它对任何人而言都具有本质性。命题"S 是 P*"所表达的关系属于亚里士多德所说的第一式。这里需要分析（ii），从中产生一个具有必然性的科学命题。

在亚里士多德意义上的科学给出的限定中，有一种针对命题中必然因果关系的解释。我们需要牢记亚里士多德的"强因果原则"（Strong Causal Principle）。该原则认为，当不存在阻碍而又存在动力因时，自然实体必定实现其潜能。如果强因果原则在主体所属的类别中发挥着规范的调节性

---

① 天性为奴之人有潜能依据其善观念而行动，就像盲人也有其视觉潜能一样。而石头却连这种潜能都没有。

作用，而物质性的主体及其属性又是在此类别中被研究，那么，该原则就可以被视为自然科学和伦理学的公理——二者都关注物质性的主体及其属性。如果我们把强因果原则同"大致"命题所蕴涵的第一种关系结合起来，那么，就可以得到第二种关系。如果我们能够成功地对体现了这一过程的实例进行检验，那么，像"人类按照自己的善观念而行动"这样的"大致"命题就可以被看作必然为真，而且，强因果原则在主体所属的那个类别中就成为一条公理，与"大致"命题之间形成演绎性的关联。

这样的操作会带来多方面好处：第一，它符合亚里士多德的观点，即通过引入一条更基本的用于调节"大致"命题的原则，不仅使得这种命题成为可证明的，而且可以免去之前所提到的那种由于对可证明的命题添加限定条件而产生的担忧。第二，因为强因果原则本身为真，所以，引入它作为一条更基本的原则将可以解释"大致"命题的性质。第三个好处可以从前面两者中得出：亚里士多德对于证明性科学（demonstrative science）的看法可以被用于伦理学，因为，伦理学中的绝大部分探讨都是由"大致关系"主导的。如果伦理学的证明受到限定而只能针对那些数量相对较少的直接的必然性命题，却不能涉及"大致关系"（伦理主体及其潜能的关系往往也属于此类），那么，我们就很难认为，演绎性的美德伦理学模型有可能存在。因为，如果对证明做出如此限制，那么，它们几乎就无法充当实践三段论的大前提。最后，把强因果原则列为公理（axiom），将使得"大致"命题不再是关于具体事物的命题。根据该原则，阻碍潜能实现的因素是非常普遍的，它并不指称任何具体潜能，也不指称任何阻碍特定潜能实现的具体因素。鉴于上述考量，该方案将有可能促成一种空前丰富的演绎性的美德伦理学模型。

这些内容如何贯彻到上面提出的三段论呢？由于该三段论涉及两个"大致"命题（ii）和（iii），因此，就让我们用（iia）和（iiia）来指代针

第 3 章　亚里士多德主义的伦理科学

对二者的分析：

（i）任何按照自己的善观念而行动的存在者都是道德的行动者。

（iia）如果受过恰当的道德教育且没有什么抑制或阻碍他们按照自己的善观念而行动，那么，人类就有能力这么做，而且愿意这么做。

（iiia）如果受过恰当的道德教育且没有什么东西抑制或阻碍他们按照自己的善观念而行动，那么，人类就是道德行为者。

我们可以通过使用强因果原则来证明命题（iia）：

（1）人类是伦理科学的主体。

（2）如果存在恰当的动力因并且没有阻碍，那么，属于伦理科学之主体的潜能就会实现。

（3）因此，如果存在恰当的动力因并且没有阻碍，那么，人类的潜能就会实现。

（4）人类具有"按照自己的善观念而行动"的潜能。

（5）因此，如果存在恰当的动力因并且没有阻碍，那么，人类有"按照自己的善观念而行动"的能力，而且愿意这么做。

（6）让人类呈现"按照自己的善观念而行动"这项能力的动力因是道德教育。

（iia）如果受过恰当的道德教育且没有什么抑制或阻碍他们按照自己的善观念而行动，那么，人类就有能力这么做，而且愿意这么做。

这番论证表明，将强因果原则作为公理，并与伦理科学的其他原则结合，便可以为在伦理证明中发挥作用的"大致"命题奠定基础。

就演绎性的美德伦理学模型的总体前景而言，这样的情况又有何意义呢？总的来说，这意味着用于处理伦理问题的证明是存在的，亚里士多德式的证明可以适用于伦理领域。然而，伦理领域存在证明并不足以辩护说，人们就可以按照演绎的模型来理解美德伦理学。演绎性的美德伦理学模型要求有相当多的伦理学命题都是可证明的。由于表达基本概念之定义的命题可以被证明为具有必然性，因而，对于伦理科学所要处理的全部命题而言，这类命题就构成了一个相当重要的子集。但这依然不够。亚里士多德似乎认为，在很大程度上，关乎人类行为的命题都是"大致"成立的。因而，演绎性的美德伦理学模型就取决于如下可能：除了那些无条件的必然的定义命题之外，"大致"命题也确实是可证明的。

我们根据"大致"命题所蕴涵的第一种关系而重新解释此类命题，这提供了更多可以在科学论证中发挥作用的必然性命题。然而，即便这些命题再加上那些表达基本概念之定义的命题，似乎也不足以构成一个足够大的科学命题集合。而只有这个集合足够大时，伦理科学才会产生。所以，我们才需要对"大致"命题所蕴涵的第二种关系进行解释，将其理解为必然的东西。我们可以将亚里士多德的强因果原则当作某种调节性的元原则（meta-principle），它扮演着公理的角色。而这将会弥合第二种关系同必然性之间的鸿沟，使得"大致"命题所蕴涵的第二种关系也可以被理解为是必然的。提供某种用于理解"大致"命题的方法将会演绎性地提供一些素材，使人们在一个演绎的框架中理解亚里士多德的美德伦理学。

3.8 伦理探究的目标

由于亚里士多德在《尼各马可伦理学》前几卷中曾断言，在人类行为的领域，我们不应对精确性有过高的要求，因此，目前提供的这种解释似乎并不合适，或者说，它并非是亚里士多德主义的。因为，根据这种解释方案，伦理问题也可以受到非常精确的处理（尽管亚里士多德没有明确排除这种可能）。毕竟，亚里士多德伦理学的特色恰恰在于聚焦实践推理和美德的作用，而二者在最基本的意义上关注的都是特殊的具体行为（而不是普遍性）。此外，在其伦理探究的各个方面，亚里士多德都强调，他的工作不是为了获得理论层面的理解，比如，搞清楚什么是美德、什么是正确的行为和幸福等，而是为了让人富有美德并实现幸福。如果考虑到这个目的，那么，我们目前发展的这种模型似乎就不那么合适，因为它试图精确地解释亚里士多德有关人类行为的看法。

如果不对伦理学的目标作简要的考察，这些问题就不可能获得充分的解决。看起来，对于行动问题，似乎存在不同层面需要考察，而在高低不同的层面上，又有不同的目标。况且，虽然亚里士多德对此没有明言，但有些特定的探究层面是他的首要关切，而有些层面则是他的次要关切。任何试图充分处理亚里士多德伦理学的尝试都必须解决这两个不同层面的问题：可以被称作"二阶思考"（second-order considerations）的问题，它们关乎行为之基本要素的本质特征（对这些内容的探究主要是认知性的，而仅仅在次要的意义上才是实践性的），以及一阶的实践问题和概念，它们涉及这些概念如何同一个人自己的道德情境具体相连（这些内容一定是实践性的，偶尔是认知性的）。亚里士多德在分析中处理过的一些二阶概念包括：行为的目的论特征、道德能动性的本质、行为目的的根本本质、关于人类功能的定义、关于美德和中道这种基本概念的定义、美德统一性论题、实践推理的本质、自制／不自制以及节制／不节制的本质，等等。而这条进路下的一阶思考则包括：在特定情况下，一个人如何能够决定应该采取什么行动？又应当做到什么程度？怎样决定行动的"中道"？一个人怎样才能知道某个具体的欲求是正确的？好生活的一般特征又是什么？快乐的生活是最好的生活吗？一个美德之人是否仍然具有坏的欲求？

在成为一个好人的过程中，人们时常会问一阶问题。而二阶问题，就像刚刚列出来的那些，对于努力成为好人的人们来说也是相关的、有用的。即便它们的相关性或说用途，乍看起来并不那么明显。而在亚里士多德关于行为的探讨中，这两个层面的问题显然都得到关注。只不过，他很少指出自己处理这些问题时所遵循的顺序，而是常常从一类问题跳到另一类问题。《优台谟伦理学》似乎更多地处理二阶问题，在那里，即便一阶问题也是按照二阶问题的处理方式来讨论的。而《尼各马可伦理学》则明确声称自己的实践目的，这表明它主要是部讨论一阶问题的著作。然而，在讨论过程中，二阶问题也和一阶问题混在了一起。

二阶思考在亚里士多德伦理理论中扮演何种角色？如果演绎模型是理解亚里士多德伦理理论的证成路径的关键，那么，该模型在总体框架中又起什么作用？我们也许想知道，比如说，实践智慧是不是知识的必要条件？关于人类行为的知识包括了伦理学的第一原则（它通过努斯而获得）、某些关键伦理概念的定义，以及有关根本原则和衍生原则之间因果联系的知识。经验表明，即便没有人类行为的知识，一个人也完全可能具备道德美德。①

可以合理地认为，在亚里士多德主义看来，如果缺少丰富的经验，人们无法获得为伦理学或其他领域原则提供内容的知识。单纯在理智层面上

---

① 《尼各马可伦理学》第四卷第十一节（1143b 11–14）提供了相当清晰的论据，证明知识并不是实践智慧的必要条件。

熟稔伦理学原则所涉及的概念（这些原则构成了伦理学基础），不足以获得知识；而采取行动，正是积累必要经验的基础。实践智慧之人乃是拥有充足经验的人物典范。如果知识所要求的经验门槛就是要获得实践智慧，那么，实践智慧就是知识的必要条件。很难说这个门槛到底有多高。相较于理解知识对实践智慧的必要性，理解后者对前者的必要性或许更简单些。

请回想一下亚里士多德在伦理学和医学之间所做的对比。医学既具有实践目标，又具有认知目标。由于它的最终目标是要让人们获得健康，因此，医学学科在实质上就是实践性的。但是，这一事实并不意味着，我们就该把认知目标完全从医学图景中排除出去。① 医学中有许多分支，这些分支涉及理论层面的考察，它们并不直接使人健康。可以想象，在相当一部分医学领域中，人们的研究都没有怀揣实践目标。但只要这些研究是以医学的最终目标作为自己的目标，我们就会意识到，它们的结果对于医学学科的最终目标而言是合法有效的。

这些观点对伦理学同样适用。伦理学也同时具有认知目标和实践目标，只不过，它的最终目标是实践的——这正是伦理学被归为实践学科的原因。然而，无论是对医学还是伦理学，我们都没有理由认为，认知目标完全不在实践科学的图景之中。把伦理学同时理解为理论科学和实践科学，这是合理的。

3.9　本章小结

本章介绍了亚里士多德伦理学的演绎模型的基本要素，考察了亚里士多德伦理学能否被正确地理解为一门亚里士多德主义的科学，进而促使我

---
① 例如，可以参见阿纳格诺斯托普洛斯对这个问题的探讨。

们思考应当如何构造一种演绎模型。当考察伦理学怎样能够被纳入亚里士多德的科学范畴时，我们发现，不同学者通过不同进路来处理这个问题。其中一种方案——也就是所谓的"两种科学"方案——提出的观点是，在亚里士多德那里，存在两种不同类型的科学，分别是"纯粹科学"和"普通科学"，而伦理学可归属于后者。该方案的问题在于，它聚焦"大致成立"的关系，将其视为伦理学和科学之间的重要桥梁。而第二种方案，也就是被称作"两种证明"方案的那种方案，认为亚里士多德仅仅使用了一种科学，只不过其中有两种证明形式。就像"两种科学"方案一样，"两种证明"方案也聚焦于"大致成立"的命题和"大致成立"的关系。而本章表明，在"两种科学"方案和"两种证明"方案中，"大致成立"的关系是有问题的，它们可以通过分析而被揭示出来。因此，我们最好提出一种替代性的分析方案。根据这种方案，"大致"命题涉及两种充当其构成要素的重要关系：第一种关系是主体及其潜能之间的关系。其中出现的必然性是定义性的、概念性的、无条件的——因为，正是主体的本质或本性使得该主体成为其所属类别的一员，而这种本质和本性恰恰要求一系列潜能。第二种关系也蕴涵着真正的必然性，但它不是定义的必然性。这种关系不是在主体及其潜能之间，而是在潜能及其实现之间。这种关系非常复杂，因为它是一种与定义的必然性相关但又有所不同的必然性，亦即，我们所说的"因果的必然性"。而且，这种必然性会有限定条件——它面临着可能的或现实的干扰因素的限制。亚里士多德似乎采用了一种处理干扰因素的原则，即"不干涉原则"；对此，我们也予以运用。这条原则的内容是：自然实体实现其自然潜能的必要条件就在于它没有受到内在或外在的阻碍。根据该原则，除非干扰因素不存在，否则，饱含质料的主体无法实现其必然的或本质性的潜能。然而，仅仅干扰因素不存在，仍不足以保障潜能的实现；至少还必须有动力因存在，而动力因则源于自然实体的本质。如果干扰因素不存在，并且其所需的因果动力存在，那么，潜能就必定实现。因果的必然性是无条件的，只要相关原因发挥作用且未受阻碍，那么，结果就必定出现。

一旦我们意识到，"大致成立"的伦理学命题可以按照这种分析而获得理解，那么，我们就有可能找到构造伦理证明的方式。我们考察了一些案例，发现伦理学的主题确实可以得到在亚里士多德的意义上的科学的处理。如果我们认识到，存在不同类型的目标，而在研究伦理学时这些目标都可能出现，那么我们就会看到，伦理学同时具有认知性和实践性的目标。尽管伦理学的最终目标是实践性的（这也是伦理学为何被归为实践科学的原因），然而，没有确切的理由可以表明，认知性的目标就被完全排除在实践科学之外。这一点不仅可以在医学领域被发现，在伦理学中似乎同样如此。可以说，伦理学既是实践科学，也是理论科学。

考察亚里士多德主义的理论科学，将会使我们发现采用演绎模式思考伦理学何以可能。直接指导行为的道德原则从基础原则中被推导出来，后者关乎人类主体、属性和行为；正是在基础原则推出行为指导原则的意义上，我们可以期待道德原则的生成。另一层面，当我们把道德原则应用于生活时，我们则希望好的道德判断能有更大的灵活性。只有对这些层面进行思考，我们才有可能全面理解伦理学的主题。而重思美德伦理学，正意味着以这样一种全面的方式来思考它。

第 4 章
如何获知伦理原则？

4.1 引言

既然我们已经对亚里士多德伦理学演绎模型的一些细节进行了讨论，那么，接下来，我们可以将注意力转到认识论方面。那些基础的伦理原则是怎样被人知道的？在本章开篇，我们将考察先验伦理学或"扶椅伦理学"的前景。而经验性的考量，如果有作用的话，那么它们在一般的伦理学中有何作用，以及在具体的伦理理论中又发挥何种作用？我们首先展示那些拥护"扶椅伦理学"的当代学者的观点。随后，我将提供案例表明，即便许多伦理学研究可以建立在概念分析的基础上，也仍有相当一部分问题依赖经验考量。因此，将伦理学解释为一门完全先验的学科是缺乏说服力的。由此，我们转而关注归纳推理的性质，以及归纳在道德中的作用。通过呈现归纳推理的整体图景，我们会思考一些关于归纳推理在道德生活中有何作用的更具体的问题。首当其冲的问题就是道德上的自我评价。我们如何知道自己具有哪些品质？在亚里士多德伦理学中，为人们准确评估自身行动和品质奠定基础的有两个关键要点：（1）我们具有自然的美德，以及（2）我们自然地具备识别美德行为的能力。通过运用这两点，我们可以大致勾勒出进行道德上自我评价的框架。契诃夫的短篇小说《打赌》

就提供了一个案例，有助于人们理解美德理论的要点何以能够为准确的自我评价提供坚实的基础。

我们将进一步考察归纳推理，试图关注当代认识论的工作如何与亚里士多德的主题发生关联。而这些关联会让我们意识到，对亚里士多德主义者来说，休谟的那个经典的归纳问题并不太令人担心。亚里士多德的归纳理论要比人们通常认为的更加复杂精密。我们将首先讨论亚里士多德在著作中提出的不同归纳类型，然后考察其中被人称作"直觉性归纳"的那种类型，而这有助于我们了解我们是如何知道基础道德原则的。

本章最后几节将聚焦亚里士多德的基础主义。我们首先展示对基础主义认识论立场的辩护，并且反对其他进路。随后，我们将具体考察亚里士多德的基础主义，其中就包含针对"人们如何获知基础原则"的解释。在确立了基本框架之后，我们把注意力转向伦理学。在本章结尾处，我们将对"人们如何获知基础的伦理原则"这个问题作出回答。

4.2 "扶椅伦理学"的前景

让我们暂时脱离对亚里士多德理论的细致审查，从更广阔的视角来考察一些任何伦理理论都不得不面对的认识论问题。伦理学在何种程度上是一门先验学科？对于本书力图发展的伦理学模型来说，经验性的考量会在其中发挥重要作用吗？在处理了这些一般问题后，我们将再次聚焦亚里士多德的理论细节上。

在人类探究中，先验哲学或扶椅哲学当然占有一席之地。但对伦理学而言，"扶椅伦理学"的方法进路是否足以指导这个学科，却是一个值得追问的问题。康德是推行先验伦理学范式的理论家，他对伦理学有着惊人的影响力。① 仅此一点，就让我们必须十分严肃地思考先验伦理学的前景。越来越多的人之所以支持这种先验进路，是因为在伦理学文献中充斥着或者富有创造性或者十足怪诞的思想实验：卡在洞穴中的胖子，被排队处决的村民，放火烧猫的流氓，撞向跑车的列车，以及，依靠插在他人身上的静脉注射设备而维持自己生命的小提琴家……对职业哲学家而言，通过构造思想实验来说明关键的伦理学观点，是一种普遍的做法。这种做法强化了某种观念，即伦理学的研究在扶椅上就能进行。况且，在回应这些思想实验时，我们也常以自己的伦理直觉为基础，而有些直觉也跟先验推理密切相关。

尽管可以合理地认为，先验推理在伦理学探究中确实占有一席之地，但同样可以合理地认为，许多哲学家都轻视了经验考量，没有意识到它们不仅可以而且应该在全面的伦理理论化过程中发挥作用。② 我们首先考察关于扶椅伦理学的两种观点，然后思考这种伦理学处理方式的局限。我们首先关注理查德·富默顿（Richard Fumerton），他试图证明，对伦理学问题的哲学讨论最好是通过"扶椅伦理学"的方法来完成。接着，我们将关注迈克尔·史密斯（Michael Simth），他提出了一个具体的实例，试图将伦理理论建立在先验基础上。我们将对他们提出批评，而亚里士多德伦理学的某些特征则会使其免受批评影响。

4.2.1 理查德·富默顿支持"扶椅伦理学"

理查德·富默顿认为，独特的哲学伦理学是在"扶椅上"完成的。他区分了规范伦理学和元伦理学，并声称后者主要关注的问题是"对基础伦

---

① 不妨想想康德对下列哲学家著作产生的影响：摩尔（Moore）、普里查德（Prichard）、多纳甘（Donagan）、格沃斯（Gewirth）、内格尔（Nagel）和科斯嘉（Korsgaard）。而这仅仅是一小部分。
② 当然，许多人的确强调经验路径的重要性。例如，理查德·博伊德（Richard Boyd），吉尔伯特·哈曼（Gilbert Harman），尼古拉·斯特金（Nicholas Sturgeon），大卫·布林克和约翰·多里斯。

理概念的分析，比如，善恶、对错、应当或不应当……通过查找我们的伦理概念表，它们或许可以部分得到定义"（Fumerton 1999: 29）。在进行了这番界定后，他指出，在扶椅上就足以研究这些元伦理概念。尽管富默顿承认，有些规范伦理学问题可能无法在扶椅上被回答，但他认为，如果离开了扶椅而去思考这些问题，就等于脱离了哲学。

真正的哲学伦理学最好是在扶椅上研究出来，富默顿对这个结论的论证依赖于如下前提：真正的哲学伦理学（比如元伦理学）是完全先验的。而这个前提，又部分地依赖于对元伦理学的界定。由于富默顿的界定及其变体已经为人广泛采用，因此没有引起什么注意。然而，这样的界定却跟一种实质性主张密切相关，即在根本上，针对基础伦理概念的分析乃是完全先验的。此外，富默顿还声称，规范伦理学并不具有真正的哲学性。现在，就让我们逐一思考他的观点。

元伦理的问题在何种程度上可以通过概念分析而解决？正是对该问题的思考，支撑着"元伦理学概念是先验的"这个结论。不妨想一想"是／应当"问题，这是在元伦理学中常常被讨论的一个问题。如果这个问题主要是说，如何能够从事实的和非评价性的（non-evaluative）前提中推出评价性的（evaluative）结论，那么很显然，任何解决方案都需要思考如下问题和观念：什么是推理？实践推理是否不同于逻辑推理？给出一个评价性的断言又意味着什么？……所有这些问题和观念都可以仅仅通过抽象的思考来澄清，而且，我们很难看出经验考量对它们会有什么影响。或者，我们也可以想想元伦理学中的另一个问题：我们该如何把伦理判断明显具有的客观性品质同人们普遍承认的那种实践性力量调和起来？而要处理这个问题，又会涉及许多有难度的思考。我们需要思考决定某个论断是否为真的标准，思考欲求与动机的本质……我们再次发现，很难看出经验考量在这些思考中会发挥什么作用。的确，对这些问题，人们似乎都是在扶椅上展开思考的。

是什么让富默顿认为，规范伦理学不具有真正的哲学性呢？他接受实证主义的观点，认为通过整理元伦理学的议题并将经验事实插入其中，随后进行推导，就可以解决规范伦理学的问题。尽管哲学的探究只涉及元伦理层面，但他也指出，"插入事实"或许最好由那些具备良好常识的人来完成，而这些东西是可以在涉及具体规范问题的诸多不同领域的实践者身上找到的。

对于富默顿的看法，尤其是支撑其"真正的哲学伦理学，即元伦理学，仅仅包含先验内容"这一观点的两个论断——（1）针对基础伦理概念的分析在本质上完全是先验的；（2）规范伦理学不具有真正的哲学性——我们可以说些什么？两个论断都是存疑的。首先，认为经验考量在元伦理学问题中无立足之地的看法并不那么令人信服。我们也许承认，诸如"是与应当的关系"以及"道德判断的实践力量是否具有客观性"等问题可以在扶椅上来思考，然而，依然有其他一些元伦理概念需要经验性的考量。不妨想想伯纳德·威廉姆斯（Bernard Williams）对后果主义的批评：后果主义迫使我们放弃自己的个人计划（personal projects），由此带来异化感。我们会认为这种批评有说服力，但因其抽象性，我们不能确定它是否为真。为了确认后果主义究竟是否会让我们陷入威廉姆斯所说的那种异化，我们不得不按照后果主义者的方式，在我们的日常道德情境中展开思考。因为，确定元伦理原则之真伪的过程密切关系到我们所处的具体情境；很难想象，这样的思考可以是纯粹先验的。即便扶椅上的伦理思考或者说先验的思考是我们判断是否接受元伦理原则的决定因素，但似乎仍可以认为，只有当扶椅上的思考和我们面对具体道德情境的生活经历相协调时，它们才是可靠的。我们的道德经验是否支持威廉姆斯的观点，即，后果主义会带来他所说的异化？如果的确如此，那么，他的论证就得到了经验证据的支持；如果并非如此，那么，他的论证就跟经验论据相冲突。此时，我们看到，基于道德经验的经验考量将有助我们判断某种元伦理的立场是否正确。如果这样，那么，元伦理学就不仅仅是富默顿所说的"扶椅上的思考"。至少，威廉姆斯有关后果主义的论断在经验意义上是可证伪的。对此，富默顿也许会说，经验上的可证伪性只能说明，威廉姆斯的论断不是元伦理层面的断言。然而，像这样来限定某种论断是否属于哲学伦理学，似乎过于武断和随意了。尽管在许多其他的例子中经验考量和元伦理原则无关，但是，只要有一个富有说服力的例子可以说明经验考量如何与元伦理原则相关，那么，我们就可以认为元伦理学并非完全先验的。

就哲学家是否对规范性问题有独到的见解而言，我们发现，当考虑规范伦理学的一些具体问题时，他们确实有独到的见解。以堕胎问题为例，显然，哲学的思考有助于我们反思人的生命是否具备特别的尊严。我们也许认为，若要确认这种特殊的属性是否以及怎样体现，必须诉诸经验考量。这样一来，我们或许得期待医生和胚胎生物学家等职业人士能在这些问题上一锤定音。但是，我们很快发现，科学家和医生在这些问题上也有很大分歧，而且他们之间的歧见并不比普通人之间的要小。之所以如此，是因为我们无法仅凭经验考量本身就解决问题。有些时候，在经验考量和概念思考之间存在复杂的互动，导致人们的立场不同。哲学家能够厘清概念上的困惑，即便他们无法一锤定音，为某些问题给出让所有人满意的答案，也仍然可以做出有价值的贡献：在规范性方面，他们的意见颇值得一听。在后面，我们将对这个问题进行更详细的讨论。而现在，我们应当意识到，如果哲学家确实可以在规范性问题上做出独特的贡献，并且，如果经验考量确实有助于我们理解某些元伦理问题，那么，富默顿的论断——真正的伦理学仅仅包含先验的内容——就缺乏足够有力的支撑。因此，我们需要更加谨慎地看待扶椅上的思考可以在伦理学领域发挥的作用。

4.2.2 迈克尔·史密斯的秉性价值理论

现在，让我们把注意力从关于伦理探究本质的一般论证转向一种具体的伦理理论建构方案，后者涉及我们何以能够通过先验的方式而制定道德理论。迈克尔·史密斯试图建构一个融合了实在论、自然主义和内在主义的伦理理论模型。他的进路相当吸引人，对几乎所有人（尤其是道德实在论者）而言，他的理论模型都能提供一定的借鉴意义。比如，史密斯非常看重康德主义的理念，试图为伦理学确立某种定言的而非假言的先验理性基础。最有趣的是，史密斯的理论既具有休谟主义的特征，但同时又（在不同意义上）是反休谟的。史密斯深受休谟主义道德心理学的信念/欲求范式（belief/desire paradigm）的启发，但是，基于该范式，史密斯却试图构建一种反休谟的、非相对主义的实在论伦理学。① 更重要地，史密斯的理论是一种与秉性相关的价值理论，这使得该理论带有几分亚里士多德的色彩——它将"价值"看作是我们在理想状态下倾向于珍视的那种东西。② 史密斯说："在各种情况下，做某事之所以有正当的理由，是因为我们会在更理想的情况下出于秉性而建议自己去这样做"（Smith 2004: 203）。如果有人熟知实践智慧（或实践智慧之人）在亚里士多德伦理理论中所扮演的角色，那么，他很可能会发现二者的近似之处。

史密斯的理论奠基于这样一条原则："我们在情境 C 中值得欲求的事，就是当我们处于完全理性的状态下将会在该情境中所欲求的事。"（Smith 1994: 152）这条原则为道德实在论提供了潜在的基础。因为，按照该原则，我们可以说，某个道德命题在事实上是正确的（Smith 2004: 181）。而判定该命题是否为真的标准，就在于一个人在理想的反思条件下所提供的

---

① 乔纳森·丹西将这一立场称为"休谟主义的实在论"（Humean Realism）。（Dancy, 2004）
② 当声称这是亚里士多德主义的观点时，我所想到的事实是，亚里士多德似乎是第一位强调理想情境下行动者品质的道德理论家。

那些理由。当某个行为者"处于理想的反思条件下"时，他的欲求不会遭到理性批判的攻击。通过思考自己在此条件下将会给出何种行动建议，该行为者能够确认各种情形中的道德适宜行为。比如说，如果某人希望自己的欲求在最大程度上既有根有据、又融贯一致，那么，这样的欲求就能免于理性的批判（Smith 2004: 203）。在理想的反思条件下，如果行为者找到了做某个行为的理由，他就会具有执行该理由所规定之行为的欲求，而不会出现消沉、软弱或其他形式的非理性状态。

由于史密斯的理论把理性作为正当性的依据，因而，它也就承诺了对道德判断的客观性给予解释。在这方面，史密斯的理论同其他的内在主义模型（如，伯纳德·威廉姆斯和吉尔伯特·哈曼［Gilbert Harman］所提供的某种内在主义的相对主义）有着本质不同。又由于理性在某种意义上仍然带有主观性，即一种属于主体的特性，因而，种种道德指令也就具有（对行为主体有效的）规定性力量（prescriptive force）。因此，该模型既解释了道德判断的客观性，又解释了道德判断的规定性力量。史密斯由此认为，他解决了在他看来伦理理论中最困难的难题。

史密斯对外在主义的评述，让我们了解到他所认同的伦理学研究方式。他注意到，外在主义的困难之一就在于，如何将经验主义的方法论同伦理学似乎具有先验学科的地位这一事实调和起来。如果伦理学的确是一门先验学科，那么，对我们来说，"与先验原则发生因果联系"又何以是合理的呢？史密斯直接将伦理学界定为一门先验学科。他说：

> 人们同意，几乎在所有方面，道德知识都是一种更具先验性的事物，至少在如下意义上它更具先验性：如果你为人们提供了一套关于某人所处情境的完整描述（此人正是在该情境中行动），那么，仅仅通过思考这些信息，人们就可以判定此人的行为是否正确。如果有人

认为不可能仅仅通过思考行动的情境而判断行动是否正确，那么，他就是误用了"正确"这个术语。（Smith 2004: 203）

这些评述似乎主要针对规范伦理学，因为，正是规范伦理学会关心某人的行为在给定的环境条件下是否正确。而富默顿则无论如何都会将这些内容归为规范性的问题。不仅如此，史密斯的论述似乎还尤为适用于前面提到的那些思想实验。

想一想彼得·辛格（Peter Singer）为解决世界饥饿而提出的方案，它有助于阐明史密斯的观点。该方案建立在一个非常依赖直觉的论证基础上。辛格引用了彼得·昂格尔（Peter Unger）讲过的一个故事：我们可以按下开关，让一列飞驰的列车驶离轨道，躲开一辆豪华跑车，但它会撞死一个无辜的孩子。我们的直觉会告诉我们，把物质的价值看得比人的生命更重要是愚蠢的。而辛格正是希望用这个故事来说服我们，要将多余的资源拿出来缓解第三世界国家的饥荒。

这个故事绝佳地展示了什么是"扶椅伦理学"。它说明，某些行为能够很好地符合史密斯关于道德具有先验本质的解释。如前所述，我们不应怀疑先验思考在规范层面和元伦理层面发挥重要的作用，但我们有理由质疑，这种解释是否准确地刻画了伦理探究的一般特征。

4.2.3 "扶椅伦理学"令人担忧

人们对于完全通过扶椅上的玄想而构造伦理学系统的一个基本批评是，它忽视了一项重要的程序，即如何获取那些能够帮助我们理解伦理概念的信息。某些"扶椅伦理学"，如果加以限定，或许可以获得这些信息。但是，如果我们把伦理思考仅仅视为一项端坐在扶椅上的事业，便对它施加了不必要的限制。在上文，我们已看到一些例子，其中的经验考量至少在某些重要的元伦理问题中发挥作用。不仅如此，归纳也可以产生常常被用于思考规范伦理学案例的道德原则。此外，还有一些关于我们自身的事实，也是通过归纳的方式并且常常是第一手的经验而知晓它们的，我们不应将它们理解为史密斯所说的"某人的行动情境"的一部分。对于一般道德原则的归纳把握，既谈不上似是而非，也不等于将普遍原则应用于具体事例。在这里，我们的观点同亚里士多德在伦理学中的观点是一致的。如果把哲学伦理学界定为一门完全先验的或扶椅上的学科，那就无法解释，在规范伦理学和元伦理学层面上，总有一些普遍的道德原则能够或必须通过归纳而获得。

此外，亦有充分的理由认为，先验的方式无法发现我们自身的诸多态度，而它们在规范伦理学中可能起到重要的作用。请想一想"内隐联想测验"（Implicit Associations Test），它就提供了一个很好的例子支持这种看法。① 该测验的目的之一在于表明，我们并不总能了解自己的思想，我们也许并不知道自己的某些态度（Gladwell 2007）。如果真是这样，那么，我们就有进一步理由来质疑扶椅伦理学。

参加内因联想测验的被试可以从许多话题中（包括种族、年龄、性取向、宗教选择、性别—科学以及其他）进行选择，从而测试他们在这些话题上的态度。以种族为例，一开始，测试要求被试将一些简单的范畴放置在屏幕左右两侧，左侧的范畴是"好"的，右侧的范畴是"坏"的。当某个通常与好相关的词汇（如快乐、美妙、幸福等）出现时，被试就轻敲键盘左侧的按键，当出现与坏相关的词汇（如痛苦、可怕、下流等）时，被试就轻击右边的按键。测试要求被试尽可能快地作出反应。测试的下一个阶段，则涉及黑人和白人的种族分类。当白人和黑人的面孔或面孔的一部

---

① 这项测试可以在网站 https://implicit.harvard.edu/implicit/ 上找到。

分闪现在屏幕上,被试需要点击键盘按键并将图像置于恰当的类别。测试的最后一个阶段则综合了各种范畴,于是,我们会在左边放上"好"或黑人,在右边放上"坏"或白人。当来自这些范畴的单词和图像快速出现在屏幕上,被试必须将这些单词和图像迅速放入正确的范畴。被试的反应速度和错误数量将能够说明他在种族问题上的隐含态度,从而揭示出与这种态度密切相关的一些重要事实。

如果没有这样的测试,我们可能以为,通过考察我们的信念以及仔细反思我们在特定情境下同其他种族成员互动时的行动与感受,我们就可以凭借内省(它是先验的)而确定我们的种族观念。假设经过这种内省后,我们确定自己的态度基本不受种族肤色的影响,而且,我们对其他种族也没有消极看法。而我们在与其他种族群体成员互动时所依据的道德原则,看起来也是由我们自己的态度观念所决定的。也就是说,假设(a)我认为不受种族肤色的影响在道德上是好的,(b)我希望自己不受种族肤色的影响,而且(c)内省也告诉我,我自己是不受种族肤色的影响。那么,当我和其他种族成员互动时,我就会直接应用我在和自己种族成员互动时的道德原则。但现在,假定从(a)到(c)都成立,但我经过测试发现,我对自己的种族成员有着强烈的偏爱,对其他种族成员又抱有负面的态度(Gladwell 2007)。那么,基于这种发现,如果我还努力实现道德善好,我在同其他种族成员互动时或许就需要援引额外的道德原则;比如这样一条原则:我应该真诚努力而展现出对待其他种族成员的友好姿态。如果我意识到,更多以友好的姿态面对其他种族成员有助于降低我对他们的负面态度,那么,我们就可以合理地认为,任何希望实现道德善好的人都会努力找机会做出道德善好的行为。

这个例子说明,对于一个想要实现道德善好的人来说,他所采取的原则取决于他对情形的判断,而这种判断又是由当下的外部事实经验和关于我们自己的事实经验所形成的。我们无法通过先验的方式而可靠地把握这些事实，这正是规范伦理学的一个重要方面。

我们可以借助如下论证形式，思考这一点：

（1）在很多情况下，决定做出正确的行为需要知道什么道德原则最适合当下情形。

（2）对于这些情况，若要知道什么道德原则是最合适的，通常需要一个人有足够的经验，包括知道自己的弱点和局限。

（3）若要拥有这样的经验并了解自己的局限，就不可能仅仅通过扶椅上的思考而实现。

（4）因此，在很多情况下，决定做出正确的事情不可能是先验的。

（1）所赖以建立的事实，即，判断何种道德原则适用于当前情形，构成了针对某个道德情境的思考一部分。人们很少在面对某个情境之前就选定了道德原则。而（2）则表明，若要做出好的选择并筛选出恰当的道德原则，就需要我们曾经有过面对与当前情形相似的道德情境的经验。（3）认为，这类经验不是在扶椅上琢磨出来的。正如前文所说，这些经验来自于我们与社群其他成员的互动。

此外，史密斯提出的用以判断正确行为的标准，还依赖于一个人处在"理想的反思条件"下。当我们考虑这句话时，很难不联想到这样的画面：一个深思熟虑的人舒适地坐在扶椅上，琢磨着某些假想的细节。然而，这种状态若要具有融贯性，那么，这个深思熟虑的人就得有能力去思考什么原则在当前情形中是最迫切的，而这种能力恰恰需要培养。并且，它还必须以道德行为者通过极其丰富的经历而形成的良好品质作为条件。换言之，若要作为完全理性的行动者思考某个情境，就需要拥有一个完全理性的行动者在思考该情境时所具备的视野。而这种视野绝不是在扶椅上就能获得的。相反，它需要对道德生活的介入。人们在参与道德生活的过程中犯错并从错误中吸取教训，正是前文所说的"通过归纳把握道德原则"，它在完备的美德伦理学中占有一席之地。

或许我们应该说，伦理学是个混合体——其中一些主张基于经验，而另一些则不是。然而，如果某个主题和经验命题完全无关，那么，对该主题来说，能够以令人信服的方式支撑其结论的论证也往往并不存在。因此，最好在任何（与经验）相关的地方都尝试运用经验事实。有理由相信，经验性的工作可以为伦理学探究做出贡献。在第二章，我们考察约翰·多里斯的观点，即，从经验事实出发，稳定可靠的性格特质是不存在的。他的研究试图在经验事实的基础上确立一个元伦理层面的实质结论。暂且将多里斯的观点正确与否放在一边，我们可以合理地认为，把他考察的事实和一些补充性的概念论点相结合，我们是可以得出元伦理层面的论断或主张的。多里斯坚持认为哲学家应当超出他们眼里的正确之物，而要仔细观察他们的结论同那些针对行为的系统观察如何匹配，在这个意义上，他是对的。（Doris 2002: 9）

我们已经看到，伦理学并非一项全然先验的事业，即便先验的考量在其中显然扮演着重要的角色。而这个结论，与本书所要延续和发展的亚里士多德的美德理论是高度契合的。在《尼各马可伦理学》中，亚里士多德的探究正是将概念分析和经验考量结合起来，这样的进路同本节强调的许多观点都有所呼应。在实践理性方面，亚里士多德提出了十分丰富的观点，并且涉及一种与史密斯非常类似的秉性分析（dispositional analysis）。然而，此处所说的"秉性"却建立在大量经验和情境观察的基础上。更进一步地，亚里士多德的实践理性观念似乎还要求凭借归纳而把握行为目的，对此，我们稍后讨论。当然，意识到"扶椅伦理学"的严重局限并不会使某人直接转向亚里士多德主义的美德理论。但是，鉴于该理论拥有相当显著的潜在解释力，转向它似乎不失为一个好的决定。

4.3 归纳与道德上的自我评价

我们如何知道自己是怎样的人？以及，我们怎样对这个问题作出判断才是可辩护的？乍看起来，似乎内省和自我观察足以让我们准确地理解自己。然而，我们都会美化自己。事实上，这种取向是人类心理的普遍特征。在我们看来，欢迎别人批评的人是值得敬佩的，但这显然不是一种普遍的倾向。那么，我们如何才能知道我们对自身品格特征的反思是可靠的呢？

意识到我们对自身品格特质或行动能力的评价存在局限，或许会促使我们寻求他人的帮助。然而，这种方式似乎也有局限。对于我们在一些重要事情上的所作所为，朋友们或许不愿伤害我们的情感。因此，他们会克制自己，不对我们的错误做出直率的反馈。而陌生人又对我们不够了解，以至于很难以最好的方式给出最好的建议。况且，很多人似乎连自己的问题都无法解决，我们又有什么理由认为他们会在处理我们的问题时表现得更好呢？因此，我们究竟该去哪里寻求可靠的建议？

还有一种可能性是，我们通过归纳推理而获得普遍的道德原则。在下节，我们将进一步讨论这何以可能。不过，我们现在可以认为，道德上准确的自我评价有三种不同来源：（1）他人的诚命（testimony）；（2）自我的内省；以及（3）归纳的方法。在三者之中，任何一种都不足以仅凭自身而提供全面的道德自我认知（moral self-knowledge）。由于归纳推理在伦理学中没有获得应有的重视，因而，我们接下来的讨论将着重强调归纳作为道德知识来源的作用，即便它尚不足以解释道德上自我评价的所有方面。一旦我们搞清楚归纳在伦理学中发挥作用的方式，我们将把目光投向亚里士多德，看看有哪些东西可能需要跟道德自我认知理论相结合。亚里士多德伦理理论的有些内容提供了一些要素，它们是我们恰当回答"我们应当如何理解道德上自我评价"所需要的。我们需要来自道德理论的若干要素，解释道德自我认知的上述来源。尽管或许还有些其他理论可以同这些来源相结合，从而给出好的自我评价学说，但是，亚里士多德的美德理论却尤其适合实现这个目标。

4.3.1 伦理学中的归纳

在宽泛的意义上，归纳是一种推理形式，它使我们的视角从对具体事物的感知过渡到对普遍性的概括。作为一种推理形式，归纳既是自然科学的基础，在日常经验中也十分普遍。在物理科学中，我们从观察事例中推出一般规律。在日常生活中，我们根据相对有限的经验而拟定出有关天气、金融市场乃至同事行为和其他无数事物的一般原则。归纳在日常思维中如此普遍，以至于我们认为它在道德推理中也同样常见。由于伦理学中的一些概括构成了有力的道德规范原则，因此，我们会好奇，在道德领域中，是否有特定的归纳类型发挥作用。假设一下，我给一个不太熟的人讲笑话，后来才意识到我伤害了他的感情。为了给自己辩护，我一开始可能会认为，是那个人身上的特殊之处造成这种伤害，譬如说，他可能过于敏感。后来，我又伤害了另一个不太熟悉的人，但我知道，这个人并不是特别敏感的。从这些情况中，我认识到，我在开玩笑时不应当冒风险去得罪我不太熟悉的人。我们能够从讲笑话的具体事例中了解到规范幽默行为的一般原则。道德上有无数这样的例子：例如，做了几次慈善捐款后，我意识到慈善捐赠对我是好的；通过反复尝试，我了解到自己对酒精的耐受极

第 4 章 如何获知伦理原则？

限……诸如此类的例子数不胜数。

我们的道德生活充满了类似的归纳推理，这并不让人意外。归纳不同于获取知识的其他渠道，它涉及从具体事物向一般道德原则的过渡。我们可以把它同道德知识的另一来源——诫命——相比较。我的父母告诫我，要永远讲真话；根据他们的权威，我接受了这条原则。基于诫命而获得道德原则，是很常见的。这是一种行之有效的获得知识的方式，特别是当我们年纪尚浅、不够成熟的时候。而随着我们年岁渐长，日趋成熟，我们就需要有些方式来区分可靠的和不可靠的知识来源。

道德知识的另一来源是内省或自省。例如，通过思考"公平"的理念，我可能决定，我希望别人怎样对待我，我就应该怎样对待别人。根据内在于我自己的标准，我会觉得上述观念是合理的。内省往往能够让我们洞察自己的行为，而这是快速的判断无法做到的。

我们可能认为，解决道德上自我评价之正当性的方案已经摆在眼前。通过结合归纳的方法、他人的诫命以及自我的省察，我们能够做出准确的自我评价。然而，把这三种知识来源放在一起也仍不足以促成准确的自我评价，因为，其中的任何一种都颇不确定，难以完成这项任务。换言之，不仅它们自身非常缺乏确定性，而且它们的任何组合似乎也缺乏足够的确定性。比如，我凭什么认为，"慈善捐赠"这条原则就是正确的？仅仅因为我是通过归纳而得出了该原则吗？或许还有些人从别的经历中得出"应当自私"的原则。同样的道理也适用于诫命。是什么使得我们能够确认，从某些来源那里得到的诫命是可靠的？至于内省，我们也可以问同样的问题：我怎么知道自己的思考就可以产生正确的道德原则？

我们需要的是某种可以同上述自我认知来源相结合的道德理论，从而对道德上的自我评价给出正确的解释。在下一节，我们将看到，亚里士多德的伦理理论的某些特征，就非常有希望提供给我们为了获得好的道德自我认知学说而需要的那种确定性。

4.3.2 向亚里士多德寻求解决方案

尽管亚里士多德没有直接处理道德上的自我评价问题，但是，在他的伦理理论中，有多方面因素可以帮助我们谋求解决方案。首先，亚里士多德声称，所有人都具有"自然的美德"（natural virtue），它们是一些未经发展和培养便以恰当的方式行事的倾向（NE VI, chap. 13）。身为人类成员的身份，赋予我们所有人这样的倾向。即便幼儿也有慷慨和诚实的倾向，而且，只要在恰当的环境中经由恰当的方式培育，那么，这种倾向就可以发展为诚实和慷慨的美德。当然，在糟糕环境或不良影响下，这些可能趋于美德的倾向也会被完全扼杀。我们无法控制自己出生的环境，但是，随着我们的成熟，我们确实可以控制环境的某些方面，比如，我们所处的社会群体。

其次，与此相关的是，我们都具备一种天生的能力，那就是，当我们看到真正的善行时，我们可以识别出它们。亚里士多德反复提到，我们需要观察那些实践智慧之人。这样，当我们在自己所处的情境中不知该如何行动时，我们可以向他们寻求指导。我们可以向富有实践智慧之人寻求指导，这已然预设我们在看到善好的行为和富有美德的人时有能力识别它（他）们。同样可以预料，我们也能识别出糟糕的行为，这种能力同样自然而然，普遍存在于人类之中。当然，有很多行为的恰当性我们难以判断，可是，这并不影响如下观点：即，至少有一些行为，或是极好，或是极坏，它们的特征很容易被辨识出来。当我们拿实践智慧之人当作行为的榜样时，我们并不需要真的存在一位身具全部美德的大活人——尽管亚里士多德没有明言这点，但这似乎是常识。我们并不打算说，美德的适用性要取决于某个偶然的事实：存在一位我们可以向其寻求指导的完全有美德的人。我们或许会向慷慨的人学习慷慨，向节制的人学习节制，而其他美德也是如此。这种理论在其起步之处，只不过需要零敲碎打的方法（piecemeal approach）。

有了上述两个亚里士多德理论的核心要点——（1）我们具有自然的美德，（2）我们自然地具备识别美德行为的能力——便能解释，我们何以能够对自身的行为和品质做出准确评价。当然，仅就这两个要点本身而言，它们是非常不确定的，无法给行动者提供充足的帮助以指导行为。因为，即便我们具有趋于美德的自然倾向，同时具有识别出我们眼前之善好的能力，我们也依然需要一些方法来形成关于何为美德的确切图景。尽管（1）和（2）没有为我们提供一套伦理理论的充足内容，但是，我们也无需一整套理论解释道德上的自我评价。我们真正需要的是一种机制，它让我们从对抽象美德的认识过渡到对具体美德的认识，而归纳推理恰恰提供了这种确定性的机制。

不妨思考以下案例，从而搞清楚这些关于道德自我认知的理论要点是如何被应用的。文学的案例可以说明，我们是怎么认识到他人的卓越品质并对我们自身形成重要理解的。契诃夫的短篇小说《打赌》以一位年长的银行家和一位年轻的律师为主角。在一场绅士们之间的热烈讨论中，人们争论着，究竟是死刑判决还是无期徒刑对受罚者更宽宥。年轻的律师不同于其他讨论者的共识，他说，他宁可选择监狱的生活，因为活着总要好过死去。银行家被这种唱反调的行为激怒了，他拿出一大笔钱，打赌这位年轻律师不可能成功度过独自监禁的五年时间。随后，这位年轻的律师将赌注升级到15年，于是赌约达成了。之后，年轻的律师被监禁在由银行家所有的一间小木屋中，与外界再无联系。他可以读他想读的任何书籍，还有一件乐器，奢侈的烟酒享受也被满足。尽管他不能收到外界的来信，但赌约条款允许他向外界写信。

最初几年，这位律师感到非常困难。但一段时间后，通过不断与伟大著作中的伟大思想接触，他进入了一种满足的状态。他成为了钢琴大师，并开始在其所处的环境中顺利发展。同时，那位年长的银行家在股票市场上损失了大笔财富，他担心年轻的律师会完成15年的赌约，赢走他的钱财，令他的财政状况雪上加霜。在绝望中，银行家决定杀掉律师以保全自己。银行家偷偷溜进小木屋，发现律师在桌前睡觉。他看到了一张纸条，上面写着律师希望早点离开小木屋，这样可以放弃大量的奖金，因为他现在相信幸福来自于摆脱尘世的财富。当银行家意识到律师自愿输掉这场赌局，从而使自己不必再付那些钱财时，契诃夫告诉我们，这位银行家"从来没有像现在这样鄙视自己，即使当他证券交易大亏时，也不曾如此。回到家，他躺在床上，眼泪和激动的情绪让他久久难以入睡"。

我们该如何解释这种自我鄙视呢？在此情境中，它似乎是一种完全合理的自我评价。或许，有些事实可以解释为什么这位银行家会反感自身的行为，那就是，当他意识到律师可能赢下赌约但自己还没有看到便条时，他将律师视为自己的威胁，而没有将他看作是一个无辜且无害的人。因此，既然受到威胁，那么，银行家就会按照"必须消除威胁自身的事物"原则来行动，进而将律师视为这样的威胁。但是，当他读到便条时，他发现律师不再产生威胁，他将便条的作者看作一个十分高尚的人。在禁闭之中，年轻人已经成长，金钱和世俗的财富对他来说已经不算什么。相反，银行家的行为却达到了无以复加的危险程度，认为世间的财富意味着一切，甚至不惜牺牲一个无辜的人来换取财富。作为旁观者，我们可以理解银行家的这种心理状态，因为我们理解，当侵犯者被强大的激情或欲求掌控时，他很可能不会把自己的侵犯对象视为一位与自己平等的无辜者。但是，如果侵犯者用看待自己的方式来看待受害者，将后者视为值得尊敬的对象，他就很难继续实施自己的侵害计划。银行家深切地意识到律师是一个值得尊重的人，这让银行家心中充满了对自己的厌恶。而这种厌恶只有基于如下前提才可理解：银行家本可以成为好人，他意识到，牺牲无辜的性命来换取财富，对一个好人来说乃是不义的。而年轻律师在便条中所展现的意图为银行家树立了美德的榜样，这使他立刻意识到自己行为的可鄙性。

银行家非常明显地使用了归纳推理。他经验到律师的模范行为，使得他概括出自身行为的卑鄙性。而他之所以意识到自己的道德低劣，至少部分地可以解释为，他发现自己的行为比他的对手行为更低劣。请注意，银行家不是通过自我的反省或他人的诫命而获得这种认识的。

我们看到，先前在亚里士多德那里发现的原则可以帮助我们理解这个故事的一些重要维度。我们聚焦于亚里士多德美德理论的两个重要特征——（1）我们具有自然的美德，以及（2）我们自然地具备识别美德行为的能力——它们有助于我们理解，为何我们能够实施较好的道德自我认知。这两点颇有意思，但仅凭它们却无法走得太远。因此，我们将归纳推理作为这两种能力的补充，帮助我们提供更加确定的自我认知。如果我们把这两点用于契诃夫的故事上，就可以帮助我们理解银行家的自我鄙视行为，并让我们对道德上的自我评价形成更一般的洞见：首先，这位银行家并非无可救药之人，他只是身处绝望，由于自身的贪婪而作恶。他之所以并非无可救药，是因为他一眼就能看出律师行为的高尚之处，并因此立刻被年轻人的美德行为打动。我们可以这样理解银行家的自我鄙视：若不是处于这种情境，他也会是一个道德水准较高的人；正是因为处境困难，所以他没能意识到自身行为的恶毒。不过，他依然在看到美德行为时识别出其中的善好。仅仅说银行家具有一种趋于美德的自然倾向，还不足以解释他在面对律师的榜样行为时做出的这番戏剧反应。正是多年的经验帮助他建立起一种关于有美德的高尚之人的模型，所以，当他读到律师的便条时，他才立刻意识到律师行为中所蕴含的高尚。即便银行家早已投身物欲横流的生活而无法自拔，他也依然能够意识到：拒绝物质财富的世界观蕴涵着美德。以上就是亚里士多德的自然美德在这个故事中发挥的作用。即便我们的生活并不那么高尚，我们也依然具备内在的善倾向，并最终能使我们在看到他人的善举时意识到其中的美德。

如果要评价我们是一个怎样的行为者，那么，我们就得高度（尽管不是完全）依赖归纳推理的方法。在许多情况下，来自朋友或同伴的诫命同样很重要。至于内省，尽管单凭它自身并不充分，但也常常为我们所需。契诃夫的故事为我们提供了一个生动的例子：当一个人在榜样行为面前发现自己相距甚远时，他会意识到自己的道德水准有多么低下。虽然这种情况颇为戏剧化，但也代表了我们道德生活中的一种十分普遍的现象。当我们衡量自身行为时，我们是用那些具体呈现在他人行为之中的标准。一开始，我们是以某种不确定的方式、一般地构建这些标准，而正是对道德经验的归纳，帮助我们认识到他人和自我行为中更加确定的标准。

如果归纳不是建立在亚里士多德的理论上，那么，它的确定性也不足以解释道德上的自我评价。因为，如果我们仅仅是说我们通过经验获得道德原则，那么，我们就没有依据来判断哪种标准更可取。可以看到，这幅不完整的图景很容易导向道德相对主义或虚无主义。我们需要从道德理论中获得确定的东西而提供标准，只有根据这样的标准，自我评价（确切地说，是所有的评价）才是可能的。如果我们考虑到上文强调的亚里士多德理论的两个要点——（1）我们具有自然的美德，以及（2）我们自然地具备识别美德行为的能力——并将这两点作为骨架来解释道德自我认知，那么，归纳就可以被看作是这副骨架上的血肉。正是归纳赋予这副骨架以形态和纹理。例如，我们都有一般的慷慨倾向，但只有通过反复的经验，我们才可以理解慷慨的道德原则并以此规范我们的行为。当好的行为出现在眼前时，人们虽有能力识别它们，但仍然需要大量的经验，才能获得他们所应具备和跟随的那些角色榜样类型的一般原则。

4.4 对归纳推理的具体思考

近年来一些强调归纳的知识论研究，可以支持我们这里提出的道德认识论模型。在第二章，我们考察了本书所论述的亚里士多德主义美德伦理学模型的不同反驳意见。第一种反驳从亚里士多德主义的内部视角出发，第二种反驳从社会心理学的视角出发，第三种从伦理理论的视角出发，第四种从生物学哲学的视角出发。对这些从不同视角出发的反驳加以考察，是有益的。现在，让我们以同样的姿态来进一步探讨归纳问题。不过，我们这里不是考虑不同阵营的反对意见，而是考虑一些关于归纳推理之本质的不同理论建议，从而促进我们思考应如何理解归纳推理。而这有助于从认识论的角度来丰富美德伦理学的演绎模型。我们所考虑的第一种归纳推理解释来自分析的认识论，第二种则来自亚里士多德主义内部的研究。

本章将要发展一种亚里士多德主义的道德认识论，对于该论题而言，解释清楚归纳推理的本质乃是非常重要的。因为，人们通常可以合理地认为，大多数基础性的伦理原则都是通过归纳而被获知。同样，有充分的证据表明，亚里士多德也认为伦理原则是通过归纳而被把握的。由于在当代哲学讨论中，归纳在伦理领域中的作用还没有得到全面的研究，因此，我们最好首先思考归纳在伦理领域之外的本质及其正当性。如果我们在伦理领域之外获得了比较稳固的立足点，那么，我们可以尝试将由此确立起来的东西应用于伦理领域之中。

乍看起来，最自然的做法就是进入亚里士多德的文本，看看他对归纳推理说了些什么，因为，通过把那些分布在《工具论》各篇的零散论述组合起来，我们似乎可以得到某种归纳推理理论。诚然，我们最终需要做此工作，但一开始，我们首先还是接触当代分析认识论有关归纳推理依据的研究。这项旨在发展出一种"自然化的认识论"（naturalized epistemology）的计划已经带来了一些有趣的洞见，它们有助于我们在当代讨论中为亚里士多德主义的计划打下基础。即便有相当一部分当代分析认识论的工作，乃至于发展自然化的认识论的计划所需要的工作与我们当前研究看来相去甚远，我们也很快就会看到，承认特定类型的形而上学和认识论层面的实在论，尤其是希拉里·科恩布利斯（Hilary Kornblith）的理论，却提供了一座桥梁，可以将上述当代讨论与亚里士多德连接起来。就算搭建这样的桥梁并非科恩布利斯的本意，我们也可以通过分析其作品而获得一些重要的洞见。这些洞见不仅关系到如何进一步发展亚里士多德主义的理论，而且涉及到如何处理当前有关归纳推理的问题。之所以如此，部分原因在于，一些当代思想家也正在尝试解决关于归纳推理之可靠性的问题。

我们将首先通过当代视角，一般地审视归纳推理的依据，并试图使其与亚里士多德产生关联。随后，我们将思考，近年来有关亚里士多德的研究在什么意义上巩固和加强了上述一般观点。正如我们将看到的那样，我们可以合理地认为，亚里士多德区分了五种不同的归纳类型，因而他所提出的归纳推理理论要比人们一般认为的远远更加丰富和精密。我们将会看到，其中有些类型的归纳推理是如何被应用到本书所发展的那种伦理学模型上的。这样，它们有助于充实人们对亚里士多德主义道德认识论的解释，也有助于说明人类何以能够把握那些基础性的伦理原则。

4.4.1 归纳问题

休谟针对人们在归纳推理方面的信心提出了著名的疑问，从而引出了我们现在所知道的归纳问题。归纳推理与演绎推理不同。在演绎推理中，正确的推理是结论必然地从前提中得出的推理。而归纳推理的结论则是从一系列前提中或然地得出。由于归纳是从具体案例出发获得普遍的结论，因此，在归纳推理的前提和结论之间似乎存在推论的鸿沟。当我松开手，手里的棒球就掉到地上。当我松开我所遇到的每一个物体，即使是最轻的羽毛，它也会掉到地上。基于有限的证据，我总结得出，任何物体在失去支撑时都会落到地上。而一个氦气球会上升的案例之所以并不影响上述结论，也是因为有很好的科学理由可以解释发生在气球上的这种例外现象。而休谟想知道的是，当我们从一系列有限的事例中进行概括时，这何以可能是正确的——因为，下一个观察事例就完全有可能不符合我们依据先前观察而做出的概括。当然，在气球的例子中，似乎发生的是具体事例与万有引力定律的冲突，但那并非休谟考虑的冲突。休谟的担心是，我在过去获得的全部经验，完全可能与我即将在未来获得的经验不符。我们何以可能知道，我们即将获得的经验必定符合因过去的经验而作出的总结与概括呢？这个问题，后来被称为"归纳问题"。

既然归纳推理在我们的日常经验和自然科学的推论中占有如此基础的地位，那么，我们似乎应该能够提供一个直接的解释，说清楚如何可以为归纳推理提供辩护。然而，当发现许多杰出的思想家都未能正面解决这个问题时，我们是多么吃惊啊！例如，汉斯·赖欣巴哈（Hans Reichenbach）提出了一个"务实的解决方案"（pragmatic solution），但其实根本不是一个解决方案。赖欣巴哈说：

> 有个盲人在山里迷了路，他用手杖探路。他不知道这条路将把他引向何方，也不知道这条路是否把他带向悬崖边缘，使他坠入深渊。然而，他沿着这条道路一步一步地摸索前进。因为，只有沿着道路摸索，才有可能走出大山。我们在面对未来时就像这位盲人一样，但我

们感到有一条路。并且我们知道：只有沿着它摸索，我们才能找到未来的道路。（Reichenbach 1949: 482）

我们是盲人吗？既然我们对归纳推理如此有信心，那么，对我们的处境而言，这真的是我们能够做出的最好解释吗？很难相信，赖欣巴哈的这个方案不会带来某种怀疑主义。赖欣巴哈本人也承认，我们虽然不能从哲学上证明归纳推理是正确的，但这种让步也不应该削弱我们对于归纳推理的信心，因为我们面前有路，手中也有手杖。只不过，这个比喻暗示着我们随时有可能坠入深渊，因而我们一定要做得比这更好。当然，赖欣巴哈的构想只是诸种解决方案之一，但它影响甚广，得到了许多人的认真对待。如果是想获得某种有说服力的道德认识论，那么，我们不必回顾休谟以来用以解决归纳问题的各种方案。在许多人看来，归纳问题是认识论领域最令人烦恼的一个问题。现在，我们看看希拉里·科恩布利斯回答，它不仅耳目一新，而且合乎常理。①

4.4.2　自然化的认识论中的归纳

在认识论领域，有一项正在进行的工作可以被看作是对本书试图发展的亚里士多德伦理学的支持。即便开展这项工作的学者可能会对他们所开创的事业被如此运用感到惊讶。"自然化的认识论"始于20世纪60年代，由威拉德·冯·奥曼·蒯因（W.V.O. Quine）奠基。在他那篇开创性论文《自然化的认识论》（"Epistemology Naturalized"）中，蒯因认为，应当抛弃自柏拉图以来的传统进路，即，基于证成的认识论（justification-based

---

① 劳伦斯·邦久针对这个问题的先验解决方案，是最具说服力的（BonJour, 1998: chap. 7）。他在书中对归纳问题及其当前解决方案乃至相关反驳都进行了出色的概述。他本人也提出了一种先验的解决方案。

epistemology），或者，至少应当把它理解为"心理学的一个篇章"①。无论"自然化"是否要求废除规范性，自然化的认识论都具有一个鲜明的特征，那就是，只有将认识论理解为一门自然科学才是恰当的，它是摆脱了先验理论化的坚定的经验学科。蒯因的提议确实很激进，而且其中不少观点都有问题，但是，从本书开展的工作来看，蒯因的思想却有一个重要的部分值得认真关注。他将"自然种类"（natural kind）概念及其重要性重新引入英美哲学的主流讨论，由此涌现出一系列学术研究，产生了诸多成果，它们推动了亚里士多德哲学研究。

科恩布利斯发展了蒯因的一部分方案，摈弃其中最激进部分，取得了丰硕成果。可以肯定，科恩布利斯不是亚里士多德主义者。他的作品更多接受洛克而非亚里士多德的影响。对于自然种类和人类认知，科恩布利斯虽然亦有研究，但是，当我们讨论他的这些研究并追问他跟亚里士多德的相似点时，尤其需要牢记他并不是亚里士多德主义者的事实。

基于如下观点，科恩布利斯发展出一套科学的实在论：即，世界上存在着自然种类，而人类的心灵适于发现并理解它们。若要意识到我们何以可能证成归纳推理，那么，这个观点将是非常重要的。在下面这段话，科恩布利斯明确地表达了自己的观点：

> 我认为，自然种类使得关于世界的归纳知识成为可能。因为，自然种类的属性（property）具有集束性（clustering）特征，人们能够从其中某些属性的存在而可靠地推出其他属性的存在。如果不存在自然种类及其所要求的因果结构，那么，任何想要从某些属性推出其他属性的尝试都是不切实际的，从而可靠的归纳推理也是无法成立的。

---

① 参见 Goldman（1988）和 Kim（1988）。科恩布利斯（Kornblith, 1993）不认为蒯因完全摈弃了规范性。

因此，体现在自然种类中的那种存在于世的因果结构，就为归纳推理提供了自然的基础。（Kornblith 1993: 7）

让我们将科恩布利斯的论证构造为三段论，以便凸显它的前提，并有助于框定一些主要问题：

（1）如果世界上存在着稳定的自然种类，而且人类的心灵适于把握这些种类，那么，归纳推理就是可靠的。
（2）世界上存在着稳定的自然种类，而且人类的心灵适于把握这些种类。
（3）因此，归纳推理是可靠的。

第一个前提让我们注意到，归纳推理必须建立在某种稳定的基础上，唯其如此，它才可靠。科恩布利斯认为，这种稳定性来自自然种类，它们是世界构造的一部分，由此便构成第二个前提。而第一个前提则建立在归纳推理与自然种类之间依赖关系的基础上。

我们很快就会看到，亚里士多德的归纳理论要比科恩布利斯的更加复杂精密，具有更丰富的层次，而且两者有许多关切都区别甚大。即便如此，我们也仍要注意到，科恩布利斯的论证同亚里士多德的形而上学与认识论观点是高度一致的。尽管亚里士多德谈论的是本质（essence）和本性（nature），而不是自然种类，但我们可以合理地认为，这些概念几乎完全重合。此外，亚里士多德主义对归纳的解释也要求世界上存在自然种类或本性，并且要求人类的心灵适于把握它们。为了发现科恩布利斯的著作对于我们当下考察的亚里士多德哲学的价值，我们不应该因为科恩布利斯的作品直接承袭蒯因，或因为他试图废除基于证成的认识论，就忽略了他。

唯此，我们才可能意识到，这种分析的认识论能够提供哪些内容。

科恩布利斯对心理本质主义（psychological essentialism）的评述，为上述论证的第一个前提提供了直接的支持：

> 可以肯定地说，当前的研究支持心理本质主义的天生性（innateness of psychological essentialism）。从一开始，当我们形成自己的概念时，我们所采取的方式就预设了一种潜在的解释性本质。我们假定，在理解世界时，那些可观察的表面属性仅仅是一幅现成在手的粗糙指南。这些表面属性实际是一些与其对应的深层原因产生的结果，而我们对这些原因往往并无把握。这种天生的（innate）禀赋驱使我们了解世界的真实面目。它在一定程度上使归纳知识真正成为可能（Kornblith 1993: 78）。

过去数十年间，心理学和语言学领域的研究都提供了坚实的证据认为，天生的概念体系乃是人类本性的一部分。例如，吉尔曼（Susan Gelman）和马克曼（Ellen Markman）都指出，儿童在很小的时候就能够接受自然种类，后者影响到我们的概念倾向（conceptual tendency）。不仅如此，诺姆·乔姆斯基（Noam Chomsky）关于先天结构对于人类学习具有约束作用的研究也影响甚大。依据乔姆斯基的观点，人类的语言机能拥有一种生成性语法（generative grammar），它使得儿童即便只是在面对非常有限以至于无法解释那些脱口而出的语言的结构时，也能成为出色的语言运用者。由于像英语这样的语言存在无限多可能的表达方式，因此，必定有某种内在的机制，可以确定哪些表达方式是合乎语法的。如果没有这样的机制，就无法学习一门语言。

科恩布利斯探讨了世界的特性与人类心灵运作之间的关系，以此支撑其论证的第一个前提：

> 我们的概念和推理倾向共同发挥作用，至少粗略地把握那些区分各个自然种类的节点，以此刻画自然，描绘那些自然种类的本质特征。在世界的因果结构和我们的概念与推论结构之间存在着先定和谐，它造就了可靠的归纳推理。（Kornblith 1993: 94）

科恩布利斯再次将他的研究建立在成熟的形而上学实在论的基础上，后者是一种关于世界的基本预设：即，世界上存在着具有本质的实体。这样的观点贯穿于亚里士多德的文本。科恩布利斯还明确指出，归纳推理的可靠性源于心灵有能力理解世界的因果结构。而亚里士多德很可能也会同意，归纳推理依赖于心灵把握自然种类的能力，自然种类又是世界的构造。只不过，亚里士多德在文本中从未像科恩布利斯一样明确指出这点。

因此，我们已经确定了一些解决归纳问题的关键要素。世界存在着因果结构，因此自然是有序的。而人类心灵能够发现这种因果结构，因为人类心灵具有把握世界的先天倾向。如果心灵确实把握了某种普遍性，而这种普遍性又是以被观察到的体现因果法则的特定案例为基础，那么，恰当的归纳推理就是可能的。到目前为止，当代的解释同亚里士多德主义非常一致，但它遗漏了一个问题，那就是，当我们把握到某种普遍性时，我们怎么知道这一把握是正确的。如下两种情况存在差别：一个是，通过观察到许多黑色的乌鸦，我们推论出所有乌鸦都是黑色的；另一个是，通过观察到许多物理实体在失去支撑时下落，我们断言所有物理实体都如此。区别在于，第一种概括是错误的，因为我们会观察到白色的乌鸦；而在第二种概括中，相反的观察并不构成反例。我们是否有可能从一开始就区分两者，抑或，我们是否永远没有标准来区分它们？如果是后一种情况，那么，赖欣巴哈的比喻——归纳如同盲人在荒野中摸索——似乎就是对的。

亚里士多德对归纳推理的解释丰富得令人惊讶，通过审视他的解释，我们可以发现将上述两种情况区分开来的方式。与科恩布利斯一样，亚里士多德也以形而上学和认识论层面的实在论为基础，但他可以提供一个让我们在很大程度上不受归纳问题困扰的解释方案。一旦我们了解该方案的机理，我们就能搞清楚，它如何可以被应用于伦理案例，并且有助于完善道德认识论的整体图景。

值得顺带一提的是，科恩布利斯和其他自然化认识论的拥护者虽然强调经验在获取知识中的作用，但在他们的观点中也可以发现先验原则。比如，请看一看下面的说法：

> 在马克曼看来，我们可以初步认为，我们对于自然种类的结构具有天生的接受能力。因此，从一开始，我们的概念倾向了解到的就不仅仅是表面因素，而是构成世界之因果结构的深层特征。（Kornblith 1993: 67）

这种承诺要求，当儿童学习语言时，他们必须先验地知道至少两个原则：一个原则关系到基于物体的表面相似性（surface similarities）而对它们进行分类；另一个原则则涉及基于深层的因果特性而对它们进行分类。正如我们看到的那样，心理本质主义是对科恩布利斯论证的关键前提的重要支撑，然而，心理本质主义是否承诺了先验知识呢？当然，"儿童先验地知道物体分类原则"这一事实或许是通过经验——通过马克曼和其他心理学家所实施的那种实验——而发现的。但是，发现这些原则的过程属于某类知识，并不意味着这些原则本身就属于那一类知识。

有人可能认为，亚里士多德的"努斯"在本质上是先验的。这种看法在一定意义上完全是对的，它同科恩布利斯的自然化认识论不太契合。因为，自然化认识论似乎没有给先验知识留下多少空间。但是，瞥见事物本质的洞察力之所以可能，却必须以科恩布利斯所说的那种形而上学和认识论层面的实在论为基础。我们可以扩展科恩布利斯的图景，使之把作为人类本质一部分的"努斯"囊括在内。无论这些机能的本质如何，只要它们是被经验发现的，那么自然主义的立场就仍然完整。

在解释归纳何以可能的过程中，人们希望避免掺入先验要素——正是因为秉持这种信念，坚持自然主义认识论的学者才会反对在实在论的图景加入努斯，而认为努斯是多余的。一旦我们不再认为努斯不可错，我们或许就会思考它的真正作用到底是什么。当我们概括世界的因果特征时，如果无法判断这种概括是否具有必然性，那么，我们不仍然面临着之前需要解决的同样问题（正是为了解决这一问题，我们才引入了"努斯"）吗？针对这一反驳的回应是，亚里士多德的努斯学说仅仅意味着一种承诺，它承诺了一种良好运作的人类心灵所拥有的理解力（understanding）或洞察力（insight）。我们的心灵本就适合于把握这个世界，所以我们能够具备这种洞察力。根据我们很快将看到的那种关于努斯的解释方案，在这种洞察之上，并不存在什么东西可以保障我们拥有正确的洞见。那么，我们如何确定针对某一命题 p 的洞见是正确的呢？是通过仔细地思考 p，是通过观察 p 在其中发挥重要作用的体系具有何种解释力，还是通过观察从 p 中可以演绎出什么？考察 p 在知识系统中发挥某种作用的特征，并不是对 p 做出推论性辩护从而认为 p 处于真正的基础地位。正如劳伦斯·邦久所说，放弃上述描述中的先验知识无异于理论自杀（BonJour 1998: 5）。无论演绎的还是归纳的，这些推论都不全然是经验性的。有人会发现，一些结论是从基于理解力和洞察力的前提中演绎而来。类似地，有人可能看到，某种概括来自于一系列并非由经验性的心理活动所把握的事例。因此，我们必须接受某种先验知识，它们使得结论成为可能。允许先验知识的存在并不需要我们认定心灵就不会犯错，也不需要承诺某种奇特的心理能力。这里关于努斯的学说仅仅是一种广义上的先验知识。稍后，我们将就努斯的不可错性予以更多的讨论。

4.4.3 亚里士多德论归纳

亚里士多德有关归纳的论述散见各处，因此，我们必须进行一次重构式的"外科手术"。"重构"一词意味着将一套理论组合起来。路易斯·格洛尔克（Louis Groarke）的工作令人印象深刻，他将散落各处的"碎片"组合在一起（Groarke 2009）。他的核心计划是，消除归纳观念中从具体向普遍过渡所具有的那种模糊性。当亚里士多德将归纳解释为一个从具体向普遍过渡的过程时，这个过程究竟是从具体的事物过渡到普遍的概念，还是从具体的陈述过渡到普遍的陈述？在试图回答这个问题时，亚里士多德提出了一套归纳理论，它远比人们预期的要复杂得多。亚里士多德似乎讨论了五个不同层次的归纳：（1）恰当的归纳（Induction Proper），（2）识别性归纳（recognition），（3）严格的归纳（Rigorous Induction），（4）修辞性归纳（Rhetorical Induction），以及（5）统计性归纳（Statistical Induction）（Groarke 2009: 158）。让我们逐一介绍这五个层次，这样，我们能更好地看到其中哪一种同本章讨论的道德认识论最相关。

统计性归纳是当代认识论中最经常得到讨论的归纳类型。这种归纳是通过枚举来论证。基于有限的观察事例，它凭借事例所具有的偶性（accidental feature）而给出可能的概括。例如，我们注意到，目前观察到的所有乌鸦都是黑色的，但黑色并不构成乌鸦本质的一部分。因此，即便下一只乌鸦基于已经观察的证据很可能是黑色的，这其中也没有必然性可言。格洛尔克认为，正是因为大多数当代哲学家都追随休谟，仅仅在枚举的意义上来谈论归纳，所以归纳问题才显得如此棘手。

修辞性归纳是通过类比来论证的。就像统计性归纳一样，这种归纳也基于事物的偶性特征。相较于其他的归纳类型，它的不同之处就在于聚焦人类事务，因而，它的范围要比统计性归纳更小。否则，修辞性归纳和统计性归纳就是一码事。

严格的归纳基于事物的必然或本质特征。它涉及归纳三段论（inductive syllogism），包含着可换位的小前提（convertible minor premises）。想一想亚里士多德是如何解释叶子为什么会在秋天从树上落下的。有人观察某一类型的树，发现其中任一样本都在叶柄和茎的接合处有树液凝结；而有人可能进一步观察发现，任何具有此类特征的样本都会落叶。由此可以得出结论，落叶涉及树液的凝结（Groarke 2009: 193）。这番推论可以被转述为一个有效的直言三段论（categorical syllogism），因为该三段论的第二个前提是可换位的。一经换位，我们就得到一个有效的第一格的直言三段论。

识别性归纳是归纳推理的第二个层次，它建立在亚里士多德《尼各马可伦理学》第六章所阐释的"聪明"（cleverness）这一能力的基础上。在那里，"聪明"被解释为一种理智的机巧或能力，它知道怎样获得想要的东西。我们可以拿"聪明"和实践智慧这种完备成熟的理智美德做对比：前者没有经过陶冶、教育和发展，因而不能被归入美德。"识别"正是这样的能力：它能够看出事物之间的相似性，使得我们可以将诸多具体事物归入同一类别。

恰当的归纳，最完美的归纳类型，涉及到努斯这种完备的理智美德，它能够让我们把握必然和本质的关联。而这些定义关系（definitional relationships）则为诸学科各个定义之间的关联及其首要原则奠定了基础。格洛尔克将努斯视为不可错的，这种解读使得恰当的归纳面临相当严厉的反驳。如果仅仅在理论学科内考察努斯的作用，认为它是不可错，而不可错又意味着不会出现错误，那我们就想知道：假如两种洞见均来自恰当的归纳（无论是来自同一个人还是来自不同的人），那么它们之间一旦发生冲突，情况又将会如何？

111

显然，两种洞见不可能同时正确。因此，我们要么承认努斯是可错的，允许冲突发生的可能，要么坚持因为努斯是不可错的，所以其中一种洞见必定错误。后者面临的问题在于，似乎并不存在任何可行的原则，可以用来区分什么是对努斯的正确运用，什么是肤浅的错误运用。如果存在这样的标准，那么我们可以合理地追问，人们是如何知道它的。只不过，对于任何可能的回答，我们依然可以继续问出相同的问题，而这将导致恶性的倒退。

鉴于上述问题，我们最好不要坚持声称努斯是不可错的，或者，至少以某种较弱的方式而不是按照上文所提到的那种可能造成问题的方式来理解"不可错"这个观念。换言之，关于"不可错"的这种较弱理解会认为，如果有人真的通过运用努斯而获得洞见，那么，这种洞见是不可错的。然而，原则上讲，并没有什么方法可以确定一个人是否获得这样的洞见。这种解释的优点在于，它可以避免上文提到的倒退问题。然而，接受这种关于努斯不可错的较弱解读，人们的代价就是其所依赖的不可错性是相当薄弱的。尽管如此，似乎没有很好的理由来为较强意义的不可错进行辩护，我们完全可以不预设这种较强观念，也能做很多事情。

在上文提到的五个层次的归纳中，"恰当的归纳"和"识别性归纳"与我们这里讨论的道德认识论模型最为相关。它们可以补充科恩布利斯的观点，进而揭示心灵与世界的契合方式——正是这种契合使得可靠的归纳推理成为可能。让我们不妨看看这些观点是否可以被组合起来，进而提供一幅关于归纳推理运作方式的图景，由此，我们能够看到归纳是如何在道德事务中发挥作用的。

人类的天性使他们适于认识这个世界。心灵天生地倾向于把握自然的因果结构。当我们观察自然的特定规律时，我们可以从观察中进行概括，而这正是因为心灵和世界之间存在相互契合与匹配的关系。这就出现了我们在上文提及的一个问题，即，我们并没有解释，当我们做出某一概括时，我们如何知道这个概括是正确的。我们如何知道我们是依据世界的真实因果属性而做出概括，还是仅仅看到表面？很显然，并非所有的归纳推理都正确。到目前为止，我们所说的一切都无法保证我们在任何情况下能够做出正确的推论。正是在这里，亚里士多德所说的归纳的原初阶段（first stage of induction）可以提供帮助。努斯旨在提供关于必然和本质联系的洞见。如前所述，努斯学说为归纳带来的，是它给定了一种能够形成关于世界之洞见的心灵机能。由于努斯并不自我宣告（self-advertizing），因此，我们无法完全肯定自己对世界的必然与本质特征是否形成了真正的洞见。然而，我们可以反思这些洞见，考虑它们在论证体系中的作用，而且，如果最后发现没有反证，那么，我们就有理由更自信地认为自己的洞见是真的。

为什么归纳问题对亚里士多德主义者来说不是问题？一个简单的回答是，亚里士多德对"何为归纳"的问题给出了更复杂、层次更丰富的理解。归纳问题拷问我们是否有理由相信未来将会与过去相似，这是基于一种较为狭窄的归纳观念，它将归纳理解为统计意义上的归纳或枚举。由此，才出现需要解决的问题。① 然而，如果我们像亚里士多德那样在更广泛的意义上理解归纳，并且认真地对待那种旨在发现本质联系的直觉性归纳，那么归纳问题就不会出现了。在休谟的预设中，自然"谜一般的力

---

① 邦久的先验解决方案颇有前景。

量"是人无法触及的,它隐藏在那些感觉属性的背后。然而,当代科学已经超出了我们单凭感知而理解的世界及其种种属性,在这方面,当代科学取得了极大的成功。

并不能认为,亚里士多德的"努斯"仅凭自身就能穿透休谟所说的自然的"谜一般的力量"。如果努斯如此有效,那么,针对努斯的怀疑主义也将站得住脚。亚里士多德的努斯概念可以而且的确能够同科学分析愉快地合作。因此,想想休谟关于面包有营养的论述:"我们的感觉(senses)告诉我们面包的颜色、重量和密度,但对于任何感官和理性机能而言,它们都无法告诉我们那些让面包适于提供营养并且为人体提供支持的品质"(Hume 1995:4, pt. 2, para. 29, 33)。营养学家已经揭示,面包富含蛋白质、维生素、铁和钙,小麦面包富含纤维,有助于健康和均衡的消化吸收。面包的这些特性是凭直觉发现的吗?当然不是。它们是在实验室里被发现的,发现它们的工具来自不同的科学领域,尤其是食品科学。

努斯也可以让我们有所发现。例如,努斯可以发现人们需要吸收适量的纤维才能使消化变得规律,而小麦面包富含纤维。在技术层面,"小麦面包有助于消化"是一个大致成立的命题(关于"大致成立"的概念,我们在第三章给予了充分讨论)。但如果有人对麸质过敏,如患有乳糜泻,那么,小麦面包会抑制而非促进消化。然而,这种不幸的情况并不足以否认小麦富含纤维并且有益于健康人士的消化功能。一旦我们拥有了与小麦面包、纤维以及消化系统运作相关的经验数据,那么,努斯就会成为这样一种洞见——它使得我们发现小麦面包与健康消化之间的关联。

既然自然存在这样的因果属性,而且我们的心灵有能力以前文所说的那种较粗略的方式理解它们,那么至少在某些领域,我们就没有理由像休谟那样认为,自然的力量是一些"秘密"。进一步说,我们有能力理解世界上那些必然和本质的属性,而这些洞见源于努斯,它是归纳过程的重要部分。因此，就像亚里士多德一样，我们有充分的理由对归纳采取更加精致的看法。

4.4.4 亚里士多德伦理学中的归纳

我们可以将前面关于归纳推理的主要观点直接运用于亚里士多德的伦理学模型。在前面，我们强调了亚里士多德伦理理论的两个要点：(1) 我们具有自然美德，以及(2) 我们自然地具备识别美德行为的能力。需要注意的是，这两点同识别世界中存在的真实的因果属性以及我们识别并把握它们的内在倾向是联系在一起的。第一点看起来是针对道德主体的陈述。然而，亚里士多德认为，所有道德行为者都具有同样的普遍本性，因此，他人身上的自然美德也将成为一种客观存在的因果属性。再加上我们至少有能力在遭遇某些美德事例时识别出它们，由此，我们就获得了一个框架，可以检视道德领域的归纳在什么意义上是可靠的。

不同于非道德领域的归纳，道德领域的归纳可以形成一种检验正确行为的内在机制。要点(2)完成的正是这项工作。如果我们自然地具有识别美德行为的能力，那么，我们天生就具备一种辨识正确行为的倾向。而在非道德的领域，我们认为，不存在一种可以区分正确的概括和不正确的概括的内在机制。在非道德领域，这项职能是由努斯这种理智能力承担。乍看之下，努斯在道德领域似乎多余，因为，如果我们自然地具备识别好行为的能力，为什么还需要努斯呢？有什么概念上的缺失环节需要填补呢？然而，即便我们的确有能力识别出他人的美德行为，也仍然存在一处缺失：即，从识别出美德行为到将这个标准应用于我们自身，其间的环节正需要努斯来填补。换言之，当我看到我的邻居做出慷慨的行为时，我确实可以将其识别为一个真正无私的事例。然而，由于我可能具有其他关切，因此我不会立刻把它和自己的情况关联起来。也许我意识到慷慨是善的，意识到某个特定的施与行为是慷慨之举，但我未曾意识到这种慷慨如何应用在我自己身上。我也许认为，我没有那么多东西可以给予他人，或者认为，我应该优先考虑为自己的未来做好储蓄。在实践应用的过程中，正是努斯令我意识到我应当更加慷慨。它让我完成了这样一种过渡：从自己持有的种种经验和观察，过渡到将道德原则应用于自身。

想想作为美德的幽默感吧。有些人也许会想，幽默是否应当被归为美德，因为它和道德生活之间的关系似乎不像其他的美德如勇敢、节制那样紧密。然而，亚里士多德认为，幽默应当被视为一种美德，因为单凭拥有幽默感所带来的社交便利，就值得使其被视为美德。此外，无论是成为一个幽默的人，还是与幽默的人相处，对人来说都是一件乐事。因此，即便幽默不一定是道德美德的明显范例，也仍有理由将其视为真正的美德。

114

为了更好理解一个人是如何通过归纳而获得良好的幽默感，我们可以想象一个尚未具备幽默感的孩子。对他而言，如何才能获得幽默感？如果我们之前关于归纳推理的论述是正确的，那么，它就应当为我们提供一个有说服力的模型，可以解释这种美德是如何获得并发展的。有证据表明，人类的幼童具有理解并表达幽默的倾向乃是一种特有的天赋。当然，儿童并非生来就有幽默感，这个特征是随着时间和成长而发展的。因此，目前的探讨使我们合理地认为，人类儿童生来就有理解和表达幽默的倾向。让我们追随亚里士多德，将其视为一种未经发展和培育的倾向，它只是关于幽默的自然美德。长期以来，人们把笑看作一种必然但非本质的属性。这种设定是合理的让步：它意味着，即便特定的人或一大群人完全没有幽默感——也就是说，即便他们无法理解一个好笑话，即便身边有能够理解幽默的人他们也未尝感到丝毫快乐——我们也不能认为，这些人就完全缺少幽默的倾向。在第三章，我们讨论过的"大致成立"观念就可以用在此处。幽默的倾向之所以对人类而言是必然的，是因为这种倾向源于我们的理性本质。它取决于理解并欣赏特定的概念组合与表达方式。而该倾向是否能够表现出来，则取决于具体个体的生理或心理构造等内在因素，或者是与具体个体的生长环境相关的外在因素。

纵然这幅旨在刻画归纳在伦理学中作用的图景让我们看到关于道德事务的归纳推理何以可靠，也仍有一个问题尚未解释，即心灵怎样把握最基础的伦理事实。迄今为止，我们是这样直接将非道德领域的归纳应用于道德领域的：人类生来就具有理性本质部分地构成了一系列自然的美德；只要在适当的条件下得到适当的发展，这些自然美德便可成为依美德行事的倾向。伴随着这些自然美德的是一种理智能力，也是一种洞察力，它使得一个人基于对特定情况下个体行为的观察而可以概括出应当去做什么行为。

亚里士多德的直觉或"努斯"学说，就常常是在这个理论背景下考量的。《尼各马可伦理学》有一段非常重要的文本可以支持说，努斯同时具有理论性和实践性的应用维度。而这又给我们这里讨论的归纳提供了支撑。

> 努斯也从两端来把握终极的事务。把握起点和终极的是努斯而不是逻各斯。在证明中，努斯把握起点，在实践事务中，努斯把握终极的、可变的事实和小前提。这些就是构成目的的始点，因为普遍的东西就出于具体。所以，我们必定有对于这些具体事务的感觉，这种感觉也就是努斯。（*Nicomachean Ethics* 1143a35-b5）

罗斯（W.D.Ross）将"tes heteras protaseos"翻译为"小前提"，使得人们在试图理解此处的解释时面临一些不必要的问题。如果我们将这里的希腊文短语译为"另一个命题"，就能更清楚地意识到努斯如何同时兼具实践性和理论性的应用维度（Dahl 1984: 227–36）。从针对文本关键短语的更为字面性的翻译出发，我们获得了一种理解努斯的方式：这种方式将努斯理解为归纳的一部分，而这种理解也跟亚里士多德在《后分析篇》结尾部分对"努斯"的界定吻合。当努斯意识到某些特定行为应当被完成时，它便是在促成归纳推理达致普遍的结论（Dahl 1984: 231–2）。在这段话中，亚里士多德主要比较努斯的实践应用和理论应用。在两种情况下，努斯都是作为归纳过程的一部分而发挥作用。努斯在理论领域的应用更为人熟知，它是在归纳过程的最后阶段发挥作用，推出有关各个学科基础原则的知识。关于具体事物的经验，使得认知者能够把握一般原则所涉及的概念。如果这些概念之间的关系是必然的或本质性的，那么，正是努斯让我们看出这些关联。这种机能既不奇怪，也不神秘。亚里士多德意识到，人类有能力理解这些基于本质的基础性关联。他仅仅是辨别这种机能，并为其赋予名称。

努斯在实践领域的应用则是，我们可以从我们所经历的具体行为出发，推出某些一般道德原则。例如，我意识到我应当诚实。这是因为，从我观察到的诚实行为中，我发现了某些引人注目的东西。我过去的诚实行为似乎是正确的，即便这些行为的结果并不总是对我有利（至少在短期内）。与努斯在理论领域的应用一样，这种能力也并不存在什么神秘的、奇特的或不同寻常的东西。人类有能力从具体的经验和行为中推出正确的一般道德原则，它们关乎我们应当如何行事。而这正是人们获得道德成长和发展的一般过程。

对于建立一种完备的亚里士多德主义道德认识论来说，至少有两种归纳类型十分重要。其中一种往往出现于日常实践道德的层面。我们有能力把握一般的伦理原则，是因为我们具有基于理性自然的美德倾向。我们自然地就能识别出至少某些美德行为，也是因为我们作为人类已然具备这样的倾向。通过各种经验，我们能够意识到，有些指导行为的道德原则是真实的。识别出道德原则的真实性，也就等同于识别出这些道德原则所涉及的概念之间的必然联系。亚里士多德关于努斯的实践应用的解释，很好地吻合了人们对于"如何识别指导行为的道德原则"这个问题的归纳性理解。这些道德原则包括了勇敢、慷慨、节制、正义和其他的道德美德。

有一类独特的归纳过程使得我们能够知晓伦理学中为一切道德命题提供根据的最基础的道德原则。当我们试图创造出一种人类行为理论，并以基础主义的方式（这种方式意味着将最基础的原则置于核心，并以它们为基础演绎出其他不那么基础的理论原则）对我们的经验加以系统化处理时，我们就需要解释，在这个框架内的那条最基础的原则是如何被知道的。虽然亚里士多德很清楚，针对"如何知道最基础的道德原则"这个问题，我们需要给出的是一个不依赖于推论（non-inferential）的解释，但他对此所做的论述却有些零散且不够完整。而本章试图通过归纳来解释这些理论原则的获知路径，这与亚里士多德的论述是契合的。而且，这里提供的论述似乎也能很好地解释，我们何以能够洞见实体及其属性之间的那种必然而本质的关联。

这种洞见既在理论科学的领域发挥作用，也可以从实践的角度来理解，进而在伦理学中发挥作用。两种作用是彼此呼应的。在理论运用中，努斯是归纳的最后一步，它使得我们能够意识到普遍原则为真。而在其实践运用中，努斯让我们有能力把握关于人们应当做出何种行为的命题，从而为人们把握行为的普遍目的提供了出发点。关于应当做某事的命题之所以能提供这样的出发点，是因为关于行为的普遍命题就蕴涵在那些断言应当完成某个具体行为的命题之中。这样，努斯就成为运用于实践事务层面的归纳过程的一部分。而努斯的理论运用和实践运用之间的区别就是，在其实践运用中，努斯需要建立在有关具体行为的大量经验的基础上，而如此大量的经验对于把握理论层面的某些第一原则来说可能是不必要的，即便它们对于另一些理论原则而言是必要的。

理论层面的努斯可以帮助认知者把握定义性原则，以及那些不指导行为和不涉及定义（non-definitional）的原则。而具有实践性努斯的人则有能力理解各种指导行为的道德原则，它们表明人们应当去做哪些特定事情。例如，不可偷盗、通奸和谋杀，这样的命题都是通过实践层面的努斯而把握。当然，无条件的道德金律仅仅是道德原则之中的一小部分。更多的指导行为的道德原则都是由"大致成立"的命题组成的，例如：应当偿还债务，不应当故意拿取他人财物，应当说真话……

本书提出的演绎范式由许多命题组成，我们最好认为，这些命题也是通过直觉性归纳而获得的。这样的归纳，就是一个从具体事例过渡到把握概念间必然关联的过程。

4.4.5　亚里士多德的归纳理论应用于伦理原则

关于理论性归纳和实践性归纳之间区别的讨论是非常抽象的，因此，让我们尝试考察两条具体的道德命题，以便让上述区分变得更具体。这两条命题都和友爱有关，但它们的普遍程度很不一样。人们可以直接通过日常经验把握第一条命题："我应当对朋友诚实。"对于如此普遍程度的命题，我们可以通过多种途径把握。很明显，诫命是其中之一。一个人的父母或对其人生有重要影响的他人也许会明确地告诉他，对朋友诚实是一件好事，尤其是当权威人士观察到一个对待朋友不诚实而急需被纠正的具体情况时。请想一想，一个年轻人，萨拉（Sarah）对她最好的朋友撒谎了。她会思考，是否正是这个缘故不仅搞得自己感觉糟糕，而且她的朋友也不愿和她说话。在考虑过这些问题后，萨拉的母亲或许会告诉她应当对朋诚实，撒谎或其他不真诚的行为都会伤害她的关系。而当萨拉发现她的一位朋友对另一位朋友撒谎时，她也会亲身体验到不诚实对友爱的伤害。又或者，萨拉在看电影和读书的过程中会看到类似的事例……各种各样的经验使得萨拉接受了一个原则：应当对朋友诚实。被权威人士告知有关诚实的诫命，无疑是最初把握诚实原则的重要一步。但是，除非萨拉有更进一步的亲身经验可以确认从权威那里接受的原则，否则她不太可能将这些原则内化到品格之中。在这个具体案例中，虽然存在这样一种将普遍原则判定为正确的直觉，但只有伴随各种各样的经验，这种直觉才能发挥作用。

现在，让我们考虑一个普遍程度更高的道德原则："友爱是人类繁荣的必要条件。"我们很少直接从道德经验中获得这样的原则，而是通过对道德进行理论反思才把握它的。在洞察这个命题的主词和谓词之间的关联前，我们需要首先把握一些概念。例如，我们必须很好地理解什么是友爱。我们可能不需要像亚里士多德那样将友爱分为三类：基于好处的友爱，基于快乐的友爱和基于美德的友爱。然而，意识到友爱涉及某种相互的认可和尊重以及对他人的美好祝愿，似乎仍是理解友爱所需要的东西。这里的谓词涉及人类繁荣，我们通过反思人类的本性或人类的理性特质便可以理解它。我们会很自然地思索，哪种活动会导向人类的繁荣，而哪种活动又会阻碍它。在某种程度上，是努斯使得一个把握了这些概念的人意识到友爱的关联性，即，人们需要友爱以满足他们的理性天性和社会本性。我们与朋友交往的种种经验既让我们把握了友爱的概念，也让我们把握了人类繁荣的概念。然而，若要对"友爱是人类繁荣的必要条件"这一命题做出终极辩护，则需要洞察该命题的主词与谓词之间的必然联系，而这正是努斯所实现的。

我们概述了归纳如何使我们把握伦理原则，通过这种概述，我们获得一些可以建构一种基础主义的道德认识论的关键要素。由于基础主义承诺的是两类原则（基础原则和那些从基础原则中衍生出的原则），因而，对于把握基础原则的方式展开进一步阐述，乃是必要的。而本节的目的就在于此。

4.5 亚里士多德的基础主义

我们已经讨论了如何获知普遍的伦理原则，因此，我们可以检视本书提出的亚里士多德美德伦理学模型的结构。在这一节，我们将考察亚里士多德的基础主义，看看它是否为我们正在发展的道德理论提供了充分的论证结构。

现在让我们回顾一下针对基础主义的挑战，这样或许有助于我们清楚地意识到，怎样的基础主义才能提供令人满意的论证结构。一般认为，融贯论和基础主义是两种取代怀疑主义的合法立场，而且有人还说，作为一种关乎理由与辩护的理论，融贯论克服了基础主义的内在缺陷。大卫·布林克（David Brink）就从融贯论的角度对基础主义提出了很好的挑战。他的批评在于他注意到，通常存在两种支持基础主义的论证：第一种是"倒退论证"（regress argument），它在认识论上要求那些用于证成其他原则的信念必须本身已经得到证成（Brink 1989: 104）。根据倒退论证，理解"证成"有三种方式：（1）所有的证成都是线性的，而且是推论性的；（2）所有的证成都是推论性的，但并不都是线性的；以及（3）所有的证成都是线性的，但并不都是推论性的。倒退论证试图挑战（1）和（2），认为它们无法充分解释何为证成（Brink 1989: 105）。（1）之所以不充分，是因为它涉及到有害的倒退，而（2）之所以不充分，是因为它涉及到有害的循环论证。二者都不满足"用于证成其他原则的信念必须自身已经得到证成"的要求。因此，只剩下（3），而（3）正是基础主义所说的证成。所有的证成都是线性的，但并不都是推论性的——因为，对基础信念的证成就不是推论性的。

布林克的核心看法是，任何形式的基础主义都不成立，因为不存在基础主义所承诺的那种自我证成（self-justifying）的信念。他是这样说的：

> "证成"是对信以为真的证成。为了证成信念 p，一个人必须有理由相信 p 是真的。然而，p 是一个一阶信念，它相信如此这般的命题为真，但并不包含相信该命题的理由。事实上，自我证成可以被视为一种极端的循环论证——也就是说，自我证成是我们所能想到的最小范围的循环论证。任何人——甚至是融贯论者——都会认为这种最小范围的循环论证是没有解释力的，从而没有提供证成……
>
> 我们可以换一个说法，命题 p 是可证成的，当且仅当某人有理由相信 p。如果 p 是一个一阶信念，那么，这似乎意味着某人必须把信念 p 建立在与之相关的信念上——具体而言，建立在一系列的二阶信念上——后者关系到 p 属于哪一类信念，以及 p 这样的信念何以成立……然而，这便表明，信念 p 不可能是自我证成的。（Brink 1989: 116–117）

布林克的论证清晰直接地从结构上观察到，在对一阶信念的证成中，二阶信念不可避免地发挥作用。如果这种观察是对的，就至少表明两件事：(i) 不存在自证理由的信念，(ii) 任何理由都必定经由推论得出。这两点对基础主义构成了严厉的挑战。而且，布林克还认为，第二点为融贯论铺平了道路。因此，若要为基础主义提供充分辩护，就必须解决这两点。

让我们转向亚里士多德,看看融贯论提出的挑战可以怎样解决,同时也看看何种基础主义将会在亚里士多德的思想中出现。亚里士多德区分了"共有的原则"(common principle)和"特有的原则"(proper principle),前者(如,不矛盾律)因其普遍性而出现在各个学科,而后者则与特定学科的具体主题相关。我们在思考基础主义的论证结构时主要聚焦于特有的原则,因为,在一个学科的演绎结构之内,共有的原则似乎并没有明确呈现。在所有的自然科学中,一系列特有的原则体现为各式各样的定义性的和非定义性的、具体的学科原则。其中,有一些是大致成立的,还有一些是无条件成立的。在道德领域,我们也可以对各种原则进行类似的区分,但必须将那种指导行为的原则加入其中。

我们需要解释,在这些学科中,各种特有的原则是如何被把握的。说某个学科中的某条特有的原则是"直接的"(immediate),这是指该命题的主词和谓词之间不存在中项。但是,某件事实是无须证明的或直接的,并不意味着它就自动符合基础主义的条件,因为,无须证明的原则也可以通过归纳而得到推论性的辩护。这里需要的是一种能够产生满足基础主义条件的原则的归纳。

我们可以初步区分以下两种情况:一种是相信某一断言 p 为真,另一种是相信断言 p 具有直接性。根据上文刚刚谈到的"直接性"概念,我们"相信某一断言是直接的",要比我们"相信某一断言为真的"要求的东西多。亚里士多德的基础主义似乎要求说,如果缺乏某种推论性的证成过程,我们无法知道一条基础性原则就是基础性的。为了解决布林克提出的这种融贯论挑战,我们必须表明,无需基于二阶信念的证成过程,也有可能正当地相信一个直接的断言为真。而更具野心的解决方案——即,无需来自二阶信念的推论性证成,也能够正当地相信一条直接的原则是直接的——则不一定被说成是基础主义的立足点。

表明直接断言无需通过二阶信念得到证成，这虽然可以回应融贯论的挑战，但这种回应在解释基础信念时却必须要避免说，是其他的一阶信念为这些信念提供了推论性证成。融贯论者指出，二阶信念必定在证成一阶信念的过程中发挥作用。而充分的回应还必须避免说，是其他的一阶信念证成了基础性的一阶信念。如果后者是被前者证成，那么，所谓的基础信念也就不再是真正基础的了。

可以合理地认为，亚里士多德主义科学的各种原则，包括伦理学原则在内，都建立在我们前面解释的"直觉性归纳"的基础上。在这一过程中，认知者从对个别事例的知识过渡到对必然性的总结与概括（Ross 1949; Chisholm 1966）。不同于那种因为使用若干事例来证成普遍性而仅仅产生或然性的枚举式归纳，直觉性归纳能够产生关于必然真理的知识。罗德里克·齐硕姆（Roderick Chisholm）看到了亚里士多德所说的直觉性归纳，但他认为，这种归纳所提供的知识是先验的。然而，被人们后验获知的必然命题，比如，陈述主体具有必然属性的命题，又该怎样理解呢？例如，我们通过经验研究发现，人具有运用语言的能力，而且人必然地具备该能力，即便并不是每个人都运用语言。通过观察有限数量的人类，我们便可以发现"人类是语言使用者"这个论断的真理性。而将它视为一种先验知识则似乎不够合理，因为，我们可能是通过检视人类行为才知道这个命题。虽然像这样的命题有可能被先验地获知，但是，假如人们是通过前文所述的直觉性归纳而知道了它，那么，似乎就不能说它是被先验把握的。

无论直觉性归纳是否像齐硕姆等人所说的那样是一个先验的过程，用先验或后验来界定直觉性归纳似乎不能提供多少帮助。这部分地是因为，不同哲学家以不同方式来理解这些范畴。很清楚，关于经验事实的命题，包括那些关于经验事实的必然命题在内，它们涉及的概念需要以经验的方式来把握和验证。例如，某种元素（如黄金）的原子构造就不能仅仅通过纯粹的概念分析来发现。同样清楚的是，只要把握了相关概念，那么不同范畴之间存在的必然联系，如黄金及其原子结构之间的必然联系，就可以通过概念分析来把握。那些处理抽象事物的命题，如"2=2"，可能最清楚地例示了人们日常所说的先验命题。而另一方面，像"这个人身高六英尺"这种明显可以用经验验证的命题，则是后验命题的典型。然而，还有相当一部分命题介于这两个极端之间，并且，一些位居学科核心、涉及经验获知对象的命题就包含了许多这类命题。"黄金的原子数是79"便是自然科学的一个例子。此外，还有无数这样的例证。

许多基础性的伦理命题，尤其是那些在前面被归为"非定义性"的伦理命题，最好被理解为介于上述两个极端之间。也就是说，许多我们考察过的需要被用来建造演绎性的亚里士多德伦理学范式的命题，最好被看作是通过直觉性归纳而获得的，在这里，它被理解为一个从具体事例过渡到对概念间的必然关联加以把握的过程。让我们看看亚里士多德在这个问题上有何高见。

亚里士多德概括了把握科学的第一原则的四种过程：辩证法（dialectic），区分（division），定义（stages of definition）以及归纳。除了归纳（即研究相似性），其他每种过程都是推理性的。亚里士多德主义的归纳可以带来两类不同的东西，它们都有资格成为所谓的"基础原则"。第一类建立在人们通过感官知觉而获取的材料基础上。这类信念要想成为基础原则，就必须能够在不诉诸二阶信念的情况下得到证成。第二类则是由科学中的直接的定义性原则构成。尽管相信恰当的原则在某种程度上依赖于那些通过感觉材料而获得的一阶信念，但是，我们仍可以把努斯——这些基础性的原则正是经由努斯而被把握——理解成是在为这些原则给出非推论性的证成。

亚里士多德指出，科学的基本原则是通过归纳获得的（*Apo* 100b3–5）。此外，他还声称，努斯是一种可以把握科学始点的品质（*Apo* 100b7）。那么，努斯——尤其是当它作为归纳过程的一部分时——是否可以为基础原则提供非推论性的证成呢？

在解释人们获取科学原则的途径时，亚里士多德概述了归纳的过程（*APo* I.18, I.31, II.19）。① 在《后分析篇》第 2 章第 19 节，亚里士多德给出了一种由四个阶段组成的过程，它可以带来关于第一原则的知识：（1）对具体事物的感知；（2）在心灵中保留感知的内容，即，记忆；（3）经验；以及（4）把握有关的普遍物，而努斯正是在这里发挥作用的。

在《后分析篇》的第 2 章第 8 节，亚里士多德强调，如果我们不知道某物存在，也就不可能知道此物的本性或其中的任何部分，亦即，不知道此物是什么（*APo* 92b4–6）。我们会说，不存在的事物（non-existing things）只是在派生的意义上具有本质。而只有真实存在的事物（real existing subjects）才有真实的本质（real essence），而关于真实本质的知识才是科学的对象。知道某物存在不仅是知道该物本质的必要条件，而且，对事物本质的探究也是从意识到事物存在开始的。以不同的方式意识到某物存在，也会带来对该物是什么的不同看法。因此，要理解亚里士多德有关发现本质的观点，就要求人们仔细考察，在亚里士多德眼中，我们能够意识到某物存在的这些不同方式 (Bolton 1987: 132–133)。不仅如此，"某物是什么"和"某物为何如此"在亚里士多德那里也不是分开的。对此，有一种解释是，某物的"什么"就是它的定义。因此，"某物是什么"和"它为何如此"是一并被把握的。

亚里士多德曾说，在有些情况下，我们可以直接地感知事物的本质。

---

① 《论题篇》（105a11）认为，归纳是辩证法的一种。我们应当记住，辩证法的任何固有缺点与局限都可能出现在归纳中。问题的关键在于，辩证法所提供的理由和辩护能否超越单纯的融贯性。

他解释了努斯,还论述了努斯何以能够把握事物的本质,揭示出某物"是什么"或"为什么"。反思这些论述,有助于我们进一步理解他的想法(*APo* 93a17–18, 29–36)。亚里士多德构造过一个在月蚀期间站在月球上的人的例子:

> 关于月蚀的发生,如果我们在月球上,那么,我们既不会问它是否发生,也不会问它为什么发生,它们的答案一清二楚。因为,从感知中我们就能把握普遍的东西;既然月蚀正在发生的事实是显而易见的,感知就会同时告诉我们地球正在遮蔽阳光的事实,我们由此便获得了普遍的东西。(*APo* 90a26–30)

从站在月球上的人的视角来看,他可以感受到月蚀的发生,并同时知道月蚀是什么。月蚀之所以发生,是因为地球挡住了月亮的光源。这是个不同寻常的例子,其中,某人在知晓某物存在的同时,也知道该物是什么。即便这是一个人为构造的例子,也足以提供洞见,让我们理解努斯是什么以及努斯是如何运作的。

在这段话中,亚里士多德说"从感知中我们就能把握普遍的东西",还说"我们由此(感知)便获得了普遍的东西"。这两个表述都表明,努斯不同于感知,但和感知密切相关,甚至可能依赖于感知。亚里士多德坚持认为,感知针对的是具体的事物(87b39–88a2),而不能是普遍的东西。但《后分析篇》第2章第19节似乎表明,感知可以针对普遍的东西。

对这些要点的强调可以表明,在亚里士多德的基础主义那里,基于感觉材料的信念乃是基础性的。例如,感知到"雷是一种声音"的事实,至少可以为人们接受"雷"的定义——雷不是云中的火焰——部分地提供依据。而融贯论者反对将基于感觉材料的信念视为基础性的。他们反驳认为，即便是证成这类信念也要依赖于二阶信念。可是，在"雷是一种声音"的一阶信念背后，究竟又有怎样的二阶信念支撑它呢？既然这样的一阶信念来源于听觉，那么，只要一个人相信与声音相关的一阶信念，那么，涉及人类听力的某些事情就必须为真。人们可能会说，在试图证成"雷是一种声音"这条一阶信念时，的确存在另外一条需要被预设的二阶信念，那就是，在一定环境下，我们的感官可以准确传达世界的特定特征。而这进一步依赖于其他的二阶信念，它们涉及感官官能的存在以及世界上能对这些感官施加影响的实体。

需要记住的是，这里使用的"证成"概念意味着提供理由。我们是否必须相信这些二阶信念，否则就没有理由相信"雷是一种声音"呢？并非如此。我们也许可以使用二阶信念来证成一阶信念，但是，只有当一阶信念面临挑战（可能是来自怀疑论的挑战）而需要捍卫它时，我们才需要明确诉诸上述二阶信念。就一阶信念的真值依赖于二阶信念的真值而言，前者预设了后者。然而，认为我们必须在相信后者的前提下才能相信前者，却是不尽合理的。如果某些信念最初就被认为是可信的，那么，只要合理地相信这些最开始被认为是可信的信念，便足够了。在这个意义上，我们不必需要任何二阶信念，尽管我们可以需要它们来证成那些最初被认为是可信的信念。

当然，最初可信的信念也可能是错误的，而且，如果出现了一个指涉其错误的问题，那么，我们就不能在无法提供进一步证成的条件下依然正当地持有该信念。但是，如果问题是来自怀疑论者，那么，我们就很可能需要通过一些关于感觉可靠性等因素的二阶信念来证成。不过，若仅仅是要合理地相信某个最初可信的信念，我们则无需预见可能被提出的各种问题，其中包括怀疑论者的问题。论证的负担在怀疑论者一边。

我们应当认为，亚里士多德提倡某种基础主义，从该立场出发，我们

第 4 章 如何获知伦理原则？

所讨论的那种一阶信念最开始被认为是可信的。尽管这些信念被认为可靠，但往往也可能是错的。话虽如此，一门科学的"特有的原则"仍可以被理解为差不多是基础性的。要理解何以能够这样，就有必要多谈一谈"努斯"是什么。

我们可以认为，努斯一种使我们能够从具体事物中发现普遍性的品质，这种解释与亚里士多德主义归纳所具有的经验主义特征是吻合的。例如，理查德·麦克拉汉（Richard McKirahan）说道：

> 归纳是我们将某一个体确认为隶属于某一类别的个体的一种方式。同样，这也是我们用以在具体事物中发现普遍性的一种方式。它可以通过论证，也可以通过其他方式来进行。而《后分析篇》第 2 卷第 19 节所刻画的那种方法并不是论证，而是获得某种熟练技能，在事物中发现相关的一般特征。（McKirihan 1993: 256）

而努斯就可以被理解为上面所描述的这个过程的最后阶段。

努斯是通过如下方式对基础信念加以非推论性的把握的。一组基础信念是由真实的定义（real definition）构成。而只有当我们把某些事物"看成"普遍物的范例时，我们才能把握真实的定义。例如，我们可能观察到有关雷的种种事实——它涉及某种声音，通常伴随着降雨，在打雷之前还有闪电——但是，我们仍不知道"雷是什么"。只有当我们把所有这一切"看成"是火在云层中发生猝灭的具体情况时，我们才能知道雷的本性，从而解释所有这些事实。这里所说的"看成"，并不是刚才提到的那种从被观察到的特征出发而做出的推论。它仅仅意味着，把这些事实看作是某一事物的全部例证。一旦我们这样"看"了，我们也许就能够形成某种支持"雷就是云层中火的猝灭"这个真实定义的归纳推论，但是，提出这样的论证却预设着努斯所把握的内容已经得到了证成，而不是被赋予推论性的证成。没有这样的把握，也就根本不存在任何归纳推理的基础。

如果说我们在试图获知真实的定义时所涉及的那种非推论性的把握是努斯的真正对象，那么，这里出现的原则就是一条真正的基础原则，因为，努斯从不犯错。然而，对真实定义的任何表述都应该仅仅被看作最初是可信的，因为努斯并不"自我宣告"，也不具有我们先前所说的那种意义上的不可错性（McKirihan 1993: 259）。人们先前认定的基础信念无法解释后续发现的事实，像这样的现象很可能发生。如果真的这样，那么，公认的基础信念这时就应该被另一条信念取而代之，后者既可以解释新的现象，也可以解释以前的现象。虽然辩证法可以充当手段，用于判断人们公认的基础信念是否真的具有基础性，但是，由于辩证法是一种推论性过程，因此，只有凭借推论性的证成，我们才会知道某个基础原则真的具有基础性。可是，没有这样的推论性证成，我们也能够合理地相信某个基础原则是真的。

因此，在亚里士多德那里似乎存在两种信念，它们不会轻易地被融贯论者针对基础主义的反对意见摧毁。第一种信念建立在感觉材料的基础上。第二种信念包括那些直接的真实定义。通过我们这里给出的方式来阐述这两种信念是一项基本工作，它为人们理解基础主义留下了空间，不会让这种理解面对融贯论的反驳而崩溃。我们可以正当地相信感觉机能提供的材料，而无需诉诸二阶信念，把它们当作这些一阶信念的理由。另一方面，科学中直接的"特有的原则"也可以被努斯把握，而无需进行推论性的证成。这种信念就是基础信念，它们支撑着科学中其他的基础信念。由于我们不确定是否任何这样的信念实际上都来自努斯，因而，我们常常可能需要对这些信念加以修正。

沿着这些线索来理解的亚里士多德的基础主义，是可以满足基础主义的条件的。感知获得的信念能够不诉诸二阶信念而得到证成。亚里士多德意义上科学中的"特有的原则"也可以被努斯把握，而努斯并不涉及推论性的证成过程。这样，基础主义就得到充分的辩护，能够对抗也许是最有力的融贯论挑战，而且，也没有任何基础主义的特征会妨碍我们将一种基础主义的论证结构运用于伦理学，尤其是我们正在思考的这种亚里士多德伦理学模型。

4.6　本章小结

本章考查了一些与伦理学演绎范式相关的认识论问题。从 4.2 节开始，我们考虑的是一个宽泛的问题，即，扶椅伦理学或单纯基于概念分析的伦理思考是否可能。我们看到，尽管有理由认为伦理学尤其元伦理学的许多主题是扶椅上的研究，但仍有一部分伦理学主题似乎需要经验，而我们是无法在扶椅上获取这些经验的。

一旦我们发现经验探究在伦理学中的重要性，我们就转向道德上的自我评价的话题，这部分是因为，对道德上自我评价的考察促使归纳的重要性凸显出来。而契诃夫的短篇小说《打赌》则很好地展示了人们可以在亚里士多德伦理学那里所找到的道德上自我评价学说的若干特点。我们发现，但凡没有建立在亚里士多德理论所勾勒的某个线索环节之基础上的归纳推理，都不足以必定给出令人满意的道德上自我评价学说。因为，如果我们仅仅说我们通过自己的经验而获得道德原则，那么，我们是无从判断哪些标准是更加可取的。我们可以看到，这种不完整的图景极易导致相对主义或虚无主义。而我们需要道德理论中某种确定的东西提供标准，凭借它，自我评价乃至任何评价才是可能的。如果我们想想我们在前面特别关注的亚里士多德的两个观点，（1）我们具有自然的美德，以及（2）我们

125

自然地具备识别美德行为的能力，把它们当作关于道德自我认知学说的骨架，那么，归纳也许就可以被看作是赋予其形态和纹理的血肉。

接下来，我们考察了归纳推理的本质，思考了"归纳问题"与归纳推理之间的关系，因为，归纳推理与亚里士多德的知识获取理论有关，尤其是与伦理学有关。我们考察了一种关于如何获知道德原则的理论，该理论虽然受亚里士多德的启发并以其作品为基础，但也添加了一些当代认识论的要素，后者有助于填充和巩固亚里士多德有关该理论的粗略勾勒。我们首先讨论了非道德领域的归纳推理。在这里，我们看到，可以把归纳推理的可靠性建立在这样的观点的基础上：世界上存在着自然的种类和因果属性，而人类的心灵也适于把握这些自然状况。即便为了保证归纳推理的可靠性而需要预设形而上学层面和认识论层面的实在论，它们也并没有带来什么牢靠的机制，确保人们能够正确地洞察世界上各种联系的本质。而亚里士多德的努斯学说则可以被视为归纳过程的最后阶段，至少在原则上，该学说确保了人类心灵同世界上真实因果模式之间的关联。有些人认为，亚里士多德的努斯学说预设了某种不可错性，即当某人运用努斯而对某事作判断时，他不可能出错。我们发现，在这种强意义上认定努斯不可错，将会带来高昂代价。一个人只能在某种弱意义上坚持努斯不可错——只要某人拥有努斯，努斯就是正确的——然而，他还必须坚持表明，世界上并没有什么标准或确定的方法，可以知道一个人是否在任何具体的情形中所具备的就是真正的洞见。而这样的思路，可以避免那些在更强意义上理解努斯的人所面临的许多问题和反对意见。尽管有可能为较强的阐释方案提供辩护，但是，最好还是看看这种较弱的解读方式可以做些什么事情。根据这种理解，对努斯学说的承诺并没有什么特别的野心。事实上，在更一般的情况下，努斯似乎同时伴随着对先验知识的承认，这是任何推理形式得以可能所需要的。

我们看到，最新研究表明，亚里士多德具有复杂的归纳理论。根据该理论，枚举归纳仅仅是归纳中的一小部分。由于恶名昭彰的"归纳问题"来自枚举归纳的模式，因此，对亚里士多德主义者而言，归纳问题并不构成一个真正的问题。只要我们愿意承认世界上存在客观的自然种类，人类的心灵适合于把握它们，以及，归纳推理要比枚举归纳远为广泛，那么我们就可以在论证我们有办法绕开休谟问题的同时，承认该问题对于特定的归类型纳来说依然有效。

我们求助于亚里士多德。在他那里，我们看到，努斯是归纳过程的一部分，而且可以同时用于理论和实践领域。在理论运用中，努斯是归纳过程的最后阶段，它使认知者可以把握介于基础原则的主词与谓词之间的那种必然和本质的关联。而在实践运用中，努斯则是基于具体的经验和行为而对普遍伦理原则的洞见。由于本书发展的亚里士多德主义伦理学模型是以基础主义的论证结构为基础，因此，若要把握伦理学的基础理论原则，对努斯的理论运用就显得至关重要。在更具实践性的层面上，努斯使我们能够把握一般的道德原则，它们被用来指导并规范人们日常生活中的行为。

这里出现了一种道德认识论，它奠基于亚里士多德而又得到当代哲学思考的支持，根据该理论，我们可以通过归纳而获知两类重要的道德原则。那些指导日常行为的道德原则就是借由归纳的过程而把握的，此时，人们可以发现普遍的东西如何蕴涵在道德经验的具体事物之中。而那些理论性的道德原则，亦即在基础主义的论证结构中处于基础地位的那种东西，则是在从具体情形推出一般原则的归纳过程的基础上被揭示为真。无论是刚刚提到的实践的归纳过程还是理论的归纳过程，它们都涉及一种精神洞察力，而心灵就是凭借这种能力从具体过渡到一般。亚里士多德把这种理智能力称为"努斯"。

我们对亚里士多德基础主义的某些方面进行了相当细致的观察。他所提供的认识论契合于伦理学这种混合事物——既包含通过概念分析获得的原则，也包含通过经验材料获得的原则——的一般特征。亚里士多德的努斯概念，当它被理解为归纳过程的最后阶段时，就解释了我们何以能够把握必然的原则。我们讨论过努斯的理论应用及其实践应用的差别，并且指出，演绎性的亚里士多德主义伦理学模型的基础是由不同类型的原则构成，一旦我们确认了这些原则，那么，努斯便是一种非常适合于让我们获知它们的认知能力。根据这样的图景，人类有能力在掌握普遍原则的具体例证的基础上，把握或理解这些原则。而与这种学说相伴随的观点则是，普遍的东西在某种程度上已然隐含于具体的事物之中，后者是它们得以派生的起点。如果伦理学的各个原则可以依照第三章所解释的那种演绎范式而进行系统排序，那么，我们有很好的理由认为，支撑着其他理论学科的那种论证结构，同样也会支撑着被视为理论的伦理学学科。

既然演绎范式的各个要素已经被摆出来，而且，关于我们如何获知伦理原则的学说框架也已经被提供，那么，现在我们就应当思考这种模型所面临的一些更加严肃的挑战。

第 5 章
演绎模型面临的挑战

5.1 引言

本章将对前面给出的那种演绎性的美德伦理学模型提出进一步的挑战。首先是特殊主义的挑战（particularist challenge），它指向的是一种奠基于伦理原则之上的美德伦理学。而在各式各样的道德特殊主义中，约翰·麦克道威尔（John McDowell）对本书的美德伦理学模型给出了最为集中的反驳意见。尽管麦克道威尔受亚里士多德伦理学的启发而赞成亚氏的美德理论，但他认为，亚里士多德的实践智慧理论却表明，伦理原则是不可法典化的（uncodifiable）。麦克道威尔采用伦理学中的"大致关系"来巩固自己的论点，这使得我们有绝佳的机会可以运用第三章发展出来的那种关于"大致关系"的解释方案，看看这种分析是否能够提供一种可靠的受法典化伦理原则支撑的实践推理观念。我们将会看到，本书发展的演绎模型并没有背离实践理性在我们道德生活中的核心作用，二者是一致的。

接下来的一个挑战针对的是前几章提出来的那种实在论美德伦理学的范围。有人认为，即便亚里士多德的实践推理模型十分有力，也缺乏足够的广度，无法给出坚实的伦理理论所需的原则。更具体地说，有些人看来，亚里士多德的美德理论似乎不足以要求人们做出自我牺牲或利他行为。而通过考察"勇敢"美德，我们会看到如何回应这种反对意见。我将首先采用一个案例，解释亚里士多德的美德伦理学为利他的行为留下了空间，随后，在既有的美德理论语境中，我将为利他行为提供更一般的论证。凭借该论证，我们可以说，亚里士多德主义的美德伦理学具有足够的广度，值得作为一种重要的伦理理论而得到细致的研究。

另外一个挑战是，我们想要知道，是否有可能仅仅基于亚里士多德的美德理论便能证成那些绝无例外的道德戒律或不可剥夺的权利。我将尝试论述这样的证成可以如何进行。而论述的结果是，亚里士多德的理论缺乏足够的稳固性，还不足以充分完成这样的证成。但是，我们可以援引一些康德主义传统的原则，帮助我们证成某些不可剥夺的权利。在这里，自杀问题将成为讨论的核心。对于成功地证成不可剥夺的权利来说，针对自杀与被迫自杀在道德上的可允许性（moral permissibility）而展开的论述具有重要的意义。

5.2 特殊主义与亚里士多德伦理学

在近期出版的一部论文集的"导论"开篇，有这样一句话："在当下的伦理理论中，道德特殊主义是讨论得最广泛、也是最受争议的问题之一。"（Hooker and Little 2000）。毫不奇怪，人们对于道德特殊主义是什么仍然缺乏一种广泛接受的定义，但是，道德特殊主义的倡导者通常反对说，一般的道德原则可以为行为提供规范性指导。那些认为一般的道德原则在帮助行为者确定某个行为是否正确的过程中应该发挥作用的人，往往被贴上了"普遍主义者"（generalist）的标签。而当下最激烈的争论就发生在特殊主义者和普遍主义者之间，他们争论的核心是，一般的道德原则是否在指导行为的过程中发挥了重要的规范性作用。有人认为，亚里士多德在《尼各马可伦理学》中提供的就是一种道德特殊主义，而且，正如我们将要看到的，确实有理由支持这样的解读。而另一些人则认为，即便许多人常常如此这样看到他，亚里士多德也并没有拥抱道德特殊主义（Irwin 2000）。

第 5.2 节不会纠结亚里士多德究竟是不是一个道德特殊主义者。相反，它关注的是，个别的特殊主义者对本书给出的演绎模型所进行的反驳。约翰·麦克道威尔通常被视为道德特殊主义的创始人之一，在他看来，亚里士多德恰恰提供了一种道德特殊主义（McDowell 1979）。我们将会看到，麦克道威尔关于道德原则及其在道德推理中所扮演角色的看法是比较复杂的。尽管如此，他仍提出了一个富有争议的观点：建立在美德基础上的伦理理论，其内在精微之处是不可能被任何规则或公式所捕捉的，因为，在确认何为有美德的行为时，发挥决定作用的是具体情境。麦克道威尔声称，演绎模型无法充分把握美德行动者的行为推理过程。在一定程度上，这是因为演绎模型要求行为的精确性，而亚里士多德恰恰警告人们不要去追求这种精确性。不仅如此，在麦克道威尔看来，亚里士多德所说的实践智慧之人指的就是那种"以独特的方式看待情境"的人，而任何形式的普遍原则都无法把握这种实践智慧（McDowell 1979: 346）。如果麦克道威尔是对的，那么，本书所发展的演绎模型似乎不仅没有准确地解读亚里士多德，更没有对美德行为作出成功的解释，反而遗漏了其中的重要维度。

5.2.1　麦克道威尔的反驳 [1]

在讨论亚里士多德美德观念的过程中，约翰·麦克道威尔反对把亚里士多德的实践三段论理解为试图为美德之人的行动判断提供某种详尽解释

---

[1] 本节主要基于 Winter 1997。

的做法；根据这种解释，美德之人在做出行动判断时诉诸一条普遍原则作为实践三段论的大前提，诉诸经由感觉经验而获取的知识作为小前提，从而得到一则在特定情境下应当如何行动的结论（McDowell 1979: Sect. 1–3）。麦克道威尔认为，这幅实践三段论的图景意味着"美德之人真正感知到的仅仅是小前提所陈述的内容"（McDowell 1979: 336）。因此，对亚里士多德伦理理论的道德推理的功能所进行的一番演绎性构造，便会把美德的作用压缩到最低。

对于本书的议题来说，重要的是，在演绎性的亚里士多德伦理学范式中所包含的那些法典化原则可以衍生出关于具体行为的判断，而美德也仍然处于亚里士多德伦理理论的核心位置。针对麦克道威尔立场的批判性考察，可以使我们发现这种看法何以可能。

在讨论他所反对的上述观点时，麦克道威尔说道：

> 这幅画面，只有当美德之人有关人们通常应当如何行动的观点可以法典化，可以表现为适于充当三段论大前提的各种原则时，才是恰当的。然而，毫无偏见地说，认为任何在理性上成熟的道德观念都会承认这样的法典化，却是十分不合理的。正如亚里士多德一贯表达的那样，关于人们应该如何行动的最好的一般概括也只是大致成立的（*Nicomachean Ethics* I 3）。如果一个人试图把自己对美德要求的看法归为一套规则，那么，无论他在提炼法典的过程中多么地细致入微和深思熟虑，机械地应用规则会让他感到陷入错误的情况总会出现——而这不一定是因为他改变了想法；毋宁说，这是因为他在这件事上的想法无法被任何普遍公式所把握（参见 *Nicomachean Ethics* V 10, 1137b19–24）（McDowell 1979）。

第 5 章 演绎模型面临的挑战

普遍原则可以在一般伦理理论或基于美德的伦理理论的道德推理中发挥决定性作用，对于这种观点，麦克道威尔持严肃的保留态度。而承认麦克道威尔在阐释亚里士多德的过程中的两个独特的核心主张，则是非常重要的。第一个主张聚焦于普遍道德原则本身的特征及其证成。第二个主张则涉及这些原则如何同更具体的原则一起发挥作用，从而确定人们在各种情况下需要采取怎样的道德行为。

麦克道威尔说，我们可能通过公式来塑造的善良（kindness）原则，就展示出他所希望阐明的一个要点。我们会塑造某个原则，比如"一个人应当善良"，把它当作善良之人所依据的行动原则。然而，这条原则过于宽泛，以至于当人们思考在具体情况下该如何行动时，它很难提供指导。而一条更具体的善良原则也可以是这样的："如果某物对他人有利，而提供它并不会让我们付出太大代价，那么，我们就应当提供它。"诸如此类的具体原则有助于人们识别出特定的具体事实，也可以指导我们以特定的方式面对他人。但同样明显的是，对于任何这样的原则来说，总有一些虽然可以运用该原则、但依此行动并不就是有美德的甚至可能谈不上善良的情形存在。在麦克道威尔看来，像这样的具体原则不能被纳入演绎性的伦理学范式，因为，它们允许特定情况下存在例外。麦克道威尔认为，只有一套完整的生活观念才能表达出善良之人所会持有的行动观念。而我们之所以要有一套完整的生活观念，是因为需要做出善良行为的情境会出现在人类生活的任何领域或方面。为了知道在所有这些领域中是否以及何时做出善良行为，我们必须拥有一种完整的好生活概念，它将产生全部美德。

因此，我们可以认为，麦克道威尔提倡的是某种非常接近如下观点的立场：世界上不存在任何足够具体而又内容明确的道德原则，它们可以充当演绎性实践三段论的大前提，同时，该三段论的小前提可以凭借感觉经验而被决定为是真是假，其结论则是一种行为或是一个关于在某种特殊情况下有美德的或应当去做的特殊行为的命题。麦克道威尔观点的某些方面是有问题的，尤其是，他赋予美德以绝对主导地位的主张，排除了那种能够拓展到具体事物的演绎性伦理学范式的可能性。而讨论麦克道威尔观点的这个方面，将有助于为我们正在思考的那种演绎性的亚里士多德伦理学模型的范围确定边界。

必须注意，针对亚里士多德刻画道德原则的方式，麦克道威尔在他上面的论述中用到了"大致成立"这个短语。看起来，麦克道威尔是在我们第三章所考虑的那种统计学的意义上理解该短语的。如果我们是这样理解"大致关系"，并且认为亚里士多德仅仅是在这个意义上讨论它，那么，麦克道威尔的论证就是正确的。按照这种理解亚里士多德的方式，许多重要的道德命题的谓词都无法一直适用于各自的主词，而这些命题又往往在道德推理中发挥着重要的作用。不过，总是有可能出现这样的情况，即，在某个需要某人做出道德决定的具体情况下，一般概括的命题并不能得到准确地应用。既然一般概括的命题总有可能无法成功应用于具体的情况，那么，这似乎足以表明，对伦理原则进行法典化处理的做法是不恰当的。同时，凭借一系列公式难以把握完整的生活观念，也是法典化所面对的另一种棘手障碍。

下面三个断言放在一起，就是麦克道威尔的论证所提出的挑战：

（1）在亚里士多德的伦理理论中，美德具有决定性作用。

（2）在亚里士多德的伦理学中，不存在可以指导行为的法典化的道德原则。

（3）亚里士多德主义伦理学不应从演绎范式的语境内部出发来理解。

麦克道威尔似乎认为，（2）从（1）中得出，而（3）又从（2）中得出。麦克道威尔是这样说的：

> 如果（美德之人对于人应该过何种生活的）观念可以通过普遍原则而法典化，那么，这些解释就会采取前面讨论过的那种偏见所坚持主张的演绎形态……但是，不可法典化命题却意味着，在美德三段论中，我们所构想的大前提不可能被明确地写下来（McDowell 1979: 343）。

这些论述主要涉及实践三段论大前提的可法典化特征及其地位。然而，如果麦克道威尔的论断是对的，那么它还表明了更多东西，即亚里士多德的美德概念极其丰富，而演绎范式无法把握这个概念所蕴涵的全部内容。

但我们将看到，为什么从（1）推不出（2）。此外，还有很好的理由认为（2）是错的。我们很快会考虑到一种情况：一条基于演绎的且可法典化的道德原则通过与进一步的前提相结合而能够指导行为。用以展示这种情况的模型以及亚里士多德的实践三段论，至少在美德之人那里，可以被理解为是对行为的解释和论证。通过采用第三章所刻画的对于亚里士多德"大致关系"范畴的解释方案，我们能够进行一些演绎推理，它们意味着（2）是错的。而麦克道威尔在思考当某种压倒性美德出现、其他美德便会陷入沉默的问题时所持的立场，又要求人们在理解"大致关系"时诉诸"倾向"这样的东西。因此，有理由认为，我们在承认（1）的同时可以否认（2），而这却是麦克道威尔必定反对的一种主张。

5.2.2 对"大致关系"的再思考

在很大程度上，正是通过对"大致成立"采取技术化的解释，普遍原则才可能既具有法典化特征，又为行为提供指导。何以如此？我们从一个具有明确具体的前提的三段论开始。请想一下，某人正在考虑是否要把从一位目前失去了理智的朋友那里借来的武器还给他。这时，此人可能进行如下推理：

三段论 A：
  有美德的行为都是应该做的。
  偿还所欠之物大致都是有美德的行为。
  偿还所欠之物大致都是应当做的。

  上述三段论的小前提和结论都提供了很好的例证，可以让我们对技术化的"大致关系"进行探讨。第三章曾表明，在命题的主词——偿还所欠之物——及其蕴涵的潜能（这种潜能表现为特定的属性，它在小前提与结论中都有所表述）之间，存在着必然联系。不仅如此，这两个命题的谓词所代表的潜能以及这种潜能的呈现之间，也存在着一种遵循亚里士多德《形而上学》中"强因果性原则"从而可被构造为必然命题的关系，它也是"大致关系"内部的第一种必然关系。请回想一下，根据强因果性原则，只要没有阻碍，而且有合适的动力因，那么，自然实体就会实现它的潜能。①

  通过运用这些要点，可以对上述论证展开这样的分析：

---

① 在《形而上学》中，亚里士多德区分了理性的潜能和非理性的潜能："那些按照理性而可能运动的，其潜能带有理性，那些无理性的东西，其潜能也是无理性的。前者必然在有生命的东西中，后者则在两者之中。在后一类可能，当动作者和承受者作为可能而相逢时，必然一个是动作，一个是承受，而在前一类可能并不必然如此。"（*Metaphysics* 1048a 5–7）

三段论 B：
  有美德的行为都是应该做的。
  除非有阻碍，否则，偿还所欠之物都是有美德的行为。
  除非有阻碍，否则，偿还所欠之物都是应当做的。

从三段论 B 的结论出发，我们可以获得一则关于应当如何行动的规定：

三段论 C：
  除非有阻碍，否则，偿还所欠之物都是应当做的。
  没有阻碍。
  偿还所欠之物都是应当做的。

  在三段论 A 和三段论 B 中，每一条命题都具有可法典化特征。三段论 C 的第一个前提也可法典化，它的第二个前提基于美德之人的敏感性，而它的结论则与行动相关。如果三段论 C 的命题是这样的，那么就有理由认为，在亚里士多德伦理学这里，既可法典化、又能指导行为的道德原则是可以存在的。美德之人的敏感性尽管对于把握三段论 C 的小前提至关重要，但是，承认美德的决定性作用，并不意味着亚里士多德的伦理学就不可法典化。

  有人会反对说，三段论 C 的第一个前提不可法典化，因为，"除非有阻碍，否则，偿还所欠之物都是应当做的"这个关于"除非"的条件从句不是法典化的表述。然而，我们应该在非常一般的意义上来理解这个"除非"从句。理解该命题，要理解它的主词和谓词。正是主词和谓词的本质，才产生出某些谓词不能成功地适用于主词的特定情形。可是，我们只需知道主词和谓词的本质允许这些情形存在，而无需详尽了解这些情形究竟有哪些。只有当我们必须了解谓词不能适用于主词的所有情形，这个命题才真的是不可法典化。

美德之人的敏感性提供三段论 C 的小前提，这种看法同时意味着，当小前提为真时，这里并不仅仅只有那些在识别其真实性时所涉及的感官知觉。在亚里士多德伦理学中，可法典化的原则可以同美德之人所能把握其真实性的另一条前提相结合，经由演绎而产生结论。这番结论指向的是在具体情境下应当去做的行为。麦克道威尔也许会承认，三段论 A 和三段论 B 的大前提是法典化的，因为它们同"一个人应当仁慈"这类命题具有相似的特征。但是，他对这些命题的担忧恰恰在于，它们因其普遍性而无法指导行为。麦克道威尔可能不会承认三段论 A 的前提和结论是明确具体的，因为，它们都允许某些谓词不能适用于主词的情形存在。然而，这是否就意味着不可法典化呢？

这里的挑战之一是，我们既要解释"偿还所欠之物"与道德美德或那些道德上的美德行为之间何以具有必然联系，但同时，在特定的特殊情况下，"偿还所欠之物"又并非道德上的美德行为。在概念之间建立起某种必然联系，或许有助于表明道德原则何以是确定和具体的，并且，再加上对具体事实的认知，就能够指导人们的行为。由于亚里士多德在思考所有的道德美德时都以其最终目的即幸福为参照，因此，就其本质而言，"欠东西不还"必定与实现该目的格格不入。根据第三章对"大致关系"的分析，主体与潜能或倾向之间存在必然的联系。如果记得这一点，那么，我们对"做出美德行为的倾向"和"偿还所欠之物的倾向"之间的关系进行考察，就是可以理解的了。

美德涉及怎样的倾向？由于正义是美德，因此，与正义有关的倾向自然也就属于与美德有关的倾向。如果正义意味着给予某人应得之物，而偿还所欠之物正是将此人应得之物归还于他，那么，美德就跟"偿还所欠之物的倾向"有关。然而，并非所有"偿还所欠之物的倾向"都与正义有关。只有当该倾向源于美德的动机——即，偿还所欠之物，是因为给予他人应得之物乃是正义的——它才是与正义有关的倾向。

请思考下面这番论证，它试图证明，在有美德的行为同那种偿还所欠之物从而实施这些行为的倾向之间，存在着必然的联系：

> 前提 1：如果一个行为者具有实施美德行为的倾向，那么，该行为者必然具有实施正义行为的倾向。
>
> 前提 2：如果一个行为者具有实施正义行为的倾向，那么，该行为者必然具有给予他人应得之物的倾向。
>
> 前提 3：如果一个行为者具有给予他人应得之物的倾向，那么，该行动者必然具有偿还所欠之物的倾向。
>
> 结　论：如果一个行动者具有实施美德行为的倾向，那么，该行动者必然具有偿还所欠之物的倾向。

前提 1 是非常直接的，而且，如果考虑到亚里士多德的伦理理论关于美德的论述，那么，这个前提可以轻松成立。正义的行为属于有美德的行为之一。因此，如果某个行为是正义的，那么该行为必定是有美德的。因此，这个条件句必然为真。事实上，考虑到亚里士多德关于美德同一性的看法，我们可以将前提 1 中的"正义"替换成任何其他美德。

基于"正义"美德的本质，前提 2 也是一条必然真理。亚里士多德在《尼各马可伦理学》中讨论正义时，特别强调了正义与相称性（proportionality）的关联（NE 1131a29–1131b16）。可以认为，如果某人将一定数量的钱物给予他人，那么，此人是将应得之物给予他人。而对于接受这笔钱物的人来说，他则接受了自己的应得之物。在这些概念之间具有必然的联系，因而我们认为，在相应的倾向之间也存在必然的联系。

而前提 3 的结果，即"偿还所欠之物"，仅仅是给予他人应得之物的一个例子。倾向于偿还所欠之物的人，都会倾向于给予他人应得之物。重要的是，我们要认识到，这种倾向并不总是行动的来源，因为，可能还存在一些偿还所欠之物并非美德的情况。事实上，"大致关系"所指涉的那些倾向，并未要求人们始终出于它们而行动。不过，这里重要的是，美德之人必须具备这些倾向，它是令结论为真的全部条件。

既然前提 1、2、3 为真，从而结论为真，那么，我们就可以给出有力的例证，证明"偿还所欠之物的倾向"可以从"实施道德上的美德行为的倾向"中推导出来。这两个观念之间存在着必然的联系，为某种确定且具体的"大致关系"奠定了基础。而这两个特征，都出现在麦克道威尔所反对的"可法典化"概念中。

5.2.3 一些反驳与回应

试图在美德的倾向和偿还所欠之物的倾向之间建立必然联系，人们也许会对这种尝试提出反驳。麦克道威尔可以承认，大致上，正义确实包含着偿还所欠之物的倾向，但他却会对其中的含义给出另一番解释。正义是可以包含某种倾向，但该倾向只有在特定的情境中才表现为偿还所欠之物的倾向，此时，正义虽然标识出了偿还所欠之物的倾向（a disposition to repay debts），但却没有标识出那种愿意偿还所欠之物的倾向（a disposition to be disposed to repay debts），根据后者，我们会有动机去实施某个被我们看作是属于偿还所欠之物情况的行为。而且，这种倾向似乎还拒斥关于它的具体化说明。

麦克道威尔之所以会如此论证，有一个原因是，在他看来，当美德之人承认源于某个美德的考虑被源于其他美德的考虑压倒时，前者便会"陷入沉默"。进一步说，该美德"陷入沉默"意味着它根本没有构成美德之人的动机，因为在麦克道威尔看来，美德之人同普通人的区别就在于后者的动机彼此冲突。可是，如果一位美德之人具有愿意偿还所欠之物的倾向，而这仅仅是说，缺乏考虑将意味着偿还所欠之物的行为将不再是有美德的，那么，这种倾向似乎就不可具体说明。若它无法具体说明，那么看起来，我们就不能靠它提供基础，给出关于偿还所欠之物这种美德的具体原则。

  回应上述反驳意见，可以有两种方式。第一种方式坚持认为，即便麦克道威尔是对的，即便一个正义之人拥有的是那种愿意偿还所欠之物的倾向，也仍然存在着可法典化的原则，它们在大多数情况下都把正义同偿还所欠之物的行为联系在一起。第二种方式则是通过表明美德之人何以不同于普通人从而捍卫如下观点：正义带来的正是一种偿还所欠之物的倾向。即便此处所说的倾向是那种在特定情形下愿意偿还所欠之物的倾向，而不是偿还所欠之物的倾向，也仍有大致成立的可法典化原则存在。假设"正义之人愿意偿还所欠之物"大致为真，此时，偿还所欠之物的倾向至少包含着某人一旦意识到某事属于偿还所欠之物的情况便想要偿还所欠之物的那种欲求。而这样的倾向只在没有阻碍的情况下才实现，因此，"正义之人将会偿还所欠之物"也大致为真。进言之，这就是大致成立的可法典化原则所需要的全部东西。我们也不需要更多的东西来证明"正义之人将会偿还所欠之物"大致为真。

  从上述考虑可以看出，正义会带来某种倾向，它在特定情况下通过两种方式之一（其中，一种表现方式要比另一种更直接）而表现出来。根据第一种、也就是较为直接的那种方式，正义会带来"偿还所欠之物的倾向"，该倾向包含着一旦承认某个特定行为属于偿还所欠之物的情况便想要实施该行为的欲求或动机。这里，如果我们认识到，在一些可能阻碍这种偿还所欠之物倾向的条件下，不偿还才是美德行为，那我们就可以解释，为什么一个美德之人并不总是偿还所欠之物。尽管如此，在这样的情况下，即便偿还所欠之物并不等于美德，美德之人也仍然有这么做的倾向。由于麦克道威尔把具备这种冲突性动机的人视作普通人而不是美德之人，因此，针对麦克道威尔的充分回应就需要解释，在什么意义上，这样的人并不是普通人。

对于与正义有关的这种偿还所欠之物的倾向，根据第二种理解方式，正义会带来"愿意偿还所欠之物的倾向"，该倾向包含着一旦认识到某个行为属于偿还所欠之物的情况便想要采取行动的欲求，而且，它也只在一定条件下——其中就包括，认识到在某些情况下不偿还所欠之物才是有美德的——才会表现出来。例如，当美德之人面对某个丧失理智的人讨还他的武器时，前者就不一定具有偿还的动机。针对所欠之物物主的事实情况的相关认知，就构成了阻碍这种动机倾向表现出来的场景之一。而这依然表明，在没有障碍阻止他们这么做的情况下，正义的美德之人确实会有一种偿还所欠之物的倾向。这样的看法同样能够产生可法典化的原则。

尽管对主体及其倾向之间关系的这两种替代性的解读方案似乎都能产生可法典化的原则，但第一种更可取。因此，我们就需要解释，根据这种理解方式，美德之人何以不同于普通人。这里的问题在于，即便偿还所欠之物的行为不是有美德的，正义也必然与那种偿还所欠之物的倾向相关。换言之，美德之人具有这种倾向及其引发的动机。于是，美德之人似乎就有了相互冲突的欲求，它无法使我们把美德之人同普通人区分开来。

但是，如果我们说，美德之人被压制的欲求并没有给行为者提供行动的理由（它们必定不如某些更强的理由更有分量），所以它们好像根本不存在一样，那么，情况又是怎样呢？① 照这种理解，这些欲求没有构成相反的行为倾向，因而不会令美德行为者陷入纠结。为了说明这一点，不妨通过一个较简单的例子来思考，当美德之人发现某种美德倾向被其他考量压制时，他在面对怎样的情况。例子是这样的：某人可能突发好奇的冲动，想要喝一罐油漆；这项欲求根本没有提供任何依此行动的理由，因为它同该行为者所欲求或相信的其他善完全无关。像这样的欲求无需有什么理由来压倒它所带来的理由，因为，它根本没有理由。进而言之，拥有此种欲求的人不会因这番冲动而陷入挣扎，并努力压制自己喝下油漆的欲求。如果这番冲动仅仅是突发奇想，而且同行动者所欲求或相信的善完全无关，那么，行为者就可以忽视它，将其视为幻念，仿佛它从未存在过一样。上述例子表明，我们可以拥有某种欲求，但它不会提供依此行动的理由。因此，我们完全可以视之为无物。

这样的思考又如何适用于美德之人呢？不妨想一想上文提到的归还武器的情况。如果美德之人发现自己要归还武器的那个人丧失了理智，那么，是否归还武器就根本不成其为问题。此时，归还武器的倾向仿佛完全不存在。因为，这种倾向没有给美德之人提供任何归还武器的理由，美德之人完全无需跟它作斗争。即便这种倾向存在，也被视为无物。由此，美德之人便可以和普通人区分开来。

我们已经看到，作为亚里士多德主义科学形态的伦理学，在什么意义上可以拥有可法典化的原则。这些原则能够与其他的前提结合，经由演绎而产生指导行为的结论。这些其他的前提，也许并不是那些通过感官知觉来揭示其真实性的前提，而仍然是一些同可法典化的原则相结合并经由演绎而产生指导行为之结论的前提。还有一个更深入的原因可以说明，为什

---

① 诺曼·达尔（Norman Dahl）提出了这种区分及其相关例子。

么麦克道威尔应当认为这里所论证的那种可法典化原则是存在的。看起来，他似乎需要承认某些产生它们的倾向，因为他曾强调，有些考虑会因为美德之人的敏感性而"陷入沉默"。

麦克道威尔解释说，美德之人的敏感性能够认识到什么才是一个特定的情境实际要求的东西，而这种敏感性的存在会让源于某些美德的考量"陷入沉默"：

> （美德之人）通过运用其敏感性而对一个情境所形成的看法，使得该情境的某个方面被看作是构成了从事某种行为的理由；这个理由不是重于或高于从事其他行为的理由……而是令它们陷入沉默的理由（McDowell 1979: 335）。

是否可以说，当美德之人的敏感性出现时，源于多个具体美德的竞争性的考量就会陷入沉默？针对这种解释，至少有两个问题。首先，陷入沉默的这些竞争性的考量从何而来？其次，它们怎样影响美德之人，以至于它们必须陷入沉默？麦克道威尔似乎需要有一些与各个美德分别有关的倾向，当某个倾向同别的美德发生明显冲突而又不敌后者时，就产生了必须"陷入沉默"的考量。第三章关于"大致关系"的论述允许存在不同的、与各个美德分别有关的倾向。这种论述是说，每种美德都伴有一系列倾向，它们在没有阻碍的情况下将会实现，此时，美德之人对其他的道德相关考量的承认，可能就构成了此类阻碍。这些倾向所引发的行为动机会因美德之人运用其敏感性而遭到搁置。况且，麦克道威尔为什么会说，不止存在一种美德呢？作为针对"大致关系"进行技术分析的一部分，这些倾向提供了一种自然的区分不同美德的方法。麦克道威尔的论述也需要能够带来可法典化的伦理原则的各种倾向，因此，他应当承认，我们迄今所考察的这种可法典化原则是存在的。

5.2.4 进一步的思考

麦克道威尔的核心关切是，对一般道德原则进行法典化处理，属于是一种错误理解亚里士多德道德推理学说的演绎范式。麦克道威尔之所以认为演绎的范式错误地理解了道德推理的特征，原因之一在于，总有一些被道德推理的结论所规定的行为与好的道德感不一致："无论人们在设定规则时多么地认真细致和深思熟虑，总是不可避免会出现一些情况，其中，机械地应用这些规则被看作是错误的行为。"（McDowell 1979: 336）为了处理这种关切，我们可以进一步拓展目前的讨论。

请回想一下，"大致"命题涉及的第二种关系乃是潜能（或倾向）及其实现之间的关系。由于存在干扰因素，潜能并不总能实现。不妨回想一下前面提到的一个观点，即，三段论 C 的前提不仅仅是建立在感官知觉基础上。在塑造道德品格的过程中，人们也需要一种感受力，它帮助人们感知具体情境中可能对特定倾向的实现带来障碍的那些东西。不同道德层次的人，其感受力的发展程度也有高有低。但是，美德之人一定具有良好的感受力。美德会带来恰当的敏感性，针对的就是具体情境中的道德相关特征。而认识到这些特征，将会给展示某种特定的美德倾向带来阻碍，也会给美德之人带来阻碍。

在归还武器的例子中，行动者只要对一般伦理原则有正确的知识，那么就能理解，三段论 C 的前提在技术性的意义上是大致为真。可能存在某些因素或情境，会使得"偿还所欠之物"在有的情况下不再是在道德上值得提倡。例如，我们借走了一件潜在危险的武器，而武器主人的心理健康状况在该武器出借期间发生恶化，就属于这种情况。这里出现了两层障碍，它们结合在一起发挥作用——一个是武器本身，另一个是心理状态的糟糕变化，它们都是这种情况下的阻碍因素。对于美德之人来说，如果他意识到这些因素之间的关联以及美德提出的要求，那么，他就不会推出三段论 C 的结论，因而也就不会面临任何张力。由于大前提是大致成立，而且美德之人会意识到干扰因素的存在，发现该因素影响到了小前提，因此，这样的人就会认识到该采取何种行动。于是，在刚才谈到的例子中，美德之人不会得出三段论 C 的结论，因为他会发现该三段论的小前提无法成立。而做出这样的决定，乃是以良好的道德感受力为支撑，同时也是演绎范式所规定的内容。简言之，只要我们采用第三章所讨论的那种关于"大致关系"的技术性解释，那么，麦克道威尔所认为的演绎范式与道德敏感性之间的张力实际上就并不存在。

针对亚里士多德眼中的实践三段论目的的表述将表明，这里讨论的问题同麦克道威尔对亚里士多德的阐释直接相关。看起来，三段论 C 并不是一个实践三段论，因为，它的小前提没有陈述那种基于感官知觉的具体事物。而在麦克道威尔看来，实践三段论的演绎范式恰恰在于拥有建立在感官知觉基础上的小前提，正因如此，才可以理解道德原则的可法典化特征（McDowell 1979: 336）。这也是麦克道威尔本人对实践三段论的部分理解（McDowell 1979: 344–5）。

然而，即便具有基于感官知觉的小前提乃是实践三段论的本质特征，三段论 C 和亚里士多德的实践三段论也依然服务于同样的目的。两者都为美德之人的行为提供了一种解释和证成的模型。可以合理地认为，亚里士多德的实践三段论将行动者的想法说成是与他或她的行为有关且能够证成该行为的因素。而三段论 C，也应被理解为是在服务这个一般目的。

简言之，第三章提出的那种关于"大致关系"的技术性解释，使得我们能够把道德原则理解为可以得到具体说明的、确定的且能够指导行为的东西。如果这种分析是可接受的，那么，就存在一种值得麦克道威尔更加仔细对待的、用以理解道德原则在亚里士多德伦理理论中作用的方式。假如二者都服务于相同的目的，那么，三段论 C 是否在每个细节上都和亚里士多德的实践三段论严丝合缝则是无关紧要的。

亚里士多德是否认为实践三段论的小前提只能靠感官知觉发现？他的某些说法确实可以被看作是对这个问题的肯定回答。例如，在《尼各马可伦理学》中，他说，作为慎思最后一步的具体事实乃是知觉的对象，而实践智慧关注的也是作为知觉对象的具体事物（NE 112b38– 1113a2 and 1147a27–38）。然而，这并不意味着亚里士多德此处所谈论的"知觉"就完全是感官知觉。因为他说，面包是否按照恰当的方式被烤制是一个知觉问题，而这似乎也是一个评价问题（NE 1112b38–1113a2）。他还说，一个人在何种程度上偏离中道才需要被指责并不容易确定，而是得取决于具体事实，并且，这也是一个知觉问题（NE 1109b20–24）。在这里，他所谈论的这种知觉能够察觉到，某个行为对中道偏离到了一定程度，以至于不再是有美德的。这也是一个评价性问题，而不仅仅是在发现那些通过感官知觉而获得的东西。此外，亚里士多德还认为，有些人所提出的未经证实的说法也值得一听，因为，经验赋予他们精准的眼光（NE 1143b11–13）。亚里士多德关注的是一种道德知觉（moral perception），它所要求的经验超出了感官知觉（sense perception）所要求的经验，而且，它可以让我们精准地观察某个特定的情境，因为它可以让我们识别出该情境中具有道德相关性的那些具体特征。因此，有理由认为，目前这种理解"是什么构成了实践三段论小前提"的看法才符合亚里士多德的论述，而相应地，要求实践三段论的小前提仅仅通过感官知觉得到把握，则是对亚里士多德的背弃。

仍然有待解释的是，本书所提出的演绎范式如何兼容于麦克道威尔所说的美德之人"看待情境的独特方式"（McDowell 1979: 346）。麦克道威尔非常正确地强调，在所有关于美德的伦理理论中，美德之人的敏感性都发挥着核心作用。然而，我们并没有理由接受麦克道威尔的另一个观点：演绎模型会消解敏感性在决定行动的过程中的作用。根据三段论 C 的推理模型，美德的敏感性对于把握其中的小前提乃是必要的。而在实践中，美德同样会在把握大前提的过程中发挥作用。要注意某些情境中出现的障碍，也就要求人们知道在没有障碍的时候该如何行动，而这恰恰需要麦克道威尔所说的美德敏感性。要把握小前提，也就要求人们理解美德行为及其阻碍之间的关系，而这同样有美德的敏感性在发挥作用。因此，本书提出的演绎范式远远没有消解美德的重要性，它为美德所赋予的重要性并不亚于麦克道威尔。美德的敏感性对于把握三段论 C 的小前提而言是根本的，在这个问题上，我们不认为小前提只能通过感官知觉来把握。但是，正如我们看到的那样，这种小前提也不一定就属于十足的亚里士多德主义的关于道德原则应用于行为的学说之列。

关于经验与知觉在把握大前提的道德内容时的作用，麦克道威尔的一般看法同我们的观点基本一致。任何对亚里士多德的解释都需要以此为核心。而要认识到普遍道德原则的真实性，认识到那些阻碍因素可能影响到"大致"命题对于具体情境的应用，则同样需要经验和知觉的介入。但这不会迫使我们说，完全是我们的道德实践使得道德原则有了客观性。同目前方案所容许的程度相比，这种观点会导致道德的目标陷入更极端的不确定性。

如何看待麦克道威尔所说的，实践三段论的大前提"不可能被明确地写下来"？对这个观点的论证似乎是，该大前提体现了美德之人关于如何生活的整体观念，它是不可法典化的。既然鉴于亚里士多德有关道德推理本质的论述，我们不可能完全排除它们的可法典化特征，那么，似乎可以合理追问的是，那种为可法典化提供基础的模型又可以怎样解释麦克道威尔的观点，即，大前提涉及的是美德之人的整体善观念。请注意，这里所倡导的演绎模型同样涉及这方面的认知。如果某人从少量的基础道德原则出发而进行一系列的演绎推理，那么，这些演绎过程就会为任何前提——它们可能同美德敏感性所感知到的内容一起得到运用——提供理由。由于整个的演绎过程、基础性的原则以及那些从中产生的结论，共同构成了一套高度具体且十分系统的美好生活论述，因此，无论何时，只要诉诸其中一个命题，那么，该命题就是以这一整套生活观念为基础的。而将美德之人的不同行为区分开来的，并不是他们在道德情境中运用的原则，而是他们感知那些与小前提相关的因素的方式。在这个层面上，发挥作用的是实践理性，而不是科学和理论。

5.3 演绎范式的范围

现在，我们来考察一些有关这种伦理学范式的边界与范围的问题。例如，一个人想要知道，基于美德的伦理理论是否可以是完备的。有人认为，亚里士多德的美德理论就并不完备，因为，当两个或多个行动者持有相互冲突的计划时，它不能决定何者应当占据上风（Dahl 1984: 130）。如果不能说明仁慈或利他行为对行为者来说为什么就是要去做的理性行为，那么，任何基于美德的理论都无法趋于完备。而我将表明，无论是在一般的伦理理论中，还是在具体的亚里士多德伦理理论内部，我们都可以找到理论资源来说明为什么利他行为对行为者而言是理性的。有人认为，我们无法给出完全理性的解释，说明为什么舍己为人的行为就是好的；他们或许认为，要解释这样的伦理行为，就只能诉诸某种神义论（theism）或其他的超自然原因（super-natural cause）。①而另一些人则试图在美德理论之外，为利他之举提供理性的证成（Nagel 1970; Searle 2003）。在这里，我将尝试表明，一种来自美德理论立场的证成方案将是应该是怎样的。

在处理演绎范式的范围问题之前，我们或许有必要先集中讨论一下该模型的主要特征并整合其主要因素，从而有利于我们更好地理解将要提出的方案。于是，我们将更有把握确定这种理论究竟能走多远。此外，还需要再次强调道德实在论方面的一些问题，因为，对于我们这里所提出的方案而言，它的部分目的正是为了回应各种反实在论的挑战。

5.3.1 对演绎范式的又一种考察

回想一下我们在"导论"所说的，本书旨在建构一种演绎性的亚里士多德主义伦理学模型，而这项计划的目的之一，就在于展示一种伦理理论何以在一系列牢固确定的伦理原则之上囊括道德生活的多变性和复杂性。许多人认为，美德理论的优势之一，就在于它能够容纳道德生活的多变性与复杂性。但这项优势却往往被认为是以放弃将自身建立在道德原则的坚实基础之上为代价。而本书的目的之一就是要反驳这种观点。

亚里士多德在《尼各马可伦理学》中提出的价值理论是这项计划的出发点。而主要的挑战则是，表明该理论的各种要素能够同道德原则的演绎模型相兼容。亚里士多德理论中最清楚的要点是，道德生活的目的是幸福，或者说，人类繁荣，而过上有美德的生活——它意味着拥有美德之人

---

① 安·兰德（Ayn Rand）提出了一种特别令人伤心的情况。她说："现在，这里有一个词，仅凭这一个词就可以扫除道德方面的利他主义，令它无法被接受。这个词就是'为什么'（why）？为什么人们一定要为别人而活？为什么人类一定要成为自我牺牲的动物？为什么这些都是善的？对于这些东西，不存在任何尘世的理由——而且，女士们先生们，整部哲学史都没有给出任何尘世的理由……大多数道德家以及少数受害者所意识到的恰恰是，理性与利他主义无法相容。"参见 Ayn Rand, *Faith and Force: The Destroyers of the Modern World*, PWNI 74; pb 61.

所具备的那种对情境的知觉能力——的人最可能实现这个目标。我们怎样获得这种美德的敏感性？亚里士多德的建议是追随那些美德之人。这的确是一个好建议，然而，伦理理论的部分目的就在于，使人们有能力在不参照道德榜样的情况下依然可以决定自己应当如何行动。进言之，如果两位道德榜样提供的建议不一致，那么我们又该如何呢？如果我们仅仅追随一位优秀的榜样，以之作为准则，那么我们又如何在不同的行为规定之间做出判断？无论一个人是否拥有好的榜样，只要他试图过上有美德的生活，那么，好的伦理理论（或至少其中一部分）就应当是有帮助的，甚至是必要的。

美德之人不仅可以为自己的行为提供理由，更重要地，这些理由都是好的理由，它们建立在理解是什么使人完善或助其繁荣的基础上。这种理论框架预设了人类普遍具有一种确定的理性本质，并且，任何具有一定认知能力的人（至少）都能够充分地理解人类的本质，从而发现某些特定的生活类型要比另外一些类型更适于充分实现这种本质。而一种演绎模型则是试图让我们看到，可以怎样安排那些参与构成完满人类生活的各项原则，进而指导人们决定如何行动。

对于道德生活，我们不可能提供某种"规则手册"（rulebook）一样的东西来指导人们在各种情境下如何决定自己的行为。很显然，人类面临的情境过于复杂，因而上述构想是无法实现的。另一方面，如果认为美德可以在缺乏道德原则——它们基于我们稳固的理性本质的某些特征——的情况下得到培养并发挥作用，这种观点似乎也有误导性。因此，与目前针对亚里士多德美德理论的一些思考不同，我们可以合理地认为，一种足够完善的美德理论不仅不会同稳固的道德原则冲突，反而需要这样的原则。

说出这个观点并非难事，然而，表明如何才能建构起关于这些原则的某种系统性安排，却极富挑战。推进该计划的关键在于，必须看到"大致关系"在伦理学中居于十分突出的地位，而且，至少在亚里士多德的论述那里，这些关系可以得到科学的对待，而科学的对待所关注的仅仅是那些具有必然性的联系。一旦我们发现"大致关系"可以在伦理学和自然科学之间搭起一座桥梁，那么，核心议题就变成了试着构建一种针对"大致关系"的解释，而根据这种解释，呈现这种关系的命题也可以被看作是把握到了必然性。

第三章围绕"大致成立"展开的分析，就给出了这样的解释。该分析提供了一种工具，我们可以用来系统地处理大量的伦理学命题。根据这种理解方式，"大致关系"不仅建立在那些严格为真的事物的基础上，而且，我们依然可以坚持说，出于其本性，某种事物的全部成员都拥有这样的性质。第二，大致为真的命题实际上是必然为真的。只不过，对于"大致成立"的命题来说，相关的潜能在特定情境下能否实现却是一个或然性的问题。而这也可以解释，为什么有人会误以为"大致成立"的命题就是或然性的。

一旦我们认识到，相当一部分伦理命题都适用于如此分析，我们就能够思考其他的伦理学命题是否也表达了必然性。在伦理学中，主体与属性之间的定义性关系构成了一些最实质性的命题，如"幸福""美德""实践智慧"等概念的定义。除此之外，似乎还存在非定义性的必然关系，其中一些是道德律令（moral imperative）。亚里士多德表示，偷盗、通奸和谋杀这三种行为是绝对不能做的。这说明，即便是在美德伦理学的语境下，也存在一些无条件的道德禁令（*NE* 1107a10–12）。而要阐明演绎范式如何证成这些论断，我们还得花一番功夫。在"附录"部分，我将论述如何着手开展这项工作。

一旦我们确认了伦理公理（ethical axioms），就像亚里士多德在《论题篇》第三卷中所做的那样，那么，我们就拥有了演绎范式的全部重要元素：构成伦理学相当一部分主题的一系列主体和属性，针对关键伦理术语的定义，以及一些适合用第三章的"大致关系"来分析的命题。通过确认并解释这些要素的各自内涵，再加上推敲前几章提供的演绎模型，人们可以对演绎性的亚里士多德主义伦理学范式形成基本的看法。在这一点上，关键在于承认，这种演绎范式——它表现为一种准科学（quasi-scientific）的伦理学方案——仅仅延伸到实践三段论的大前提。基于这些主张而生发的推衍内容还没有涉及具体的行为，因而，这些推衍还没有延伸到实践三段论的小前提。在这里，人们预设了实践三段论的大前提表现为道德原则，而且，从伦理学的基础概念出发，人们可以为这些原则提供理论的证成。另一方面，小前提的真值则是通过实践理性的运用而进行确认的。由于道德生活的大部分内容都是对具体要求的慎思和运用——它们可以被表达为实践三段论的小前提——因而，这里提出的演绎范式也并没有消解实践理性在伦理学中的作用。的确，人们可以度过自己的一生，而无需从事理论事业，无需搞清楚各式各样的道德命题是怎样彼此联系。但是，这样的理论计划却是可能的，而本书试图展示的也正是如何开启这项计划。对演绎范式进行更细致的梳理，则需要一项更复杂的计划。

5.3.2 道德实在论和演绎范式

这种演绎性的美德伦理学范式在何种意义上为道德实在论提供了辩护？在第二章，据说道德实在论承诺了如下立场，即"道德命题可以客观为真"。我们已经看到，道德命题系统虽然很复杂，但是根据亚里士多德的观点，我们可以这样进行分类：

原则（Principles）		共有的原则（Common）		
		定义性原则（definitional）		
	特有的原则（Proper）	非定义性原则（non-definitional）	指导行为的原则（action guiding）	大致成立的原则（for the most part）
				无条件必然的原则（unconditionally necessary）
			不指导行为的原则（non-action guiding）	大致成立的原则（for the most part）
				无条件必然的原则（unconditionally necessary）

当我们讨论道德实在论关于"道德命题可以客观为真"的承诺时，这里的"道德命题"指的是上述亚里士多德框架中的那种非定义性的指导行为原则。该类别包括了具有无条件必然性的命题以及大致成立的命题。假如这两类命题都能满足道德实在论的承诺，那么，我们就有很好的理由认为，为这些命题提供证成的道德理论将有资格成为一种实在论的理论。而要证明亚里士多德那里存在无条件为真的指导行为的道德原则，这是很难的，[①]而且，演绎范式是否满足实在论的条件，也并不取决于无条件为真的道德禁令是否存在。我们可以通过运用第三章所采取的证成结构（justificatory structure），为客观为真的道德命题提供一种争议较少的证明，但它只是应用于大致成立的道德命题。这种证成是如何进行的呢？

让我们想想被亚里士多德归入"大致成立"范畴的一个命题："财富是有益的"。请回忆一下，我们在第三章对它的讨论和分析。我们认为，有充分的理由，可以在技术性意义上将它归为"大致"命题。这种命题包含两类关系：第一类关系存在于主体及其潜能之间，拥有某种潜能的主体必定具备某种属性。第二种关系存在于潜能及其呈现或实现之间。由于可能发生内在或外在的阻碍，因而在条件不适合的情况下，潜能很可能无法实现。在命题的主词与谓词之间有一种近似于法则的关系，其中，主体的属性既可能实现，也可能无法实现。

把这种分析应用于"财富是有益的"命题，意味着第一种关系出现在财富及其有益性的潜能之间。由于财富是一种外在善，而外在善对于幸福是必要的，因此，在财富及其有益性的潜能之间即存在着必然的关联。即便财富并不会在所有情况下都对人实际有帮助，但是，我们依然可以合理地认为，财富必然具备有益于人的潜能。例如，对一个烂赌徒来说，财富

[①] 参见"附录"。

就不是有益的。但我们会说，沉溺或成瘾行为是人类容易受其影响的不完美之处，因为，人们总有某些特定的欲求，它们在本质上根植于人的质料之中。

这个例子虽然能够帮助我们理解，有关"大致成立"的解释如何应用于具体的伦理命题，但是，它对于论证道德实在论却没有太多帮助。为了论证道德实在论，我们有必要从亚里士多德的伦理理论的语境出发，考察该语境下可能提供的、能够为"财富是有益的"这类命题给予支持的证成结构。我们可以从如下三段论开始：

命题（1）：任何对于践行某些美德而言是必要的东西（大致）是有益的。

命题（2）：财富对于践行某些美德而言是必要的。

结　论：财富（大致）是有益的。

由于结论是大致成立的，因此，该三段论中必有一个前提也是"大致"命题。在这里，命题（1）就是大致成立的命题。既然获得并且践行美德对人们有益，那么，获取那些为美德所需要的事物也同样对人们有益。当然，人类处境的复杂性使得许多（为美德所需要的）条件不一定对每个个体都有益，尤其是，有些人并不趋向美德。然而，即便是在这种情况下，我们仍然可以十分合理地认为，这些条件具备了有益性的"倾向"。而命题（2）则是关于美德的事实，像"大方"（magnificence）、"慷慨"（generosity）这样的美德都需要有物质的富余才能得到践行。

我们能够为命题（1）和命题（2）提供怎样的证成呢？如果支撑它们的命题被合理地认为是客观为真，那么，我们就有很强的理由，证明亚里士多德伦理学的演绎范式能够满足道德实在论的条件。让我们来看一个支撑命题（1）的三段论：

命题（1a）：任何堪称工具性的善的东西（大致）都是有益的。

命题（1b）：任何对于践行某些美德而言是必要的东西都堪称工具性的善。

命题（1）：任何对于践行某些美德而言是必要的东西（大致）都是有益的。

由于三段论的结论是大致成立的，因而其前提之一也必定如此。命题（1a）就是一个大致成立的论断。工具性的善不是内在的善，它指的是那些导向其他善的事物。因此，对于工具性的善而言，有益性显然是其定义的一部分。但同样明显的是，并非所有工具性的善在任何情境下都是有益的。不妨想象一下，某人继承了一柄无与伦比的武士刀，后来却因为毒瘾把它当掉了。而命题（1b）就其定义而言便是真的。如果践行美德需要某个事物，那么，这个事物就不是因其自身，而是因为美德而需要被获取。于是，该事物就仅仅具有一种工具性的善。因此，目前来看，支撑命题（1）的各种论断都满足实在论的条件。

命题（2）又可以得到怎样的支撑呢？请考虑一下这种可能的证成：

（2a）拥有超出基本需求的物质供应对于践行某些美德而言是必要的。

（2b）财富就是超出基本需求的物质供应。

（2）财富对于践行某些美德而言是必要的。

由于命题（2）不是一个仅仅大致成立的主张，因此，我们不会指望，在支撑它的两个前提中有哪一个是大致成立的。践行任何涉及他人的美德，都要求行为者拥有某些超出自身生存需要的东西。对于一个正在忍饥挨饿的人来说，他向贫穷者施以食物的行为就不是简单或普通意义上的慷慨，而是某种利他。如果有人因为错误判断而将必需品拿来送人，那么，这样的行为也根本算不上善好。上述考虑都应该为（2a）提供支撑。而（2b）基本上就是对财富的定义。我们再次发现，这两条论断都符合实在论的标准。因此，论证的负担就落到了反实在论者身上，这里需要他们来证明我们提供的论证何以没有达到目标（如果可以证明的话）。

5.3.3　美德伦理与利他主义

跟其他道德理论一样，美德理论也试图提供一种合理性框架，以解释我们应当怎样度过有道德的生活。比如说，假如我们希望规约自己在吃喝以及其他肉体愉悦方面的欲求，那么，关注美德理论的"节制"学说将使我们受益。除了别的办法，我们还可以靠识别节制之人的行为，让自己变得节制。通过追随这些人的指引，我们可能渐渐开始享受"节制"带来的回报。可以预期，在此过程中，我们的不节制的欲求会慢慢被压制，甚至消失。当然，追随美德之人的指引并不意味着就能永远做出正确的选择，但是，我们通过从种种成败经验中学习，从而逐渐获得有美德的那种稳定倾向。

人们也通过类似步骤而获取其他的美德，例如，谦逊（humility）和诚实（honesty）。这些美德主要使其拥有者受益。尽管他人也能从中受益，但它对于他人的益处似乎是第二位的。我们能够相对直接地表明，美德理论可以解释为什么节制或诚实的行动是理性的，因为，行为者在这么做的时候往往令他自己受益，但是，要证明美德伦理能够提供理论资源，说明为什么有时候首先为了他人的利益而行动才是好的，这却困难得多。一种完备的道德理论应能解释为什么舍己为人是恰当的举动。事实上，为了当前讨论的需要，让我们将利他行为看作是以造福他人为首要目的的行为。既然外在善是好生活的必要条件，而出现这种善的情况又会很稀缺，那么，人与人之间就可能发生冲突。而一种强有力的利他主义有助于解决这类冲突。

在本节，我们将证明，美德理论可以解释为什么利他行为亦即以造福他人为首要考量的行为是理性的。通过考察亚里士多德对"勇敢"美德的处理，我们会发现，他的理论可以容纳利他行为。随后，我们将思考更一般的论证，从而表明，对所有行为者来说，做出至少某些利他行为乃是理性的。

5.3.4 亚里士多德论勇敢

亚里士多德对勇敢美德的处理表明，在他这里，自我牺牲的行为是理性的。只不过，尽管勇敢在这方面可以给出最清楚的例示，但它并不是涉及自我牺牲的唯一美德。亚里士多德认为，勇敢是面临可怕事物时的无畏。由于在大多数情况下，死亡是所有事物中最糟糕的，因此，面对死亡时的无畏便最好地体现了勇敢。但是，并非面对每一种死亡时的无畏都是勇敢。按照亚里士多德的解释，一个甘冒生命风险表演危险杂技的无畏莽汉算不上勇敢，因为，勇敢意味着出于某个高尚的原因而面对危险。亚里士多德对勇敢之人的解释是："勇敢的人是敢于面对一个高尚的死，或敢于面对所有濒临死亡的突发危险即战场上的那些危险的人。"（NE 1115a32–35）亚里士多德习惯于诉诸极端的例子来说明要点，他用"战争中的紧急状况"来说明勇敢就是这样的。这种例子很容易让我们想到如下场景：一位士兵为了保护他的战友而扑向一枚即将爆炸的手榴弹。亚里士多德就是这样用面对种种濒临死亡情境的无畏来解释勇敢的。我们还可以考虑另一个例子，它更加生动地展示了亚里士多德的观点。

　　无论是根据亚里士多德的理论还是其他人的勇敢学说，冲进熊熊燃烧的建筑拯救儿童都可以被看作是勇敢的行为。然而，这个行为要被视为真正的勇敢，还需满足进一步的条件。如果某人冲进火场是为了获得孩子家属的回报，那么，这个行为能否被算作勇敢就不那么清楚了。在亚里士多德针对美德而给出的更一般论述中，他提到了当某个行为算得上勇敢时所需满足的一系列限定因素："勇敢的人是出于适当的原因、以适当的方式以及在适当的时间，经受得住所该经受的，也怕所该怕的事物的人。"（NE 1115b17–20）。我们可以设想，某人在冲进建筑时，几乎已经没有可能救出这个孩子。如果成功的概率微乎其微，那么，此时冲进火场不过是轻率之举。而如果一个人冲进去是基于他人的鼓励，但他实际上缺乏火场救人所需要的镇静和自信，那么，他的行为也同样不满足勇敢的条件。

　　我们或许发现，真正展示出勇敢的行为往往不同寻常，因为，在很少的情况下，勇敢所需要的条件才能得到全部满足。然而，这种行为无疑是可能的，而且，当它出现时，我们很容易就能识别它。一个冲进火场的人也许十分清楚自己冒着巨大的死亡风险。事实上，在亚里士多德的解释中，他几乎将风险看作了对勇敢的定义的一部分。如果某人是为了他人而冒死亡的风险，那么，他就是在为了另一个人的利益而赌上了自己的全部利益。像这样的勇敢行为，就可以被正确地归为一种利他的行为。

　　为什么亚里士多德认为勇敢的行为是好的行为？因为，勇敢的行为是有美德的行为，而有美德的行为之所以是好的，则是因为这些行为使那些践行它们的人实现了特定的功能，对人来说，这就是实现了理性的生活。它是我们这个物种特别适合去过的生活。不仅如此，人类还是一种社会性动物，我们要实现完满，就不可能没有他人的帮助与合作（Politics 1253a2; a30）。根据亚里士多德的论述，如果某人孤立于他人，那他非神即兽；像这样的人不可能实现属于人类的完满。勇敢和正义这类美德与社群的善直接相关，它们源于人的社会本性。相比之下，节制仅仅和社群的善间接相关，因为它们的目标是令个人的欲求得以完善。个人在饮食欲求方面的改善可能（以及大概会）有利于他人，但那只是节制所带来的一种偶然效应。另一方面，对于更具社会性的美德来说，比如勇敢，有利于他人则与其本质密切相关。有些美德直接是为了完善作为个人的个人，而另一些美德则是为了完善作为社群成员的个人。勇敢便意味着为了社群的善而做出牺牲。

当然，对勇敢行为的这种解释并不完整，但它确实表明，亚里士多德在自己的伦理理论内部的确有一些原则，可以为人们实施利他行为提供一种理性的证成基础。

5.3.5　对利他主义的一般论证

现在，我们将诉诸亚里士多德伦理理论中的某些更一般概念，从而思考关于这个结论——实施至少某些利他行为符合所有行为者的利益——的更一般论证。如果这种论证有说服力，那么，它就提供了进一步的理由使我们认为，利他行为可以在严格理性的基础上得到证成。该论证如下：

（1）如果某个行为是人们可以采取的好行为，那么，在某些情况下，美德之人就应当采取这个行为。

（2）存在利他行为的社群要比不存在这种行为的社群更好。

（3）利他行为是人们可以采取的好行为（依据2）。

（4）在某些情况下，美德之人应当采取利他行为（依据1、3）。

（5）效仿美德之人符合所有行为者的利益。

（6）效仿美德之人要求人们获得美德之人的倾向。

（7）美德之人具有采取利他行为的倾向（依据4）。

（8）获得美德之人的倾向符合所有行为者的利益（依据5、6）。

（9）具有采取利他行为的倾向符合所有行为者的利益（依据7、8）。

（10）经常无法做X会使得行为者很难或不可能获得X方面的倾向。

（11）经常无法出于利他行为的倾向而行动会摧毁利他主义的倾向（依据10）。

（12）实施至少某些利他行为符合所有行为者的利益（依据9、11）

前提（1）（2）（5）（6）和（10）都需要解释。让我们逐一思考它们。对美德理论来说，前提（1）是一个重要的条件句。亚里士多德的《尼各马可伦理学》以这段名言开篇："每种技艺与研究，同样地，人的每种实践与选择，都以某种善为目的。所以有人就说，所有事物都以善为目的。"（1094a1–3）随后，当解释人类的善是什么的时候，亚里士多德则从"人类的功能就在于灵魂的理性活动"出发。因此，人类的善就是，在一生中从事最合乎其理性本质的活动。幸福是通过美德而定义的，而后者则是一种根据理性考量而选择中道的灵魂状态。因此，美德行为者作为美德行为者而选择的行为，在定义上，对人来说便是理性的。既然对人来说理性的就是好的，那么，美德行为者作为美德行为者所选择的行为也就是好的行为。这种推理意味着，如果美德行为者实施了某个行为，那么，该行为就是好的行为。在亚里士多德的理论内部，这个条件句根据定义就可以被看作是真的。然而，前提（1）却建立在一个方向相反的条件句基础上。仅仅根据定义或不加任何限定，我们其实不能说，如果某个行为是好的，那么美德行为者就应该采取这个行为。之所以如此，原因之一是，存在无数的好行为，它们也许从来不属于美德行为者可能采取的行为之列。例如，在任何时候，世上的任何人都会因为被善待而过得更好。因此，善待世上的每个人，在任何时候都是好行为。但是，任何人都不可能同时善待每个人。不过，我们可以把好行为限定在美德行为者作为人类行为者的能力范围之内，从而确立前提（1）的真实性。换言之，前提（1）可以通过如下主张推出：

（a）如果 X 是人们可以采取的好行为，那么，在某些可能的情况下就应当做 X。

（b）如果在某些可能的情况下应当做 X，那么，（至少）在某些（可能的）情况下，美德之人就会采取 X 行为。

（1）因此，如果 X 是人们可以采取的好行为，那么，在某些情况下，美德之人就会采取 X 行为。

让我们假设，我的胆固醇水平稍稍升高，而我有 100 美元的额外收入可以购买一些降低胆固醇的药物。这样花费 100 美元当然对我有益，因为服用这些药物可以改善我的健康。假设我发现我的邻居丢了工作，并且，因为他还差 100 美元付房租而将会在月底被赶出公寓。用我的 100 美元来付房租肯定对邻居有直接好处。这种情况下，我该怎么做？在我看来，美德之人更可能把这 100 美元给他的邻居。因为，美德之人重视社群的利益，在这种情况下，邻居的利益显然比他自己的利益更重要。短时间内降低胆固醇虽然对健康有好处，但并非必需。另一方面，我的邻居若要找到工作，有一个住的地方或许是必要条件。所以，就算这 100 美元可以给他自己带来好处，在这种情况下，美德行为者也很可能会为了邻居的利益而牺牲自己。

于是，考虑"慷慨"美德就成为了关注焦点。慷慨之人往往会为了另一些靠其他方式获得的善，而牺牲掉那些靠金钱获得的个人善。亚里士多德说："不会关照自己正是一个慷慨的人的本性。"（NE 1120b6）。可以合理地设想，当我们考察那些涉及人际关系的美德时，我们几乎处处都面临着自我牺牲的情境。解决好在获取这些美德的过程中所发生的人际冲突，也许可以提供一个模型，以解决在利他主义可能出现的条件下所发生的人际冲突。

前提（2）是任何合理而完备的伦理理论都应当论述的一个观念。人们似乎可以非常合理地说，存在自我牺牲或关心他人行为的社群要比缺乏这类行为的社群更好。某些伦理利己主义者可能不承认前提（2），而对这样的人，我们很难知道该说些什么。我们的论证是要表明，如果人们承认利他行为是好的，那么美德理论何以能够证成这些行为。而像安·兰德（Ayn Rand）这样的利己中心主义者却从"利他行为不可能得到理性证成"的前提，推出"利己主义是唯一合理的道德前景"的结论。可是，这个前提却是此处的主要论证正要讨论的对象。

前提（5）是亚里士多德伦理理论的基本原则。"与公正或节制的人同样的行为被称为公正的和节制的。"（NE 1105b5–7）亚里士多德认为，我们天生就有能力识别出至少某些明显美德或恶德行为，只要我们看到它们的话。

而前提（6）是从前提（5）结束的地方开始的。"……一个人被称为公正的人或节制的人，却不是仅仅因为做了这样的行为，而是因为他像公正的人或节制的人那样地做了这样的行为。"（NE 1105b7–10）公正与节制的人何以做出这些行为？他们是从一种稳定不变的可靠状态出发，做出了类似的行为。亚里士多德把道德美德界定为一种选择了中道的灵魂状态，而以有美德的方式来行动则意味着，某人不仅做了美德行为者所做的事

152

情，而且具有某种把这类行为当作习惯的内在品质。

前提（10）与（5）和（6）密切相关。具有采取某行为的倾向，意味着行为者会在需要做出该行为的情境中做出该行为。如果行为者总是没有在恰当的情境中做出这样的行为，那也就表明他缺乏这样的倾向。相反，行为者在不同场合的相似情境下都能实施该行为，则意味着此人具有该倾向。获取美德类似于习得手艺或技能，记住这一点将有助于巩固上述看法（ NE 1103a31-b21 ）。正如只有通过反复演奏竖笛，才能掌握熟练演奏竖笛的技艺一样，我们也只有在恰当的情境中以有美德的方式来行动，才能获得某种美德。而如果没有长期反复地练习竖笛，也就不能获得熟练演奏的倾向。美德也是如此。

从直觉上讲，这个一般论证表明了，之所以采取至少某些利他行为符合每个人的利益，是因为努力尽我所能成为美德之人正是我们的利益所在。简言之，美德行为者之所以具有采取利他行为的倾向，是因为这些行为有利于社群。

因此，从亚里士多德美德理论的核心观点出发，可以建立一种针对利他行为的可靠的理性论证。亚里士多德关于勇敢的论述为利他行为留出了空间。而沿着本节提供的这种更一般的论证思路，我们还可以为证成利他行为给出一个更强的、更一般的论证。这表明，不诉诸有神论，同样可能证成自我牺牲的行为。还有其他一些无神论的道德理论，也能够证成利他行为。然而，美德理论却为证成这种行为提供了一种不依赖利他主义的、富有吸引力的模型。美德理论能够证成利他行为的事实，使我们更有理由严肃地把美德看作是一种完备的道德理论的合理根基。

5.4 关于不可剥夺权利的例子与演绎模型的局限

摆在我们面前的是亚里士多德伦理学演绎范式模型的大致框架，该模型旨在表明，道德规则何以能够同那些在具体情况下应当如何行动的判断顺畅地衔接起来。对于"大致成立"的命题，我们考虑了一种建构方式，它使我们看到，当某一道德命题的主词和谓词之间存在着必然关系时，这种原则就可以参与构造演绎范式。由于我们认为伦理学涉及的主要是"大致关系"，因此，无论我们采取亚里士多德的伦理学进路还是其他视角，至关重要的都在于，我们需要对我们所理解的"大致关系"展开分析。对亚里士多德伦理学来说，这一点尤其重要，因为，亚里士多德格外强调伦理学中的"大致成立"。即便人们有理由期待伦理学（尤其是在元伦理层面的分析中）具有某种程度的必然性，我们也依然会思考，伦理学的实践维度是否完全由"大致关系"所构成。实践的伦理学是否要比这意味着更多？是否存在着同普通人在真实生活情境中所面对的那种情境息息相关的、无条件为真的、指导行为的道德原则呢？本节将对这些问题作出回应。

"附录"部分试图构建一种演绎范式的模型，它将告诉我们，涉及通奸的无条件的行为指导原则何以能够建立在对亚里士多德主义美德理论来说具有基础性的必然命题之上。而按我们目前思路所理解的亚里士多德主义美德理论，是否又有可资利用的资源来证明那些不可剥夺的权利？有人会认为，不可能成功地证明对通奸的禁令，或者认为，亚里士多德对通奸的禁令（以及其他一些行为）代表的只是一则孤例，没有什么引申意义。即便支持通奸禁令的哲学论证是成功的，我们也仍会思考这个论证究竟能走多远。是否存在另一些有意思的毫无例外的道德戒律（其中有的或许更具一般性）能够得到类似的证明？毫无例外的道德戒律是否有可能得

153

到证成，这个问题同我们对不可剥夺的权利展开哲学论证的筹划是息息相关的。

让我们暂时抽身而出，不去探讨亚里士多德主义的伦理模型，而是反思一下关于人权——大多数人权在我们的个人生活和政治生活中都具有根本性——的哲学立场。几乎没有人怀疑，人类拥有一些应当得到尊重和珍视的基本权利，例如，得到公正对待的权利、免于身体被侵犯的权利、过自己生活的权利，等等。这些权利是否真的不可剥夺呢？大多数人都同意说，比如，违背他人意志而侵犯无辜者乃是错误的。那么，无辜者免于被侵犯的权利是无条件的吗？或者说，在有些情况下，剥夺这种权利也可以得到辩护？我们可以容易想象这样的情境：侵犯一个无辜者可以为许许多多的人带来非常显著的利益。此时，无辜者免于被侵犯的权利（这也许是最基本的人权之一）是绝对无条件的，还是有条件的呢？如果所有人权都可以在特定情况下被合法地僭越，那么，证成不可剥夺的权利看起来便会前景黯淡。

常识总是强烈地启示我们，世界上存在着不可剥夺的权利。的确，对不可剥夺权利的讨论已深深植根于美国文化和历史，也确实产生了影响。然而，仅凭常识无法确立这种权利的存在。真正不可剥夺的权利，其存在似乎与"世界上总有一些毫无例外的道德原则"这个观念密切相关。因为，如果存在不可剥夺的权利，那么就存在一些永远不被允许的行为。而当我们说有些行为永远不被允许时，也就表明有些相应的道德原则拒斥它们。因此，比如说，如果我们拥有"不受折磨"这项不可剥夺的权利，那么，就会存在一则与之呼应的真实的道德命题：在任何情况下，折磨他人都是不道德的。如果该权利真的不可剥夺，那么，与之相应的伦理原则也就无条件为真。如果我们打算承认，比如说，在某些情况下折磨他人在道德上是可允许的，那么，我们或许仍会谈论不受折磨的权利，但这一权利不再是不可剥夺的了。

在当下的哲学讨论中，主流观点强烈反对认为存在无条件为真的道德原则；这表明，不可剥夺的权利似乎并不像人们所设想的那样毋庸置疑地存在。或许我们最多只能说，在初步（prima facie）意义上，人们具有不受折磨的权利（Ross 1949; Audi 2004）。但另一方面，常识却认为存在不可剥夺的权利，从而与上述主流观点相抵触。在这个问题上，要对常识进行哲学论证并不简单。那么，是否存在可行的哲学论证能够证明不可剥夺的权利存在呢？亚里士多德主义美德伦理学的演绎模型是否又可以提供这样的论证呢？在本节，我们将会看到，亚里士多德主义的美德伦理学缺乏足够的理论力量，无法凭其本身而为不可剥夺的权利提供哲学论证。但是，通过援引康德主义传统的若干原则，我们依然可以构造出一番论证。看到这两大不同传统的概念何以能够携起手来，共同为不可剥夺的权利奠定基础，这是很有启发性的事情，但它也同时展现出亚里士多德主义模式自身的局限。即便有这样暴露出来的局限，亚里士多德主义的模式也依然可以走得很远，为一种强健的伦理理论提供奠基。

5.4.1 自杀

无辜者的生命权无疑是一项基础权利，它构成了大多数乃至几乎所有其他权利的前提。任何其他权利，如信仰自由、言论自由以及财产权，都不可能在生命权丧失的情况下继续存在。当我们思考人的权利以及相应的道德原则时，如果希望论证存在不可剥夺的权利，那么，我们可以从"故意伤害无辜者是错误的"这条原则开始。

有些人把"反对自杀"当作是关于不可剥夺权利的论证关键（Menssen and Sullivan 2007: chap. 5）。这种推理的出发点是，只有当最基本的权利即生命权是不可侵犯的，人类才拥有不可剥夺的权利。接着，该

155 论证指出，在有些情况下，一个人死去可能会更好，例如，对于一个正在火中被慢慢烧死的人来说，就是如此（Sullivan 1999: 77-95）。如果暂不考虑来世的荣耀，我们是否可以提出尘世的要求，证明这个人更有理由活着而不是死去呢？假如死亡至少在某些情况下比活着更为合理可取，那么，自杀似乎就可以在理性上得到证明，从而在道德上也是可允许的。①

我们可以诉诸传统的论证来证明不可剥夺的人类权利。伊曼纽尔·康德（Immanuel Kant）和阿奎那就是两位提供了最具前景的概念工具的思想家。在这里，虽然我们无法充分考察这两大传统的丰富理论资源，但是，简要概括一下它们各自的部分观点就足以表明，要为不可剥夺的权利提供一种简明、直接且有说服力的论证，这比我们最初以为的困难得多。

在论述"对自己的完全义务"（perfect duty towards oneself）时，康德是把反对自杀的绝对禁令作为例子提出来的。如果康德主义的论证不成功，那么也就很难认为，这种范式针对毫无例外的道德戒律的论证将会成功。仅凭康德的论证自身而不援引任何当代研究成果，我们很难准确清晰地看出，他究竟是怎么提出反对自杀的禁令的。如果转向康德研究的当代成果，那么，康德主义的论证虽然显得更加准确清晰，但也可能并不更具有说服力。

让我考虑一下艾伦·格沃斯（Alan Gewirth）的那种彻头彻尾的康德主义方案，该方案试图将不可剥夺的权利奠基于行为者的一般特征（generic feature）。对于这个冗长而充满争议的论证，我们只需要看一下其中的一个步骤，也就是他的演绎推理的第二步：行为者"承诺以下观点：对于他

---

① 桑德拉·门森和托马斯·沙利文（Menssen & Sullivan, 2007）进一步论证，尽管不存在世俗的理由，但我们依然有建立在神启（divine revelation）之上的充分理由，可以认为人类拥有不可剥夺的权利。两位作者提出了一个令人印象深刻的论证，他们认为，"不可剥夺的权利缺乏基于世俗理论资源的有力论证"的事实有助于确立上帝的存在。

所选择的目的而言，任何不可剥夺的手段都是他'应当'拥有的东西。"（Gewirth 1978）这里的重点在于，当我充分意愿某事时，总有一些东西对于我的意愿来说是必需的，它们是我每次自愿行动时都会承诺要支持赞同的东西。然而，正如有些学者已经注意到的那样，这个步骤存在的一个显著问题就是，"这种演绎没有意识到，一个人可以理性地意愿自己的死亡"（Hooker 1980: 13）。换言之，尽管我在意愿任何事物时都预设自己的存在，然而，没有理由认为，假如我意愿某个目的，那么我也会意愿这个目的的先决条件。正因为先决条件只是先决条件，所以它不一定会由于行动者意愿某个目的而同时成为被意愿的对象。如果这种批评是对的，那么，从康德传统出发对不可剥夺的权利的论证似乎就没能达到目的。假如康德或其追随者无法提供有说服力的论证以解释为何自杀始终错误，那么，纯粹从康德主义出发为不可剥夺的权利作辩护的做法似乎就特别没什么希望，因为，在康德那里，反对自杀的禁令堪称是一项非常显著的特征。

156

还有一种尝试，试图将人类权利建立在人类特征的基础上，而这些特征又同他们作为理性行动者的幸福密切相关。阿奎那采取的就是这种进路。我们可以认为，从人性方面推出无条件道德禁令的这种尝试属于广义的亚里士多德主义传统。该理论首先解释了何为人类幸福，然后确认了人类繁荣所需要的人类基础特征或属性。我们可以把这些属性称为"基本潜能"（fundamental potentialities）。① 通过确立这样一条公理——我们应当追求那些有助于实现人类幸福的行为，而规避那些可能对幸福构成阻碍的行为——我们便初步勾勒出一种似乎可以支撑人类权利的理论。然而，这

---

① 约翰·菲尼斯、吉尔曼·格里塞和约瑟夫·波义耳（Finnis & Grisez & Boyle, 1987）将它们称为"基本善物"（basic goods）。而将其称为"基本潜能"（fundamental potentialities）则使之更具亚里士多德主义色彩。

条进路是否足以支撑不可剥夺的权利呢？假设我们在某个情境中需要在两种同样值得选择的行为之间做抉择，并且，我们可以通过付出一种行为的代价而增进另一种行为。再设想，只要我们仅仅牺牲一个无辜者，便可以拯救整座城市。虽然说假如基本潜能不可通约，便不会出现如此情况（Finnis, Grisez, and Boyle 1987: 383），但是，要想为任何强健得足以支撑不可剥夺权利的不可通约原则进行辩护，却极其困难（Pannier 1987: 440–61）。此外，亚里士多德还指出，自杀之所以是错的，因为它对社群造成了伤害（NE V.11）。可是，我们肯定可以设想这样的情境：一个人的自杀对整个社群有利或者根本没有影响。例如，希特勒在当上元首前就自杀了，或者，某人过着完全离群索居的生活并悄悄结束了自己的生命。所以至少在某些情况下，亚里士多德的理论资源不足以排除自杀的可允许性，因此，根据亚里士多德主义进路来证成不可剥夺的权利，似乎前景黯淡。

尽管仔细考察康德主义和托马斯主义让我们学到不少东西，但是，即便如此，也很难发现直接的论证，可以向我们展示如何证成不可剥夺的权利。通过研究大师的论述，我们已经大致理解这场争论，但对论证的细节尚缺乏充分的把握。有人可能认为，世俗的证明根本无法成立。一种反对对不可剥夺的权利进行世俗证明的论证是这样的：

（1）只有当世俗的证明能够表明，违背无辜者意愿而故意杀死他们必定不被允许，世俗的证明才可以证成基础性的绝对人权。

（2）如果没有上帝（即，不考虑上帝），那么，死去有时会比活着在理性上更可取。

（3）如果没有上帝，死去有时会比活着在理性上更可取，那么，在没有上帝的情况下，自杀——故意杀害无辜的自己——有时在道德上就是可允许的。

（4）如果没有上帝，自杀有时在道德上是可允许的，那么，在没有上帝的情况下，故意杀死某个无辜者有时在道德上也是可允许的。

（5）如果没有上帝，故意杀死某个无辜者在道德上是可允许的，那么，在没有上帝的情况，违背他人意愿而故意杀死某个无辜者也是可允许的。

（6）如果没有上帝，违背他人意愿而故意杀死某个无辜者是可允许的，那么，证明这种行为必定不被允许的世俗证明就无法被给出。

（7）因此，无法给出世俗的证明，以证成基础性的绝对人权。
（Sullivan and Menssen 2008:164-185）

对于任何试图凭借世俗证明来论证不可剥夺权利的人而言，这些观点提出了严肃的挑战。而如果要用亚里士多德的伦理理论资源来进行证成，则更不容易。我们很快会看到，亚里士多德的伦理资源似乎缺少能够回应上述观点的概念工具。但我们可以对亚里士多德的理论进行某种巩固和增强，从而产生一种概念资源更加丰富的理论以拒斥上述论证的关键前提。

人们可以采取许多方式来回应上述论证。让我们聚焦前提（5）。虽然它饱受争议，而且甚至看起来很不合理，但是，有很好的理由认为，如果剥夺某个无辜者的生命有时在道德上是可允许的，那么，违背其意愿而剥夺某个无辜者的生命也是可允许的。设想一下这样的情况：一位士兵在犹豫，不知道自己是否真的愿意参加战斗。难道我们不能因为他的不情愿——尤其是，当他的不情愿和厌战情绪很可能将他人置于危险之中的时候——而正当地枪毙他吗？再设想另一个场景：恐怖分子要求，要想让整座城市免于毁灭，就得牺牲一个无辜的人。那么，放弃无辜者的生命而拯救整个社群就是错误的吗？最后，请再设想一下，某人同意为了社群的善而牺牲自己，但他考虑之后又转变了想法。得知这个志愿者改了主意，恐怖分子要求人们杀死他。难道这样做在道德上就是不恰当的吗？我们可以看到，这里有一个坡度变化：从承认我们可以为了规避现实的痛苦而终结自己的生命，到承认我们可以为了规避迫在眉睫的痛苦而终结自己的生命，再到承认我们可以为了规避他人迫在眉睫的痛苦而终结我们的生活，最后到我们可以为了规避他人迫在眉睫的痛苦而违背某人意愿地终结他的生命。因此，虽然前提（5）乍看起来存在某种推理上的断裂，但是，当我们考虑到缩小这种断裂——从"剥夺无辜者的生命"到"违背其意愿而剥夺无辜者的生命"——的各类案例之后，该前提就变得更加合理了。

为什么当无法排除自杀的可允许性时，我们也就不可能为不可剥夺的权利提供任何纯粹理性的论证？在下节，将会呈现一个更有说服力的理性论证，它把不可剥夺的权利建立在康德主义传统的自主性或自我决定的基础上，也建立在亚里士多德主义传统的基本潜能的范畴上。任何仅仅依靠其中一条原则的进路，都不可能成功。把这些原则结合起来，才有可能充分地支撑一条道德戒律，后者将为不可剥夺的权利提供奠基。

5.4.2 戒律

从论证上讲，如果我们承认，当理性是我们唯一诉诸的资源时，自杀在某些情况下就是可允许的，那么接下来会推出什么呢？这番让步似乎认可了，故意杀死一个无辜者并不一定就是不可允许的。让我们暂时承认，可能在某些情境中，故意杀害一个无辜者是可允许的。从这种让步中能够推出什么？我们将会看到，承认在某些情况下自杀是可允许的，这并没有瓦解为了证明不可剥夺权利的无条件禁令而提出的哲学论证。

让我们回到前面那个例子：某人身处火中，正被慢慢烧死。如果我们拥有的考虑因素全都来自世俗层面，那么，这个人是不是死去要更好呢？

我们有理由认为，也许是这样。我们可能还想知道，这个人愿不愿意去死是否会让情况有所不同。由于在这种情形下询问此人是否可以违背自己意愿而结束自己的生命会让人感到不解，因此，让我们再额外设想一个因素：一名枪手埋伏在街对面一幢建筑里的窗户前。假定这名被火焚烧的人此时向枪手喊道："请把我从痛苦中解救出来吧！"于是，枪手出于对受害者的同情而开了枪。虽然从道德证成的角度来看，我们对这个行为仍有保留，但我们很可能认为，比起在某人高呼自己不愿死的时候给他一枪，这名枪手的行为其实不太令人反感。在后面这种情况中，枪手在面对乞求时是残忍无情的。如果受困之人的意愿会让情况有所不同，那么，某人是否愿意去死，就会影响到我们对于一个具体情况下剥夺生命行为的道德性质的判断。假如确实这样，那么，行为者的自主性便成为道德相关的考虑因素，甚至在某些情况下具有决定性。若如此，那么，利用这种看法来发展出一种关于不可剥夺权利的哲学论证，便是有帮助的。

不同道德命题具有不同程度的普遍性。最普遍的命题，如"做好事"这样的命题，无法单凭自身就能指导人们的行为。而最具体的道德原则又过于受到具体情境的束缚，以至于缺乏普遍的有效性。一条道德原则越是普遍化，越是不可能有例外。当然，我们也可以制定一条具体到排除了任何反例的道德命题，但这样的命题也就没有了普遍的实践效力。下面是一系列逐渐更加具体的道德命题：

（K1）剥夺生命的行为在道德上是错误的。

（K2）剥夺人类生命的行为在道德上是错误的。

（K3）剥夺无辜者生命的行为在道德上是错误的。

（K4）故意剥夺无辜者生命的行为在道德上是错误的。

（K5）违背无辜者的意愿而故意剥夺其生命的行为在道德上是错

误的。

(K6) 违背无辜者的意愿而故意剥夺其生命并从中取乐的行为在道德上是错误的。

我们可能首先想知道，这些原则是否无条件为真。(K1) 不是无条件为真，因为我们可以为了我们的营养而剥夺某些事物的生命，比如植物。(K2) 也不是无条件为真，因为，为了自卫而杀死某个侵犯我们的人，这在道德上是可以得到证成的。(K3) 同样并非无条件为真，因为，无意杀死某人在道德上也没法被批评。(K4) 仍不是无条件为真，因为我们已经承认，在特定情况下，自杀在道德上是可允许的。(K5) 和 (K6) 又如何呢？它们是否无条件为真？我们可以提供一种论证，表明 (K5) 无条件为真。(K5) 是那种可以为不可剥夺的权利提供基础的原则。(K6) 似乎无条件为真，而且没有例外。但它过于具体，无法为不可剥夺的权利奠基。而 (K5) 似乎没有"过于具体"的缺陷。我们将会看到，该命题可以支持那些用于证明不可剥夺的权利——人们永远拥有这样的权利，而不仅仅是大致拥有——的哲学论证。

5.4.3 复合的进路

理解"自主性"有许多不同的方式。这个术语的词源表明，"自主性"与自我立法（self-legislation）有关。然而，在当代伦理学和政治理论语境中，该术语也有自治（self-government）的意思（Audi 1997: 196）。成为一名"自治者"（self-governor），既有较为严格的意义，也有较为宽松的意义。就后者而言，"自主性"等同于某种较为彻底的自由。根据这种理解，"自主性"意味着我们可以按照自己的理性和动机来过属于自己的生活。那么，一种合理的伦理理论是否可以建立在这样的"自主性"概念上呢？一个明显的问题在于，行为者会做出带有伤害性的选择，如肆无忌惮地自残。根据较宽松的标准，人们的确是在自主或自由的情况下做出这些行为，但它们不足以在道德上获得证成或变得正当。

而一种严格意义上的"自主性"则可以把自治的观念建立在道德原则之上。正如罗伯特·奥迪指出的：

> 自主需要一种原则性控制（*principled control*）。行为者必须非常频繁地、根据方针政策而不是突发奇想，或至少根据某些（也许是隐含的）原则、理想或标准而采取行动，或至少是倾向于采取行动。（Audi 1997:204）

如果"自主性"这个概念要发挥重大作用，那么，将自主性同某种原则或标准联系起来似乎是非常重要的，然而，即便是在严格的意义上理解"自治者"，也无法完全规避可能遇到的问题。如果一个人做出自由决定所依据的那种标准是错乱的、反常的或冷酷的，该怎么办？就算是犯有种族灭绝或其他反人类罪行的人，通常也会依照一定的原则行事。因此，从严格意义上理解自治，认为它奠基于某种原则或标准，也不足以使之充当道德理论的基础。不过，这并不意味着，"自主性"概念就不应在道德理论中发挥重要作用。无论是根据常识还是基于证成，"自主性"都是一个非常重要的道德概念。我们之所以反对强奸或其他侵犯行为，在一定程度上，就是因为我们重视行为者的自主性。关于这一点，奥迪说：

> 如果自主性在伦理和政治讨论中很重要，那并不是因为它是一个对任何规范性立场（如康德主义）都很关键的概念。远非如此；这个概念似乎表达的是一种理念，而所有严肃的道德或社会政治理论都应

该为其留有一席之地。(Audi 1997:198)。

让我们看看在亚里士多德的伦理理论语境中，通过聚焦严格意义上的"自主性"概念，我们可以做点什么。

遵循亚里士多德的观点，我们可以思考一组促成实现人类幸福的潜能，比如，生命、友爱、健康等。如前所述，目前尚不清楚，一种确认了这些潜能的理论是否足以证明不可剥夺的权利，而无需更进一步的原则来处理这些益品之间的不可通约性。不过，要想具体刻画某种合适的可通约性原则或某一系列这样的原则，却是很困难的，也会带来不少问题。但承认这一点，并不意味着"基本潜能"就不能在证明无条件为真的道德戒律的过程中发挥重要作用。事实上，这些潜能扮演了十分关键的角色。

我们可以从一些明显需要被反对的行为开始，从而为不可剥夺的权利奠基。同时，我们可以思考，究竟是什么使得这些行为如此令人厌恶。杀人和强奸很容易被我们想到。在我们的印象里，这些行为之所以显然错误，不仅是因为它们破坏了人类潜能的大部分基础，而且因为它们严重侵犯了行为者的自主性。

回到自杀问题。基于上述讨论，我们也许会承认，在某些情况下，至少在行为者的自主性允许自杀的部分基础上，自杀在道德上是可允许的。换言之，当人们完全不可能获得幸福时，比如，即将被慢慢烧死时，行为者有理由以自由而理性的方式结束自己的生命。人们似乎错误地认为，应当采取这样的让步，以表明不可剥夺的权利是无法成立的。但我们仍旧可以说，违背无辜者的意愿而攻击他们在道德上之所以始终错误，是因为这类行为在如下两种意义上需要被反对：首先，它们侵犯了行为者的自主性；其次，它们损害了一些人类的基本潜能，而自主性和基本潜能的结合就为基础性的绝对权利提供了支撑。因此，我们可以认为，侵犯行为者的自治和损害人类潜能大致上总是错误的,而我们依然拥有为不可剥夺的权利奠基的理论资源。

为了更好理解上述论点,不妨考察一些成对的"大致"命题。它们的交集会产生一个更强的原则,比如说:

(A1)大量吃安眠药是不健康的。
(A2)大量饮酒是不健康的。
(a)同时大量吃安眠药和大量饮酒是不健康的。

以及:

(B1)吸入氨蒸汽是有害的。
(B2)吸入漂白剂蒸气是有害的。
(b)同时吸入氨蒸汽和漂白剂蒸气是有害的。

在这两个集合中,每个作为前提的命题都大致成立。而且,我们可以想象,每个命题都可能存在例外状况。对一个体型庞大的人来说,服用被一般人看作是大量的安眠药可能并非不健康。对这样的人而言,大量饮酒可能也影响不大。只不过,即便对这样的人来说,吃大剂量安眠药的同时大量饮酒也是不健康的。类似地,我们还可以想象,在某些情况下,吸入氨蒸汽或漂白剂蒸气的危害都不大。但是,我们仍应当避免同时吸入它们,因为二者加起来会产生致命的气体。

即便(A1)(A2)和(B1)(B2)都仅仅大致成立(而不是无条件成立),这些命题的主词和谓词之间也依然存在着类似于法则的关系。当每个集合中的命题相结合时,就能产生一个更强有力的原则,它可以为无条件的禁令提供基础。遵循类似的模式，我们便可以懂得，为何强奸和杀人这样的行为需要被禁止。

（C1）破坏人类最基本潜能的行为在道德上是错误的。
（C2）严重侵犯行为者自主性的行为在道德上是错误的。

如上所述，（C1）和（C2）仅凭自身都不足以为不可剥夺的原则奠基。然而，二者的结合却可以完成这项任务。我们可以通过它们的结合而得到如下戒律：

（C3）违背某人意愿而严重损害其最基本的人类潜能的行为在道德上是错误的。

强奸和杀人都违背了（C3），而且我们发现，人们形成了普遍的共识，认为这些行为在道德上总是需要被反对。只不过，自杀并没有明确地违背（C2），因此，我们完全可以预料，对自杀禁令进行证明会更为困难。只要自杀出自个人的意愿，那它就没有违背（C3），但这并不意味着自杀在道德上就没有问题。至少在某些情况下，承认难以排除自杀的正当性，并不代表就削弱了关于不可剥夺权利的证明。或许，仅仅基于理性，我们很难提供具有说服力的反对自杀的意见。但是，这并不意味着，我们就不能合理地支持那些不可剥夺的权利。就算做出这样的让步，也依然可以为不可剥夺的权利给予证明。

5.4.4 对戒律的证成

既然我们已经勾勒出一种建立在自主性与基本潜能之上的复合进路，

那么，我们就可以为某种无条件为真的道德戒律提供支持。这种戒律可以是像这个样子的：

（C3）违背某人意愿而严重损害其最基本的人类潜能的行为在道德上是错误的。

现在，我们必须追问这种戒律的地位。它能被证成吗？如果不能，那它就必须是基础性的。我们可以提供如下论证，从而沿着这些线索支持（C3）：

（C4）违背他人意愿而严重损害其最基本人类能力的行为，侵犯了他人道德能动性的最基本方面。
（C5）侵犯他人道德能动性的最基本方面的行为在道德上是错误的。

怎样证成这每一个前提呢？（C4）似乎是一个分析性真理，因为它的主词和谓词之间存在定义关系。既然人类的特征之一就在于其道德能动性，那么，我们可以把道德能动性的那些最基本特征看作是人类的基本能力。

另一方面，（C5）不是分析性真理，因此的确需要一些解释。为了说明这一点，我们首先需要界定道德能动性的最基本方面。这些方面是什么？传统的哲学回答是，思考和选择的能力就属于人的最基本方面。这些能力常被当作是人类特有的能力。因此，当某人严重侵犯他人的这些能力（如强奸他人）时，此人在对待他人时就没有遵循他人作为道德行为者的本性。这类行为蕴涵着一种应当始终避免的非理性状况。尽管到目前为止这样的解释带有康德主义色彩，但让我们也看看，亚里士多德的进路如何对其补充。如前所述，康德的论证之所以很难凭其自身而成立，部分是因为在道德行动者的意愿中存在着某种矛盾，其中涉及的非理性因素是康德难以解释的。

为什么很多人认为美德理论不能产生无条件为真且可以指导行为的道德戒律？这也许跟亚里士多德的中道理论有很大关系，它为道德生活的弹性留下了非常大的空间，而这正是我们应当考虑的一个特征。但是，不妨回想一下，亚里士多德也告诉我们，有些行为和情绪是没有中道状态的（*NE* 1107a10–12），而这有力地说明，美德理论可以同真实而毫无例外的道德戒律相兼容。我们应当牢记亚里士多德在伦理学和医学之间所做的比较。毫无疑问，有些行为对人类来说就是不健康的，就是要始终避免的。为什么就不能认为在伦理学中也同样如此呢？尽管这些想法意味着美德理论可以为不可剥夺的权利的理论基础留出空间，但仅凭它们也不足以提供证明。我们应当想想，在伦理学中，同样的情况可能是怎样的。

亚里士多德的理论表明，人类繁荣需要适当地采取一些行为和避免另一些行为。更具体地说，只要我们有实现繁荣的欲求，我们就应当避免某些行为，而且，我们每个人也都是出于自己的心理构造而拥有这种欲求。声称我们都追求善，这似乎正是亚里士多德在《尼各马可伦理学》中的出发点。那么，从美德理论的角度来看，道德义务和我们作为理性行为者的功能之间又有怎样的联系呢？不应该做的事，也就是无法实现幸福的事。而无法实现幸福的事情，也正是因为它们不合乎美德。而最终，如果某个行为同我们作为理性行为者的功能不一致，那么，它也就不合乎美德。

亚里士多德没有明确讨论过道德义务，但是，既然这个概念对于伦理理论至关重要，那么，它必定与亚里士多德伦理学的幸福概念密切相关，因为后者是其伦理理论的基础。不应做的事，也就是无益于幸福的事，而无益于幸福的事，也就是不应做的事。既然美德是幸福的必要条件，那么任何不合乎美德的事都不会造就幸福。反之亦然，任何无益于幸福的事也都不合乎美德。在亚里士多德的理论中，美德是通过人的功能而获得理解。亚里士多德伦理学的一个显著特征在于，它是以人的功能（亦即，理性的活动）为基础的（*NE* I, 7）。不仅如此，实践智慧的一个显著特征也在于，它是以理性的欲求为目的的（*NE* VI, 1）。在这两个关键意义上，亚里士多德的伦理理论依赖于理性为基础。在这方面，他的理论与康德的理论具有相似性。那么，为什么在美德理论的语境中，欲求或实施某些行为对人类来说就是理性的呢？

严重侵犯人的基本潜能，不仅给被侵犯者带来了伤害，对侵害者同样也造成了伤害。该行为使双方都无法成为美德之人。例如，强奸之所以邪恶，不仅因为它与正义、友爱、节制和其他美德相对立，而且因为它给受害者带来创伤，导致他们更难获得自我实现，甚至变得不可能。从美德理论的角度看，杀人、种族灭绝和其他虐待行为也是如此。然而，需要注意，自杀行为在这种视角下却变得更棘手了。如果某人发现自己身处火中唯一可选的是速死或慢死，那么我们就不清楚，选择慢死又将如何有助于他的幸福。因此，如果快速结束自己的生命在这种情况下是一种理性可取的选择，我们也就很难明白，沿着上述思路所理解的美德理论何以能够拒斥自杀行为。只不过，就算承认了这一点，也不意味着美德理论无法拒斥其他行为（如强奸、杀人和种族灭绝），而对于从哲学上证成不可剥夺的权利来说，这已经足够了。我们并不清楚，这些行为怎么可能在尊重受害者或行为者基本潜能的前提下做得出来。因此，美德理论的观点应该被看作是对（C5）的理论支持，后者是支持（C3）的一项关键前提，也是能直接用来证成具体的不可剥夺权利的一项前提。

让我们回到关于自杀的论证，看看被拿来支持前提（5）的一些情况：

（5）如果没有上帝，故意杀死某个无辜者在道德上是可允许的，那么，在没有上帝的情况，违背他人意愿而故意杀死某个无辜者也是可允许的。

请想想这种情况：一个士兵犹豫自己是否真的要继续参战。或者，考虑这种情境：牺牲一个无辜者的生命来拯救一个社群。再设想：杀死一个原本愿意为了社群牺牲但后来又改变主意的人。如果（C3）是正确的，那么，这些情况就都无法证明自杀论证中的前提（5）为真。（C3）建立在自主性与基本潜力的基础上，而这些东西被认为是不可剥夺权利的根据。（C3）的辩护者可以坚持认为，由于在这些例子中，受害者都是不情愿地遭受死亡，所以，它们在道德上都是不可允许的。

5.4.5 一种反驳：被迫的自杀

无论上述想法多么有说服力，但是，如果在某些情况下，某人被迫自杀具有道德正当性，那么，通过结合基本潜能与自主性原则而确立不可剥夺权利的努力就不会成功。因为，如果被迫自杀（forced suicide）在道德上是合法的，那么，其合法性就会凌驾于行为者的自主性之上。乍看起来，"被迫自杀具有道德正当性"这一观点根本站不住脚，然而，确实在有些情况下，被迫自杀可以被看作恰当的行为。例如，一名间谍会承诺，一旦自己被敌人抓住就会服用氰化物。那么，是否可以要求某人在特定情况下服毒呢？从而，拒绝这种要求不就属于不道德吗？[①] 假定一名间谍做出这样的承诺，是因为他通过大量统计数据而了解到，绝大多数人（即便

---

① 2006年秋，托马斯·沙利文在明尼苏达州圣·托马斯大学的圣保罗校区做演讲时提出了这个论证。当时，他讨论的问题是，仅仅基于理性是否就能把握无条件的道德原则。沙利文认为，神启是了解这些原则的必要条件。他的观点在其著作中有详细展开（Menssen and Sullivan 2007: chap. 5）。

受过特殊训练）在身受酷刑时都会吐露情报。就算他没有采信统计数据，而是认为自己永不屈服，他也仍会承诺自己在被抓后服毒。这个例子似乎表明，一个人可以合理地被迫自杀，即便他当时并不愿意自尽。假如迫使某人选择死亡可以是合理的，那么，对于不可剥夺的权利来说，行为者的自主性也许就不再是决定性的支撑因素了。这摧毁了上述复合进路的一个关键要素。如果被迫自杀在道德上是可允许的，那么（C3）——违背某人意愿而严重损害其最基本的人类潜能的行为在道德上是错误的——这条戒律将不再绝对。此时，前提（5）似乎就是正确的。

　　被迫自杀在道德上是否合理，对于这个问题，仍有不少悬而未决的地方。我们不妨首先将自杀界定为"旨在毁灭自我的自伤行为"。在上述情况中，自杀要由这名间谍自己进行，其意图是结束自己的性命。毫无疑问，间谍明知药丸有毒却依然服食是一种自伤行为，而且，也没有别人逼他服药。但是，间谍的意图在于结束自己的生命么？我们是否可以合理地认为，这名间谍虽然预见到自己的死亡，但是，结束自己的生命却不属于他的意图？毕竟，间谍的首要意图是不泄露秘密，这才是他吞服毒药的目的，或至少说，这构成了他的主要动机。

　　为了理解上述推理，让我们考虑一个更简单的例子：为了救战友，一名士兵扑向一颗即将爆炸的手榴弹。即便这名士兵预见到该行动可能导致死亡，也并不意味着他试图自杀。这名士兵无需把死亡纳入自己的意图，而那名间谍也同样如此。当然，确定他人的意图没有那么简单，甚至知晓我们自己的意图也不容易。但是，如果我们想象这名间谍手中有两颗药丸，药丸 A 是致命的毒素，药丸 B 不会致命，只会消除一部分近期的记忆。如果他选择服用 B 而不是 A，那么，我们显然会认为，他并不具有终结自己生命的意图。现在，他是只有药丸 A，可是，假如他手中还有药丸 B 的话，他就会服用药丸 B。这些情况有力地表明，这名间谍并不一定会自杀。因此，即便他可能被迫服用药物（这是阻止泄密的唯一方法），强迫他自杀在道德上也不能得到证成。间谍并未同意自杀，而只是同意在极端状况下服用药丸。服用药丸不等于自杀。

5.4.6 结论

让我们回顾一下本节的推理线索。本节的主要目的是，努力考察亚里士多德伦理学的演绎模型在给不可剥夺的权利提供一种哲学辩护时能走多远。由于为不可剥夺的权利奠基似乎取决于无条件的指导行为的道德原则存在，因而，我们简要回顾了康德主义和托马斯主义为确立无条件的道德原则所做的尝试。我们看到，难以提供一种纯粹世俗的证明来反对自杀，这样的证明需要论证如下道德原则：故意剥夺无辜者生命的行为始终是错误的。在承认自杀在特定情况下可能合理的同时，我们会想，这是否意味着并不存在不可剥夺的权利。基于康德主义传统的自主性概念和广义亚里士多德主义传统的基本潜能概念，我们提出了一种基于自主性原则和基本潜能概念的复合进路。它带来了一项无条件的原则，即侵犯某人作为自主行为者所具有的基本潜能在道德上始终是错误的。虽然这项原则并没有排除自杀，但它排除了强奸、杀人和其他的侵犯无辜者的行为。结果，这足以为"存在着不可剥夺的人类权利"这一常识观念提供哲学支撑。尽管人们可能认为被迫自杀具有道德合理性，从而构成对上述无条件戒律的反驳，但我们也思考了针对这种反驳而可能做出的回应。事实上，这种回应指出，根本就不清楚被迫自杀是可以证成的，而且，双重效应原则（principle of double effect）也解释了，为什么一个人可以在并没有死亡意图时依然采取致命的自伤行为。虽然事情在辩证的这个阶段变得有些复杂，但是，如果我们做出的每个区分以及提供的每个例子都站得住脚，那么，我们也就为不可剥夺的权利做出了合理的辩护。

这种辩护至少需要两个来自亚里士多德伦理理论之外的概念：行为者自主性以及双重效应原则。在当代哲学文本中，围绕这两个概念产生了大量的争议和复杂的技艺。对不可剥夺权利的纯粹哲学证成，可能就取决于一部分这样的技艺以及争议的结果。就当前目的而言，充分解决这些问题并不那么重要。真正重要的是要看到，亚里士多德理论的基本概念也可以被用于一种演绎模型，从而帮助我们在当代政治和伦理讨论中取得实质进步。亚里士多德理论本身可能还不够丰富，不足以为解决当代伦理学的所有问题提供必需的工具，但是，它的确提供了丰富的概念图景，非常适于解决我们今天面临的问题。

5.5　本章小结

本章旨在思考亚里士多德伦理学的演绎模型可能面临的挑战。首先，本章考察约翰·麦克道威尔的特殊主义挑战。他声称，鉴于美德在亚里士多德伦理理论中的角色，通过演绎方式来解释亚里士多德伦理学是站不住脚的。在麦克道威尔的反对意见看来，微妙而复杂的美德敏感性在亚里士多德的伦理理论中至关重要，但这种敏感性却跟制订能够指导行为的法典化的道德原则的愿景背道而驰。而第三章发展出一种关于"大致"关系的分析，为我们解释了伦理原则何以既能够法典化，又能够指导行为。不仅如此，这种方案还不会消解或低估美德在亚里士多德伦理理论中的作用。因为，人们若要理解包含在法典化前提（这些前提从更一般的道德原则中被推出来）中的细节内容，那么，他们就需要美德的敏感性。同时，麦克道威尔也无法解释，当源自不同美德的考量发生冲突时，那些最终没有呈现为行动的考量又是如何"陷入沉默"的，而我们提供的方案则可以对此做出解释。沿着亚里士多德实践三段论的思路，我们还提出了一些解释，对"大致"命题进行了说明：它们是（1）演绎层级的一部分，（2）是可法典化的，并且（3）可以指导行为。这番说明旨在强调，亚里士多德主义伦理学的演绎模型可以从最普遍的伦理原则出发，一直延伸到不那么普遍的伦理原则。

接下来，本章转向如下问题：亚里士多德伦理学的演绎模型怎样提供了一个理解并捍卫道德实在论的框架。像"财富是有益的"这样的命题就被归入"大致"命题。而我们再次发现，第三章发展出来的那种关于"大致成立"的分析为我们提供了某种视角，它有助于我们从道德实在论出发，搞清楚这样的命题何以为真。我们还论证了，这种道德命题可以通过演绎的方式而得到证成。

随后，我们考察了演绎模型的局限。我们发现，不同于常见的观点，美德理论可以解释为何至少展现某些利他行为（即，将他人的获益作为首要考虑因素）是理性的。通过检视"勇敢"美德的本质，我们可以发现，亚里士多德的理论为利他行为留下了空间。我们还提供了更一般的论证，说明为什么至少展现某些利他行为是理性的，从而也表明自我牺牲的行为可能得到证成。美德理论给出了一种不同于利他主义的、有吸引力的模型来证成这些行为。这样的事实使得我们更有理由将美德视作一种完备的道德理论的根基并认真对待。

最后，本章通过考察演绎模型能否为不可剥夺的权利提供哲学证明，从而考察其局限性。我们看到，就本身而言，亚里士多德的美德理论不足以为不可剥夺的权利提供哲学证成。然而，通过援引来自康德主义原则，证成仍是可能的。即便存在这样的局限，在为某种坚实的伦理理论奠定基础的问题上，亚里士多德的模型也已经迈出了很大的步伐。

附 录
无条件的道德原则可以得到证成吗？①

尽管试图证成亚里士多德伦理学中无条件的道德原则会直接利用到《尼各马可伦理学》的题材，但是，这种尝试并不完全依赖于它们。一些来自当代模态理论的工具也会作为补充。为亚里士多德伦理学的部分学说建立某种公理模型（an axiomatic model），这不仅是可能的，还有助于澄清其理论核心概念之间的关系。当这些题材通过演绎范式的视角而被理解时，亚里士多德的伦理进路就为一种实在论的道德理论提供了富有前景的基础。当然，很多伦理学题材不属于伦理科学的范围，但是，仍有一系列十分重要的核心伦理概念位列其中。通过发现这些概念之间的联系方式，我们可以对伦理学的题材本性有更好的理解。

让我们假定，用演绎的方式来处理亚里士多德伦理学的诸多内容是合法的。凭借这种预设，我们可以问，一种演绎性的伦理学范式可以拓展到何种程度，而亚里士多德伦理学的基本概念又是如何关联。接下来给出的这套模型，将为我们可能采取的着手途径提供了一项具体方案。

---

① 这篇"附录"基于 Winter 2001。

方法论的考虑

正如我们在第三章看到的，亚里士多德伦理学的许多题材都符合他在《后分析篇》中提出的科学模型。我们不在这里详述该模型，因为这不是一项简单的任务，还会分散我们的注意力。而一种更具当代特色的公理进路（axiomatic approach）则不仅与亚里士多德的科学方法一致，而且比后者更容易使用。

我们将考虑与亚里士多德伦理理论核心概念相关的若干原则，它们可以被用来构造一条充当实践三段论大前提的指导行为的道德原则。各种伦理概念之间的必然关系是一张巨大的网络，而下文给出的原则体现了其中一些必然关系。伦理学的功能之一，就在于澄清这些伦理概念之间的关联方式。由于亚里士多德把一些有关幸福的主张视作伦理学的首要原则，因此，亚里士多德的伦理科学也将从这些关于幸福的原则出发，直至指导行为的道德原则。另一方面，亚里士多德的伦理科学不会包括实践三段论的小前提，因为，这些小前提涉及的是具体的东西。

虽然伦理学的大部分题材都被亚里士多德归为"大致成立"的，但我们想知道，在伦理学中，是否存在无条件为真的指导行为的主张，它们并非"大致成立"。如果存在，我们应该如何对待这些主张？当支持"大致成立"命题的演绎结构同那些得到证成的、可能"无条件成立"的结论结合起来时，我们就会得到一个可以获得系统性安排的丰富的推理网络。对亚里士多德伦理学中的必然性主张进行系统性的安排，将为该理论的演绎范式奠定基础。

亚里士多德说，每门科学都处理一个独特的"属"（genus）或确定的题材。就伦理学而言，它的题材涉及到与人们在追求善的过程中相关的广泛特征。人类的行为、情绪、倾向等等诸如此类的东西，都是我们会在一门伦理科学中将会遇到的特征。

在《尼各马可伦理学》（*NE* 1107a10–12）中，亚里士多德表示，通奸不存在适度/中道。这是亚里士多德在其伦理学中提出来的少数几个有可能成为无条件的行为指导道德原则的一个例子。根据亚里士多德对道德推理的分析，一个理性行为者会认为，已婚人士同婚姻之外的他人发生浪漫关系是不合适的。而这种观点正是基于避免通奸的信念。如果把实践三段论看作是为行为提供合乎理性的理由，那么，我们会得到如下推理：

应当避免通奸。

与 X 发生关系就是通奸。

应当避免与 X 发生关系。

亚里士多德的伦理科学不仅有对其他实践三段论大前提的证成，也包括对这个实践三段论大前提的证成。我们会期待，幸福、通奸和美德概念以及一些有关具体美德的看法有助于巩固亚里士多德所说的"应当永远避免通奸"。我们还会期待，这些概念也同样为禁止偷盗或谋杀的明确禁令奠定基础。

那些涉及获取人类之善的原则，就跟伦理学的题材相关。因此，比如说，我们可以期待在伦理学中找到一条这样的原则：有助于实现幸福的东西都应当被追求。反过来，另一条伦理原则会说，有损于实现幸福的东西都应该被避免。亚里士多德之所以没有在《尼各马可伦理学》中明确提出这两条原则，可能是因为亚里士多德觉得它们太明显而无需明确说明，尤其是，从这部作品的实践性来看的话。

接下来，我打算以一种更具当代色彩的形式方法来把握亚里士多德的科学证明观念的主要精神。再说一遍，之所以建构这一系列推论，是为了搞清楚我们如何可能从亚里士多德伦理学的原则中演绎出一个关于对通奸的禁令的命题。有了这种推理结构，我们就能清楚地看到，这样的原则是怎样理性地建立起来的。

伦理学的公理进路

我们需要如下陈述：

• 假定伦理学的属，G，是包含伦理学全部主题的集合。这种说法清晰地表达了亚里士多德的观点，即，每一种科学都有专门的题材。

• 假定伦理学的主题，s，是活动、状态、欲求、倾向、品质、关系等等，它们都关系到人类对善的追求。这个条件非常宽泛，但提出它的目的是把握亚里士多德的看法，即某个属的研究对象都会包含与这个属有关的那些实体的任何特征。

• 假定一个基本集合，S，被定义为是由要素 {e1....en} 组成的有限集合，而这些要素是隶属于 G 的某个主题 s 的必要组成部分。"基本集合"概念是为了囊括不同类型的定义，而不必让我们陷入对亚里士多德的这些议题进行整理分类的复杂过程中。这种方法的好处之一就是，要素集合也许只需要部分地加以规定就可以开展演绎和证明。而一个被部分规定的集合，并没有列出与某个主题必然相关的全部要素。一个被完全规定的集合，则包含了构成该主题之本质的全部要素作为子集。一个最优排序（optimally ordered）的集合将是一个全集：它从最接近本质的特征开始，直至距离本质最远的特征。

• 假定某个主题的任何要素都属于 G。这个观点基于亚里士多德的本质主义形而上学（essentialist metaphysics）。

• 假定 P1-P4 是与 G 有关的部分原则：

P1：对于任何两个主题 s 和 s*，s 与 s* 不一致，当且仅当，集合 S 的某些要素否定了集合 S* 的某些要素。

P2：x 无益于幸福，当且仅当，x 是不应该做的。

P3：x 不合乎美德，当且仅当，x 无益于幸福。

P4：x 不合乎美德，当且仅当，x 与人类功能不一致。

我们来看这四个命题。P1 清楚地表述了什么是"不一致"（inconsistency），我们要用它来表明两个伦理概念之间的冲突。这种"不一致"是通过上文所说的"主题"和"基本集合"来界定的。而直觉的看法是，当一个概念的某种必然特征同另一个概念的某种必然特征不相容时，这两个概念就不一致。①

我们可以用亚里士多德伦理学以外的一个例子来说明这点。康德认为，做出欺骗性的承诺是不理性的，因为，欺骗涉及不真诚的意图，它与承诺所蕴涵的真诚性相冲突。假定康德是对的，如果我们将"欺骗"和"承诺"分别视为伦理学的主题，并正确给定了二者的基本集合的要素，那么很显然，这两个概念就是不一致的，因为，其中一个基本集合的某些要素同另一个基本集合的某些要素是有冲突的。尽管亚里士多德没有像这样来明确地界定"不一致"，但是，这种界定有助于更系统地处理对伦理

---

① 被认为彼此不一致的日常命题，不是我这里的讨论所说的主题。但是，对于任意两个在我所说的那种意义上彼此不一致的主题，都可能给出某个命题而呈现它们的不一致性。例如，对于两个主题 a 和 –a，我们可以说 "a 与 –a 是不一致的"。如果这个命题在日常意义上是一致的，那么，在我所说的意义上，a 与 –a 就是一致的。

原则的证成。

在亚里士多德伦理学这里，P2 是理所当然的。把这条原则当作一条公理（只要我们足够宽泛地理解"公理"概念，使之涵盖某个主题所属的各种具体原则），似乎公道而且恰当。尽管亚里士多德没有明确讨论过道德义务，但是，由于这个概念是所有伦理理论的核心，因此它必定与"幸福"密切相联（因为后者是亚里士多德伦理学的基础性概念）。任何不应该做的事都无益于幸福，任何无益于幸福的事都不应该做。

P3 基于亚里士多德美德理论的实质特征。我们可以合理地将其视为一条定理（theorem），而非公理（axiom）。既然美德对于幸福是必要的，那么，任何不合乎美德的东西都不会带来幸福。反过来，任何无益于幸福的事物也都不符合美德。

P4 建立在这样的事实基础上，通过人类的功能来理解美德。亚里士多德伦理学的一个显著特征就在于，它以人的功能亦即理性活动为基础。不合乎美德的行为无法实现人类功能，而任何与人类功能不一致的事物也不合乎美德。

P2-P4 表明，"与人类功能相一致"将构成亚里士多德伦理理论中道德责任的基础。直觉地看，P1 将会告诉我们，某些伦理概念在什么意义上同人类功能不一致。一旦确认了某个主题与人类功能不一致，我们就能通过 P2-P4 而演绎推出一条该主题应当避免的原则。

既然我们已经拥有了基本的形式模型，我们就可以开始思考具体的主题，从而展开演绎。再说一遍，既然亚里士多德在《尼各马可伦理学》中给出了大致类似的主张，那么，尽力为"永远不要通奸"提供一种亚里士多德主义的证成方案，就是合适的。因此，我们将"通奸"定为第一个主题。这种程序的一个优点是，我们无需详细刻画出定义该主题的全部要素才能开始。尽管亚里士多德没有具体定义"通奸"，但是，对构成该主题的那个集合中的要素进行合理的部分规定，看起来可能是这样的：

通奸 = { 故意的、不诚实的、婚外性关系……}

即便古代世界的通奸概念跟我们现在的不同，这看起来也是一个做出了恰当的部分规定的集合。例如，在古代雅典，已婚男子和奴隶之间发生的性关系不违法，但是，通奸行为却要受到法律的惩罚（MacDowell 1978: 124–5）。根据这个事实和上面的那种规定，我们可以说，古希腊人对于何为诚实的婚姻关系有不同的看法。如果婚姻双方事先都懂得与奴隶的性关系并不有损婚姻，那么，这样的行为就不是不诚实的，即便我们会正确地将其判定为不道德。

接下来，让我们考虑"人类功能"这个主题的基本集合，因为它对亚里士多来说无疑是一个重要的伦理主题，一个与伦理学科的大多数其他主题都存在某种关联的主题。

人类功能 = { 理性活动……}

尽管这样来规定人类功能显然不完全，但是，我们已经有了人类功能的一项必要特征——它涉及理性活动。搞清楚"理性活动"这个主题包含哪些内容，我们可以继续我们的推理：

理性活动 = { 智慧，实践智慧……}

这里并未提到理性活动的具体类型。然而，智慧和实践智慧肯定都跟理性活动必然相关，因为，无论智慧还是实践智慧，它们在各自的定义中都会诉诸理性活动。

接下来,让我们关注实践智慧的必然特征:

实践智慧 = { 旨在公平待人(正义),旨在诚实待人(友爱)……}

有理由认为,正义和友爱都跟实践智慧必然相关,尤其是当我们考虑到亚里士多德的"美德统一性"命题时。事实上,我们还可以在上述集合中列出每一种道德美德。

完成这些工作后,我们就会发现,"通奸"跟实践智慧是冲突的。亚里士多德确实把通奸视为一种不正义(injustice)(*NE* 1130a17,1130b5,1134a17–1134a23;*MGNA* 1196a20)。当我们意识到通奸必定涉及不诚实,而诚实对待他人,尤其是自己的配偶,又必然关系到正义时,我们就能明白其中的原因。既然其中一种要素否定了另一种要素,那么,根据上文的界定,这两个主题便是不一致的。

我们把上述内容串成一个推理链条:

1. 通奸和实践智慧不一致。(P1)
2. 通奸和理性活动不一致。(P1)
3. 通奸和人类功能不一致。(P1)
4. 通奸和美德不一致。 (3,P4)
5. 通奸无益于幸福。 (4,P3)
6. 不应当通奸。 (5,P2)

这一系列的演绎推理,就为解释"为什么不应当通奸"的问题提供了基础。

既然我们证成了"不应当通奸",那么我们就能发现,该主张在关于行为的实践三段论中可以扮演的角色:

　　6. 不应当通奸。

　　7. 与 X 发生关系就是通奸。

　　8. 不应当与 X 发生关系。

由于科学仅仅关注普遍性断言,因此,伦理科学仅仅包含对(6)的证成,而不包含对这则断言的应用。对(6)的应用,取决于实践智慧在其实际运用过程中的特殊使用。

在亚里士多德的伦理学中,像(6)一样无条件成立的道德主张并没有太多。亚里士多德伦理学所关注的相当一部分主张都是大致成立的。通过考察可被证明的"大致"命题集合以及遵循其所依赖的演绎链条而成立的无条件命题集合,我们就会发现,我们有可能从亚里士多德的伦理科学中构建出一张组织有序、内容丰富的命题网络。有了这样一门科学,不仅可以帮助我们更好地理解伦理学的基础,而且可以帮助我们决定我们在某些情况下应当做或不做什么。至少在这个意义上,伦理科学可以应用于实践。

这种模型是亚里士多德主义的吗?

虽然对(6)的证成,其特征偏离了亚里士多德在《工具论》中关于科学说明的那种严格界定,但我们依然可以考虑,这种进路是否足够实质性地符合亚里士多德主义的范畴。让我们想想,上面刻画的这种公理式的伦理学进路,在什么意义上是否符合亚里士多德所规定的科学模型。

尽管亚里士多德的三段论形式在上述步骤中并未被使用,但是,确保

174

真实性的推理规则却在这种公理进路中得到了运用。这也是亚里士多德三段论的目的。因此，如果说这种涉及条件句和双重条件句（biconditional）的推理规则可以让我们超出亚里士多德在《工具篇》里的局限——在那里，他仅仅研究了简单的"主语—属性"单句——那么，在更广泛范围运用这种推理规则便是不无道理的。

亚里士多德主义的证明前提的显著特征之一在于，它们表达的是本质关系（per se relationships）。在《后分析篇》中，亚里士多德使用"主词—属性"单句来展示本质性的第一种和第二种模式。之所以设计这些模式，就是为了把握普遍事物之间不同种类的必然关系（McKirihan 1993: 83-84）。上文提出的"基本集合"概念也是想提供一种工具来处理某个属内部各个主题之间的全部必然关系。而搭建亚里士多德主义的证明方案，就是为了确保我们能够从某个属内部的主题的更基本属性出发，以便我们的讨论是从那些更接近本质的特征开始的。但是，要实现这个目的，我们不一定必须采用亚里士多德主义的证明工具。对每个基本集合中的必然特征进行优化排序，同样会高度契合亚里士多德在《后分析篇》中所设想的那种推理形式，因为，一个恰当排序的集合也会从最接近本质的特征开始。

此外，上文勾勒的这种公理进路还具有如下特点：

——它处理的是某一类具体主题，而这预设存在着具有本质的实体。
——它奠基于基础主义的本体论。
——通过基本集合来规定主题，把握住了亚里士多德的定义标准的精神。
——这种公理进路不关心具体事物，而关心普遍事物。

尽管这里的公理进路与亚里士多德的进路乍看起来相去甚远，但是，关于两种进路的这些特征以及其他一些共同特征的进一步反思却表明，二者之间具有实质的重叠之处。

我们可以合理地询问，亚里士多德在《后分析篇》给出的那种模型，对于那些涉及质料性的主词和属性的主题而言，是否管用。《后分析篇》第1卷前几章给出的那些严格条件句，似乎针对的是非质料性的主体和属性，例如数学中的主体和属性。不仅如此，涉及质料性的主体和属性的那些主题虽然仅仅关乎大致成立的关系，但我们已经看到，在亚里士多德眼里，这些关系属于真正的科学。如果我们只承认以第一种或第二种模式来表达本质性的命题，那么，这样的关系又该如何处理呢？只有第一种或第二种模式才是真正的科学吗？或者，第四种模式也可以算作科学？① 我们应该解决这些问题，以及其他一些问题，从而为诸多将被当作科学来对待的主题提出一种管用的亚里士多德主义的科学框架。② 虽然或许有办法处理所有问题，但是，最好先从一个把握了亚里士多德科学精神的更加简洁有效的模型出发，而不必陷入每个问题之中。

175

176

---

① 费雷霍恩（Ferejohn, 1991）认为，第四种模式是一种关于谓述的模式。
② 认为亚里士多德拥有不同的科学知识模型，而不同的模型又会根据相关学科而得到恰当运用，对此，劳埃德（Lloyd, 1996）给出了很好的理由。

参考文献

Anagnostopoulos, Georgios. *Aristotle on the Goals and Exactness of Ethics*. Berkeley, CA: University of California Press, 1994.

Aquinas, St. Thomas. *Commentary on the Posterior Analytics of Aristotle*. Translated by F.R. Larcher. Albany, NY: Magi Books, 1970.

Aquinas, St. Thomas. *Commentary on Aristotle's Nicomachean Ethics*. Translated by C.I. Litzinger. Notre Dame, IN: Dumb Ox Books, 1993.

Audi, Robert. *Moral Knowledge and Ethical Character*. Oxford: Oxford University Press, 1997.

Audi, Robert. "Epistemic Virtue and Justified Belief." In *Virtue Epistemology: Essays on Epistemic Virtue and Responsibility*, edited by A. Fairweather and L. Zagzebski, 82–97. Oxford: Oxford University Press, 2001.

Audi, Robert. *The Good in the Right*. Princeton, NJ: Princeton University Press, 2004.

Barnes, Jonathan. "Aristotle's Theory of Demonstration." *Phronesis* 14（1969）: 123–152.

Barnes, Jonathan, trans. and comm. *Aristotle's "Posterior Analytics"* (Clarendon Aristotle Series). Oxford: Clarendon Press, 1975.

Bennett, Jonathan. "The Conscience of Huckleberry Finn." *Philosophy* 49 (1974): 123–34. Reprinted in Sommers, Christina, and Fred Sommers, eds. *Vice and Virtue and Everyday Life*, 2nd ed. San Diego, CA: Hartcourt Brace Jovanovich, 1989.

Berti, E. *Aristotle on Science: The Posterior Analytics*. Padua: Editrice Antenore, 1981.

Bolton, Robert. "Definition and Scientific Method in Aristotle's *Posterior Analytics* and Generation of Animals." In *Philosophical Issues in Aristotle's Biology*, edited by A. Gotthelf and J. Lennox, 120–166. Cambridge: Cambridge University Press, 1987.

BonJour, Laurence. *In Defense of Pure Reason*. London: Cambridge University Press, 1998.

Brink, David. *Moral Realism and the Foundations of Ethics*. New York: Cambridge University Press, 1989.

Burnyeat, Myles. "Aristotle on Understanding Knowledge." In *Aristotle on Science: The Posterior Analytics*, edited by E. Berti, 97–139. Padua: Editrice Antenore, 1981.

Chisholm, Roderick. *Theory of Knowledge*. New Jersey: Prentice-Hall, 1966.

Chomsky, Noam. *Aspects of the Theory of Syntax*. Cambridge, MA: MIT Press, 1965.

Cooper, J.M. "Hypothetical Necessity and Natural Teleology." In *Philosophical Issues in Aristotle's Biology*, edited by A. Gotthelf and J. Lennox, 243–274. Cambridge: Cambridge University Press, 1987.

Dahl, Norman. *Aristotle, Practical Reason, and Weakness of Will*.

Minneapolis, MN: University of Minnesota Press, 1984.

Dancy, Jonathan. *Introduction to Contemporary Epistemology*. Oxford: Basil Blackwell, 1985.

Dancy, Jonathan. *Moral Reasons*. Oxford: Blackwell, 1993.

Dancy, Jonathan. *Ethics without Principles*. Oxford: Clarendon Press, 2004.

Darley, John M., and Daniel C. Batson. "From Jerusalem to Jericho: A Study of Situational and Dispositional Variables in Helping Behavior." *Journal of Personality and Social Psychology* 27（1973）: 100–108.

Darwin, Charles. *On the Origin of Species: A Facsimile of the First Edition*. Cambridge, MA: Harvard University Press, 1964.

Davis, Steven, ed. Pragmatics: A Reader. Oxford: Oxford University Press, 1991.

Doris, John. *Lack of Character*. Cambridge, England: Cambridge University Press, 2002.

Driver, Julia. *Uneasy Virtue*. Oxford: Oxford University Press, 2001.

Endberg-Pedersen, T. "More on Aristotelian Epagoge." *Phronesis* 24（1979）: 301–319.

Finnis, John, and Germain Grisez, and Joseph Boyle. *Nuclear Deterrence, Morality and Realism*. Oxford: Oxford University Press, 1987.

Fumerton, Richard. "A Priori Philosophy After an A Posteriori Turn." In *Midwest Studies in Philosophy*, XXIII, 21–33, 1999.

Flanagan, Owen. "Virtue and Ignorance." *Journal of Philosophy* 87（1990）: 420–428.

Ferejohn, Michael. *The Origins of Aristotelian Science*. New Haven, CT: Yale University Press, 1991.

Garver, Eugene. "Choosing the Good in Aristotle's Topics." In *From Puzzles to Principles: Essays on Aristotle's Dialectic*, edited by May Sim, 107–124. Maryland, USA: Lexington Books, 1999.

Gelman, S.A., and E.M. Markman. "Categories and Induction in Young Children". *Cognition*, 23（1986）: 183–209.

Gewirth, Alan. *Reason and Morality*. Chicago: University of Chicago Press, 1978.

Gladwell, Malcolm. *Blink: The Power of Thinking Without Thinking*. New York, NY: Back Bay Books, 2007.

Gladwell, Malcolm. *Outliers: The Story of Success*. New York: Little, Brown and Company, 2008.

Goldman, Alvin. *Epistemology and Cognition*. Cambridge, MA: Harvard University Press, 1988.

Gotthelf, A., and J. Lennox. *Philosophical Issues in Aristotle's Biology*. Cambridge: Cambridge University Press, 1987.

Groarke, Louis. *An Aristotelian Account of Induction: Creating Something from Nothing*. Montreal: McGill-Queens University Press, 2009.

Hintikka, J. *Time and Necessity: Studies in Aristotle's Theory of Modality*. Oxford, USA: Oxford University Press, 1973.

Hooker, Brad, and Margaret Little, eds. *Moral Particularism*. New York: Oxford University Press, 2000.

Hooker, J.N. *Alan Gewirth and the Moral Law*. Unpublished article, 1980.

Hull, David. *Philosophy of Biological Science in Foundations of Philosophy Series*. New Jersey: Prentice-Hall, 1974.

Hume, David. *An Inquiry Concerning Human Understanding*. New Jersey:

Prentice Hall, 1995.

Irwin, Terrence, trans. *Aristotle's Nicomachean Ethics*. Indianapolis: Hackett, 1985.

Irwin, T. *Aristotle's First Principles*. Oxford: Clarendon Press, 1988.

Irwin, T. "Ethics as an Inexact Science: Aristotle's Ambitions for Moral Theory." In *Moral Particularism*, edited by B. Hooker and M. Little, 100–29. New York: Oxford University Press, 2000.

Isen, Alice, and Paula Levin. "Effect of Feeling Good on Helping: Cookies and kindness." *Journal of Personality and Social Psychology* 21（1972）: 384–8.

Kahn, C.H. "The Role of Nous in the Cognition of First Principles in Posterior Analytics II.19." In *Aristotle on Science: The Posterior Analytics*, edited by E. Berti, 385–414. Padua: Editrice Antenore, 1981.

Kim, Jaegwon. "What is 'Naturalized Epistemology'?" *Philosophical Perspectives* 2（1988）: 381–405.

Kornblith, Hilary. *Inductive Inference and its Natural Ground*. Cambridge: MIT Press, 1993.

Kosman, L.A. "Understanding, Explanation, and Insight in Aristotle's *Posterior Analytics*." In *Exegesis and Argument*（Phronesis Supp. Vol. 1）, edited by E.N. Lee, A.P.D. Mourelatos, and R. Rorty, 374–392, 1973.

Kripke, Saul. "Speaker's Reference and Semantic Reference." In *Pragmatics: A Reader*, edited by Steven Davis, 77–96. Oxford: Oxford University Press, 1991.

Lennox, James. "Divide and Explain: The Posterior Analytics in Practice." In *Philosophical Issues in Aristotle's Biology*, edited by A. Gotthelf and J. Lennox. Cambridge: Cambridge University Press, 1987.

Lennox, James. "Darwin was a Teleologist." *Biology and Philosophy* 8 (1993): 409–421.

Lesher, James. "The Meaning of Nous in the Posterior Analytics." *Phronesis* 18 (1973): 44–68.

Levine, Robert. *A Geography of Time: The Temporal Misadventures of a Social Psychologist, or How Every Culture Keeps Time Just a Little Bit Differently*. New York: Basic Books, 1998.

Lloyd, G.E.R. *Aristotelian Explorations*. New York: Cambridge University Press, 1996.

MacDowell, Douglas. *The Law in Classical Athens*. Ithaca, NY: Cornell University Press, 1978.

Mackie, J.L. *Ethics: Inventing Right and Wrong*. Harmondsworth: Penguin, 1977.

Mayr, Ernst. *Toward a New Philosophy of Biology: Observations of an Evolutionist*. Cambridge, MA: Harvard University Press, 1988.

McDowell, John. "Virtue and Reason." *Monist* 62 (1979): 331–350.

McDowell, John. "Comments on 'Some Rational Aspects of Incontinence'". *Southern Journal of Philosophy* 27 (1988): 89–102.

McKirihan, Richard D. Jr. *Principles and Proofs: Aristotle's Theory of Demonstrative Science*. Princeton, NJ: Princeton University Press, 1993.

Menssen, Sandra, and Thomas Sullivan. *The Agnostic Inquirer*. Wm. B. Grand Rapids, MI: Eerdmans Publishing Company, 2007.

Mignucci, Mario. "Hos epi to polu et necessaire dans la conception aristotelicienne de la science." In *Aristotle on Science: The Posterior Analytics*, edited by E. Berti, 173–203. Padua: Editrice Antenore, 1981.

Moore, G.E. *Principia Ethica*. Cambridge: Cambridge University Press, 1903.

Nagel, Thomas. *The Possibility of Altruism*. Oxford: The Clarendon Press, 1970.

Nussbaum, Martha C. *Love's Knowledge*. Oxford: OUP, 1990.

Owen, G.E.L. "Aristotle on the Snares of Ontology" in *New Essays on Plato and Aristotle* edited by R. Bambrough, 69–95. London, 1965.

Owen, G.E.L. "Tithenai ta Phainomena." In *Aristote et les Problemes de Methode*, edited by S. Mansion, 83–103; reprinted in Moravcsik, J.M.E. *Aristotle: A Collection of Critical Essays*, 167–190. New York, 1967.

Pannier, Russell. "Finnis and the Commensurability of Goods." *The New Scholasticism* LXI 440（1987）.

Rand, Ayn. "Faith and Force: The Destroyers of the Modern World." *Objectivist*, 1960.

Reeve, C. D. C. *Practice of Reason: Aristotle's Nicomachean Ethics*. Oxford: Clarendon Press, 1992.

Reichenback, Hans. *Theory of Probability*. Berkeley, CA: University of California Press, 1949.

Reid, Thomas. *Essays on the Active Powers of Man*. Reprinted in Raphael, D. *The British Moralists*. New York: Oxford University Press, 1969.

Ross, W.D. *Aristotle's Prior and Posterior Analytics*. Oxford: Oxford University Press, 1949.

Schueler, G.F. "Why Modesty is a Virtue." *Ethics* 107（April, 1997）: 467–485.

Searle, John. *Rationality in Action*. Cambridge: MIT Press, 2003.

参考文献

Sherman, Nancy. *Making a Necessity of Virtue: Aristotle and Kant on Virtue*. Cambridge: Cambridge University Press, 1997.

Sidgwick, H. *The Methods of Ethics*, 7th ed. Chicago: University of Chicago Press, 1907.

Smith, Michael. *Ethics and the A Priori*. Cambridge: Cambridge University Press, 2004.

Smith, M. *The Moral Problem*. Oxford: Wiley-Blackwell, 1994.

Sober, Elliot. *Darwin's Universal Impact*. Cambridge University Lecture, 2009.

Sorabji, Richard. *Necessity, Cause and Blame: Perspectives on Aristotle's Theory*. Chicago: University of Chicago Press, 1980/2006.

Stocker, Michael. *Plural and Conflicting Values*. New York: Oxford University Press, 1989. Suave

Meyer, Susan. *Aristotle on Moral Responsibility*. Cambridge, MA: Blackwell, 1993. Sullivan,

Thomas D. "Assisted Suicide and Assisted Torture." Logos 2（3）（1999）: 77–95.

Sullivan, Thomas D., and Sandra Menssen. In *Immersed in the Life of God*, edited by P. Gravilyuk, D. Koskela, and J. Vickers, 164–185. Grand Rapids, MI: William B. Eerdmans Publishing Company, 2008.

Winter, Michael. "Are Fundamental Principles in Aristotle's Ethics Codifiable?" *The Journal of Value Inquiry* 31（1997）: 311–328.

Winter, Michael. "A Demonstrative Science of Aristotle's Ethics". *Proceedings of the ACPA*, 2001, 73–82.

Winter, Michael, and John Tauer. "Virtue Theory and Social Psychology."

The Journal of Value Inquiry Fall 40（2006）: 73–82.

Woods, Michael, trans. *Aristotle's Eudemian Ethics Books I, II, and VIII*. Oxford: Clarendon Press, 1982.

索引

A

Adultery［prohibition of］通奸（对通奸的禁令），154, 171

Altruism 利他主义，143–153

Anagnostopoulos, G. 乔治斯·阿纳格诺斯托普洛斯，11, 58-69, 74, 86

A priori reasoning 先验推理，19, 90

Aquinas, St. T. 圣·托马斯·阿奎那，76, 78, 156-157

Aristotelian science 亚里士多德主义的科学

plain science 普通科学，4, 41, 87

pure science 纯粹科学，76

The Two Demonstration Proposal（TDP）"两种证明"方案，58–71, 75, 80, 87

The Two Science Proposal（TSP）"两种科学"方案，48–55, 58–59, 64–65, 67, 87

Aristotle 亚里士多德，1–13, 18, 20, 23, 26–87, 89–90, 93, 95, 97–98, 100–127, 129–136, 139–147, 179–154, 157–158, 161, 163–164, 167–176

Armchair ethics 扶椅伦理学，4, 89–98, 127

Audi, R. 罗伯特·奥迪，14, 155, 160–161

B

Barnes, J. 乔纳森·巴恩斯，51, 65, 67

Batson, D. C. 丹尼尔·贝特森，15

Bennett, J. 乔纳森·贝内特，26, 28, 30-31

BonJour, L. 劳伦斯·邦久，9, 106, 110, 113

Boyle, J. 约瑟夫·波义耳，157

Brink, D. 大卫·布林克，9, 90, 119-120

C

Chisholm, R. 罗德里克·齐硕姆，10, 50, 120

Chomsky, N. 诺姆·乔姆斯基，108

Codification/Codifiability of ethical principles 法典化／道德原则的法典化，133–134、141–142

Coherentism 融贯论，9, 119–120

Contingency 或然性，61–65, 74–75, 100

Cooper, J. M. 约翰·库珀，63

Courage 勇敢，5, 20, 114, 116, 129, 149–150, 153, 168

D

Dahl, N. 诺曼·达尔，31, 116, 138, 143

Dancy, J. 乔纳森·丹西，1, 9, 93

Darley, J. M. 约翰·达利，15

Darwin 达尔文，3, 33–38

Darwin/Darwinsim/Darwinian theory 达尔文／达尔文主义／达尔文主义的理论，3, 8, 33–38, 40

Deductive paradigm 演绎范式, 2–3, 8, 10, 12, 39, 41, 85–89, 117, 121, 125, 127, 130–133, 139–143, 145–147, 153–154, 169–170

Demaine, E. 埃里克·德曼, 24

Demonstration/demonstrability 证明／可证明性, 3–4, 41–42, 44, 47, 49, 58–59, 64–71, 73, 75–85, 87–88, 115–116, 171, 174–175

ethical demonstrations 伦理证明, 47, 76, 79, 84, 88, 116

Doris, J. 约翰·多里斯, 2–3, 7, 13–20, 39, 90, 97

Driver, J. 茱莉亚·德雷弗, 1, 21–32

Dunamis 潜能, 53–54, 56, 71–74, 78–83, 87–88, 133

E

Eudaimonia 幸福, 3, 12, 37, 41-42, 58, 60, 76-78, 135, 145–146, 151, 164, 172

Exceptionless precepts 毫无例外的戒律, 154

F

Ferejohn, M. 迈克尔·费雷霍恩, 50–51, 53–54, 175

Final cause 目的因, 32, 34–38, 74, 77

Finn, H. 哈克贝利·费恩, 26–29, 31

Finnis, J. 约翰·菲尼斯, 157

Flanagan, O. 欧文·弗拉纳根, 21

For-the-most-part propositions "大致成立"的命题, 52-53、56-57, 59–66, 68–72, 74, 78–85, 87, 140, 142, 146, 168

For-the-most-part relations "大致成立"的关系, 4-5、37、41-42, 49–54, 57–62, 64–72, 74–75, 78–85, 87, 129, 133, 135–136, 139–141, 144–145,

154, 168

Foundationalism 基础主义, 2, 5, 8–9, 39, 89–90, 118–125, 127

moral foundationalism 道德基础主义, 2, 8–10, 39

Fumerton, R. 理查德·富默顿, 90-94

Function 功能, 12–13, 24, 32, 36–37, 43, 45, 47, 55, 58, 66, 77, 84–85, 110, 113–114, 121, 123, 125, 131–132, 140, 144, 151, 153, 164, 170–174

function argument 功能论证, 77

G

Garver, E. 尤金·加弗, 43–45

Gates, B. 比尔·盖茨, 24–25

Generosity 慷慨, 100, 103, 114, 116, 147–148, 152

Gewirth, A. 艾伦·格沃斯, 90, 156

Gladwell, M. 马尔科姆·格拉德威尔, 24-25, 95-96

Globalism 总体主义, 13

Goals of ethics 伦理学的目标, 11, 42, 58, 70, 85–87

Goldman, A. 阿尔文·戈德曼, 106

Grisez, G. 吉尔曼·格里塞, 157

Groarke, L. 路易斯·格洛尔克, 110-111, 113

H

Harman, G. 吉尔伯特·哈曼, 90, 94

Hintikka, J. 雅各·亨迪卡, 62-63

Holding for the most part 大致成立, 4, 42, 44–45, 49–58, 61, 64–65, 67, 70–71, 79, 115, 133, 144, 146–147, 154, 168, 170

Hooker, B. 布拉德·胡克，130

Hooker, J. N. 约翰·胡克，156

Hull, D. 大卫·赫尔，33-34

Hume, D. 大卫·休谟，5, 89, 105–106, 111, 113, 127

Hybrid approach 复合的进路，160-163、166-167

I

Implicit Associations Test 内隐联想测验，95-96

Inalienable rights 不可剥夺的权利，6, 129-130, 153-167

Induction 归纳

　induction in Aristotle's ethics 亚里士多德伦理学中的归纳，114-117

　intuitive induction 直觉性归纳，5, 89, 113, 117, 121–122

　problem of induction 归纳问题，5, 89, 105–106, 108–109, 111, 113, 127

Irwin, T. 特伦斯·埃尔文，130

Isen, A. 爱丽丝·伊森，15

K

Kim, J. 金在权，106

Kornblith, H. 希拉里·科恩布利斯，104, 106-109, 112

Kripke, S. 索尔·克里普克，19

L

Lennox, J. 詹姆斯·伦诺克斯，34–36

Levine, R. 罗伯特·莱文，16

Levin, P. 保拉·勒温，15-16

Little, M. 玛格丽特·利特尔, 42, 130

Lloyd, G. E. R. G. E. R. 劳埃德, 176

M

MacDowell, D. 道格拉斯·麦克道威尔, 173

Mackie, J. L. 约翰·麦基, 8-9

Mayr, E. 恩斯特·迈耶尔, 35-36

McDowell, J. 约翰·麦克道威尔, 1, 5, 129/133, 135-137, 139–142, 167–168

McKirihan, R. D. 理查德·麦克拉汉, 53, 124/125, 175

Menssen, S. 桑德拉·门森, 155/156, 158, 165

Mignucci, M. 马里奥·米格努奇, 51

Milgram, S. 斯坦利·米尔格拉姆, 16, 18

Modesty 谦虚, 21–25, 39

Moore, G. E. G·E·摩尔, 10, 90

Moral epistemology 道德认识论, 104、106、109、111-112, 116, 118, 127

Moral particularism 道德特殊主义, 1, 129–130

Moral realism 道德实在论, 7–40, 94, 143, 146–148, 168

N

Nagel, T. 托马斯·内格尔, 90, 143

Naturalized epistemology 自然化的认识论, 104, 106–110

Necessity 必然性

Definitional 定义性的（必然性）, 72–73, 87

Material 物质性的（必然性），63

Unconditional 无条件的（必然性），51–55, 58–59, 63, 71

Non-cognitivism 非认知主义，8

Nous 努斯

fallibility/infallibility 可错性／不可错性，110–112, 126

practical 实践的，117, 127

theoretical 理论的，117

Nussbaum, M. C. 玛莎·努斯鲍姆，1

P

Paley, W. 威廉·佩利，33

Pannier, R. 拉塞尔·潘尼尔，157

Per se 本质，50, 54, 77–79, 82–84, 175

Phronēsis 实践智慧，3, 12, 14, 20, 60, 86, 93, 130, 141, 145, 164, 173–174

Phronimos 实践智慧之人，14, 86, 93, 130

Practical syllogism 实践三段论，12, 26-27, 29-31, 45, 83, 131–133, 140–142, 145, 168–170, 174

Precision/imprecision in ethics 伦理学中的精确性／不精确性，2, 7, 11–12, 60, 85, 130, 156

Principle of Non-Interference（PNI）不干涉原则，55–56, 58, 63, 72, 74, 80–81, 87

Q

Quine, W. V. O. 威拉德·冯·奥曼·蒯因，106

R

Rand, A. 安·兰德, 143, 152

Reeve, C. D. C. C. D. C. 里夫, 48-49, 51-53, 55, 75-76

Reichenback, H. 汉斯·赖欣巴哈, 105

Reid, T. 托马斯·里德, 10

Robust character traits 强健的品格特征, 3, 7, 13–20

Ross, W. D. 大卫·罗斯, 116, 121, 155

S

Schueler, G. F. 乔治·弗雷德里克·舒勒, 22-23

Searle, J. 约翰·塞尔, 143

Self-assessment 自我评价, 5, 89, 98–103, 126

Sherman, N. 南希·谢尔曼, 1

Sidgwick, H. 亨利·西季威克, 10

Singer, P. 彼得·辛格, 94–95

Situations 处境/情境, 13–20, 23, 29, 32, 45, 57, 90, 92, 96–98, 100, 103, 118, 130, 140–142, 144, 149, 154, 156–157, 161–162, 165, 168

Skepticism 怀疑主义, 9, 113, 119

Smith, M. 迈克尔·史密斯, 90, 93–95, 97–98

Sober, E. 埃利奥特·索伯, 37

Social psychology 社会心理学, 13, 16–17, 39

Socrates 苏格拉底, 27

Sorabji, R. 理查德·索拉布吉, 48, 61, 72–73

Suicide 自杀, 6, 110, 130, 155–167

forced suicide 被迫的自杀, 6, 130, 165–167

索引

Sullivan, T. D. 托马斯·沙利文，44，155-156，158，165

T

Tauer, J. 约翰·陶尔，13

Teleology 目的论，3, 7, 32–36, 38–40

Twain, M. 马克·吐温，26, 28

U

Unconditional necessity 无条件的必然性，51–55, 58–59, 63, 71

Unger, P. 彼得·昂格尔，94

V

Virtue 美德

  ethics 美德伦理学，1–3, 5–41, 47, 82–85, 88–90, 104, 119, 129, 146, 148–149, 155, 166, 168–169

theory 美德理论，1, 3, 5–7, 13–14, 16–17, 20–21, 25–29, 31–32, 39–40, 75–87, 89, 97–98, 100, 102, 104, 129, 141, 143–145, 149, 151–154, 163–165, 168, 172

W

Weakness of the will 意志软弱，26, 28–29, 31

Williams, B. 伯纳德·威廉姆斯，92, 94

Winter, M. 迈克尔·温特，13, 130, 169

译后记

2021年暑假前夕，李义天教授告知我有一部关于美德伦理学的著作有待翻译。稍加斟酌，我主动提出有意承担该书的翻译工作，而这部著作也就是眼前的这本《反思美德伦理学》。

我的主动请缨主要有两方面的动机。一者，在经历了数年的学习后，我对美德伦理学已有了一定的把握，并明确地意识到美德伦理学对我具有直觉上的吸引力。这种吸引力主要源于其关注作为整体的"美好生活"而不止于个别行为。正因如此，美德伦理学所使用的主要范畴也不限于针对行为的"对"与"错"，"可允许"和"不可允许"。事实上，它大大拓展了人们用以指导和评价伦理生活的资源，并敞开了诸多在其他伦理学理论中未被重视的面向。同时，我对"翻译"这项"实践活动"也有着浓厚的兴趣。每当我在阅读和进行原创性的思索时感到头脑纷乱、身心俱疲，翻译总能让我重整思绪、汇聚精力，并以即时的成就感和满足感为我唤起继续学习的动力。其时，我已完成了《劳特里奇美德伦理学指南》中部分篇目的翻译，并相信自己有能力将眼前这部著作带入中文语境。

让我欣喜的是，该书的确是一部对于美德伦理学研究颇有助益的作品。正如书名所指示的，经过了数十年的"复兴"后，美德伦理学确已走到了一个需要"重思"或"反思"的节点：在取得长足发展的同时，美德伦理学在当前也遭遇了越来越多的质疑和论辩。如要对其加以回应，甚或产生新的理论创新，便有待于进一步挖掘美德伦理学自身的"传统资源"，并使之与当代的前沿科学（既包括社会科学，也包括生物学、神经心理学等自然科学）有效对接。《反思美德伦理学》一书所从事的正是这样的工作。作者明言："一种理想的伦理理论将能提供充分的灵活性，以解释道德生活的复杂性和偶然性；但其同时包含足够的稳定性，以便让客观的道德判断成为可能。我认为，我们可以从亚里士多德的伦理学中构建这样的理论。"在搭建其理论框架的过程中，作者既细致地对亚里士多德与部分重要亚里士多德主义者（如阿奎那）的文本进行了重构、更广泛地与当代社会心理学和生物学展开对话。同时，上述工作都是在层层推进的论辩中展开，因而其所呈现的并非作者的"独白"，而是多声部的论争。由此，该书格外适合有志于把握美德伦理学前沿发展、重要论辩与交叉研究的学者阅读。

　　回望翻译历程，首先要感谢的便是李义天教授。正是他的信任让我接过了该书的翻译工作。在初稿译成后，李义天教授更以精细的校对为初次译书的我"保驾护航"。在翻译过程中，清华大学科学史系的博士研究生黄宗贝给予了我无私的帮助，协助我处理了一系列与阿奎那著作相关的翻译问题。同时，尽管自己将翻译视为一项有趣的事业，但在长达三个月的译书过程中，疲惫和倦怠仍不时涌现。而每一次克服都仰赖于朋友们所给予的鼓励和勇气——感谢清华大学中文系博士研究生张瀚文、清华大学日语系硕士研究生钟希君、清华大学马克思主义学院硕士研究生岳颖、清华大学美术学院硕士研究生吴宇涛。最后，我要感谢我的家人——他们始终以朴素的美德引领着我，并关心着我的一言一行。

当然，整部译稿的不妥之处由我负责，望学界师长不吝赐教，以利后续改进。

谢廷玉

2023 年 4 月